POL MARTIN

SCHNELLE GERICHTE FÜR JEDEN TAG
BAND II

BRIMAR

Graphisches Design und Layout
Zapp

Fotografien von
Melissa du Fretay, Pol Martin (Ontario) Ltd. Studio

Koordinator
Josée Dugas

Übersetzung: Theresa Fach
Satz: Rose & Paps, München

BRIMAR PUBLISHING INC.
338 St. Antoine St. East
Montreal, Kanada
H2Y 1 A3
Telefon: (514) 954-1441
Fax: (514) 954-1443

Copyright © 1994 von BRIMAR PUBLISHING INC.

Alle Rechte bleiben gemäß den Konventionen der Internationalen und
All-Amerikanischen Copyrights Rechte vorbehalten.

Kein Teil dieser Ausgabe darf ohne die vorherige schriftliche Genehmigung von Brimar Publishing Inc. reproduziert, in einer Computeranlage gespeichert oder in irgendeiner Art und Weise, sei es auf elektronischem, mechanischem, fotografischem oder auf andere Art, vervielfältigt werden.

Alle Informationen in diesem Buch entsprechen der Wahrheit und sind gemäß unserem besten Wissen vollständig. Empfehlungen unterliegen nicht der Garantie oder Gewährleistung, sei es ganz oder teilweise, des Autors oder des Verlegers. Jegliche Haftung in Verbindung mit der Benutzung dieses Buches wird daher ausgeschlossen.

ISBN 2-89433-104-5

Gedruckt und gebunden in Kanada

INHALT

Pol Martin: Ein Hinweis   4

Tips und Empfehlungen von
Pol Martin   5

1   **Phantastische Vorspeisen**   7

2   **Guten Morgen**   75

3   **Blitzgerichte**   127

4   **Preiswerte Gerichte**   177

5   **Ländliche Genüße**   243

6   **Köstlichkeiten aus dem Meer**   295

7   **Gemüse, Gemüse**   345

8   **Internationale Gerichte**   399

9   **Verführerische Desserts**   449

Register   505

POL MARTIN: EIN HINWEIS

Liebe Freunde

Ganz ruhig sein, probieren, genießen – zugegeben, das ist nicht der Rat, den man von einem Chefkoch erwartet. Doch so einfach ist es: gut kochen und dann gut essen. Ich war immer der Überzeugung, daß gut essen – und es zu genießen – für jeden möglich ist. Eine ausgezeichnete Küche ist nicht davon abhängig, daß man eine perfekt ausgestattete Küche besitzt und endlose Stunden zur Vorbereitung aufwendet. Alles was man wirklich braucht, ist ein gutes Küchenmesser, ein ordentliches Schneidbrett und eine verläßliche Bratpfanne. So einfach ist das!

Ich rate jedem zu improvisieren und seinen Ideen freien Lauf zu lassen. AUSPROBIEREN heißt das Schlüsselwort beim Kochen, so wie in vielen Dingen des Lebens überhaupt. Und Fehler sind dazu da, daß man aus ihnen lernt. Ersetzen Sie die Zutaten durch solche, die saisonbedingt angeboten werden bzw. einfach frischer sind. Wenn ein Rezept Brokkoli vorsieht, man aber lieber Blumenkohl mag, so sollte man es eben mit Blumenkohl versuchen. Nur Mut zum Experiment!

Gut zu essen ist sozusagen ein "Muß" in unserer Gesellschaft. Heißt es doch: "Wir essen um zu leben, aber wir leben, um zu essen." Ich habe viel für gutes Essen übrig, aber ich bin auch als erster bereit zuzugeben, daß ordentliches Essen wohl überlegt sein soll. Wir benötigen gut ausgewogene Nahrung, also ergänzte ich meine Rezepte mit den entsprechenden Informationen hierzu. Doch die Zahlen allein sagen uns nicht immer das, was wir gerne hören möchten. Kuchen ist nicht gleich Kuchen! Denn nimmt man die fettreichen Zutaten aus dem Rezept, so ist der Kuchen nicht länger ein Kuchen. Was mich betrifft, ich halte meinen Körper dadurch fit, daß ich für genügend Bewegung sorge und bei allem etwas Maß halte. Es klappt!

Das überwältigende Echo auf meinen ersten Band von SCHNELLE GERICHTE FÜR JEDEN TAG hat mich veranlaßt, den zweiten Band nachzuschieben. Denn aus den vielen Briefen, die ich zu diesem Thema erhalten habe, weiß ich, daß gerade ein Kochbuch geschätzt wird, das sowohl vielseitig wie praktisch ist. Deshalb wurden die Rezepte so informativ wie präzise abgefaßt. Und die dazugehörigen Abbildungen zeigen das fertige Rezept, so, wie es in meinem Studio getestet wurde.

So bleibt mir nur zu hoffen, daß SCHNELLE GERICHTE FÜR JEDEN TAG (Band II) in Ihrer Küche einen Ehrenplatz erhält. Denn mir hat es viel Spaß gemacht, die Rezepte zusammen zustellen und ich freue mich darauf zu sehen, wie diese von Ihnen aufgenommen werden.

Bis zum nächsten Mal, viel Spaß und ... Guten Appetit!

TIPS UND EMPFEHLUNGEN VON POL MARTIN

"Die Kunst des Kochens besteht darin, die entsprechenden Techniken zu beherrschen. Beherrscht man sie erst einmal, so kann man auch kochen. Und kann man erst kochen, kann man auch experimentieren."

- Es ist nicht erforderlich, ein Rezept buchstabengetreu zu befolgen. Wichtig ist nur, die Technik, die dem Rezept zugrunde liegt, zu beachten.

- Wenn man eine Pfanne erst erhitzt, bevor man Öl zugibt, kann man Öl sparen.

- Die Zugabe von Alkohol gibt eine feine Geschmacksvariation. Wenn man dann die Flüssigkeit über starker Hitze erhitzt, verdampft der Alkohol, während der Geschmack bleibt.

- Grundsätzlich die frischesten Zutaten verwenden, die erhältlich sind. Notfalls die Zutaten variieren. Zum Beispiel, wenn grüne Paprikaschoten besser aussehen, als rote, dann eben grüne Paprika kaufen.

- Hervorragende Gerichte kann man auch mit kostengünstigem Fleisch (Lammschulter für ein Stew, zum Beispiel) zubereiten, solange man sich an die entsprechende Kochtechnik hält.

- Ein Messer von bester Qualität ist besser als viele billige Messer.

- Kochen sollte ein Spaß für die ganze Familie sein. Und auch die Kinder sollten in den Lernprozeß einbezogen werden, sobald sie alt genug sind, alles zu begreifen.

- Mit guter Anleitung ist Kochen sehr, sehr einfach. Und je mehr Spaß die Arbeit in der Küche macht, desto öfter hat man Lust es zu wiederholen. Denn je mehr Praxis man hat, desto perfekter wird das Ergebnis sein.

Darum, meine Freunde, wünsche ich Ihnen viel Spaß!

Bemerkungen zu den in diesem Buch erscheinenden Maßen:

¼ TS	=	60 ml
½ TS	=	125 ml
1 TS	=	250 ml
2 TS	=	500 ml

PHANTASTISCHE VORSPEISEN

*Ein Happen hier, eine Kostprobe dort –
Naschereien,
die den Appetit anregen.*

PHANTASTISCHE VORSPEISEN

Julienne Gemüsesuppe

für 4 Personen

2 EL	Butter	
1	Zwiebel, fein gehackt	
3	Karotten, geschält, Julienne geschnitten	
½	Steckrübe, geschält, Julienne geschnitten	
1,2 l	Rinderbrühe, erhitzt	
1 TL	frische Petersilie, gehackt	
	Salz und Pfeffer	

Die Butter zerlassen. Die Zwiebeln darin zugedeckt 5 Minuten dünsten.

Karotten und Steckrübe dazugeben; würzen und vermengen. Zugedeckt 10 Minuten dünsten.

Die Brühe aufgießen, umrühren und 5-6 Minuten köcheln.

Mit Petersilie bestreut servieren.

Diese Suppe eignet sich vorzüglich als Vorspeise oder als leichtes Mittagessen.

Pro Portion 114 Kalorien 13 g Kohlenhydrate
2 g Eiweiß 6 g Fett 2,7 g Ballaststoffe

PHANTASTISCHE VORSPEISEN

George's herzhafte Krautsuppe
für 4-6 Portionen

2 EL	Mehl
1	große Zwiebel, gewürfelt
1	Stange Staudensellerie, grob gewürfelt
2 TS	Weißkraut, in Streifen
3	Kartoffeln, geschält, in dicken Scheiben
1,5 l	Hühnerbrühe, erhitzt
1 EL	frischer Dill, gehackt
2 EL	Mehl
125 ml	saure Sahne
	Salz und Pfeffer

Die Butter in einem Topf leicht erhitzen. Zwiebel, Sellerie und Kraut dazugeben; abschmecken. Halb zugedeckt 10 Minuten dünsten.

Kartoffeln, Brühe und Dill hineingeben, richtig würzen. Rühren, und zum Kochen bringen. Halb zugedeckt 20 Minuten köcheln.

Mehl und Sahne mischen. 125 ml Brühe dazugeben, mischen und in die Suppe geben. Gut verrühren und servieren.

Pro Portion   190 Kalorien   20 g Kohlenhydrate
5 g Eiweiß   10 g Fett   3,0 g Ballaststoffe

PHANTASTISCHE VORSPEISEN

Winterliche Linsensuppe

für 6 Personen

2 EL	Butter
2	mittelgroße Zwiebeln, gehackt
2	Karotten, geschält, gehackt
2 l	Rinderbrühe, erhitzt
2 1/2 EL	Tomatenmark
2 TS	Linsen, abgespült
1 TL	Schnittlauch
2	Lorbeerblätter
1 EL	frische Petersilie, gehackt
	Salz und Pfeffer

Die Butter leicht erhitzen. Zwiebeln und Karotten darin 5 Minuten dünsten.

Brühe und Tomatenmark dazugeben, würzen und vermengen. Linsen, Schnittlauch und Lorbeerblätter einrühren.

Zum Kochen bringen; Hitze reduzieren und halb zugedeckt 1 1/2 Stunden köcheln.

Mit Petersilie bestreuen und servieren.

Pro Portion   125 Kalorien   15 g Kohlenhydrate
5 g Eiweiß   5 g Fett   7,7 g Ballaststoffe

PHANTASTISCHE VORSPEISEN

Steckrübencreme Royal

für 4 Personen

3 EL	Butter
1/2	Zwiebel, fein gehackt
2	Stangen Staudensellerie, dünn geschnitten
2	große Kartoffeln, geschält, halbiert, in dünnen Scheiben
1/2	große Steckrübe, geschält, in Scheiben
1/2	entkernte Gurke, in dünnen Scheiben
1 EL	frische Petersilie, gehackt
1 TL	Majoran
1,2 l	Hühnerbrühe, erhitzt
3 EL	Sahne
	Salz und Pfeffer

Die Butter zerlassen. Zwiebel und Sellerie darin zugedeckt 5 Minuten dünsten.

Das restliche Gemüse dazugeben, salzen und pfeffern. Petersilie und Majoran einstreuen; gut mischen. Zugedeckt 5 Minuten dünsten.

Die Brühe aufgießen und zum Kochen bringen. Bei mittlerer Hitze halb zugedeckt 25-30 Minuten kochen, oder bis das Gemüse weich ist.

Die Suppe pürieren, die Sahne unterrühren und servieren. Je nach Belieben etwas mehr Sahne mit einer Gabel unter die Suppe mischen.

Pro Portion   161 Kalorien   9 g Kohlenhydrate
2 g Eiweiß   13 g Fett   1,5 g Ballaststoffe

PHANTASTISCHE VORSPEISEN

Cremige Broccolisuppe

für 4 Personen

1	großer Broccoli
3 EL	Butter
1	kleine Zwiebel, gehackt
4 EL	Mehl
1,2 l	Hühnerbrühe, erhitzt
1/2 TL	Basilikum
1	Lorbeerblatt
1 EL	frische Petersilie, gehackt
	Saft von 1 Zitrone
	Salz und Pfeffer

Den Broccoli in einer Schüssel mit kaltem Wasser und Zitronensaft übergießen und 1 Stunde stehen lassen. Abtropfen und hacken.

Die Butter leicht erhitzen. Die Zwiebel darin halb zugedeckt 3 Minuten dünsten.

Den Broccoli dazugeben, würzen, 7 Minuten dünsten. Ab und zu umrühren.

Das Mehl gut einrühren. Bei mittlerer Hitze 3 Minuten anschwitzen.

Die restlichen Zutaten dazugeben und gut mischen. Die Suppe halb zugedeckt 30 Minuten köcheln.

Im Mixer pürieren. Nochmals abschmecken und servieren.

Pro Portion 163 Kalorien 12 g Kohlenhydrate
4 g Eiweiß 11 g Fett 2,0 g Ballaststoffe

PHANTASTISCHE VORSPEISEN

1. Zitronensaft zum Broccoli in das kalte Wasser geben. Vor dem Hacken 1 Stunde stehen lassen.

2. Die Zwiebeln halb zugedeckt 3 Minuten anbraten, dann den Broccoli dazugeben. Gut abschmecken, halb zudecken und weitere 7 Minuten dünsten; gelegentlich umrühren.

3. Das Mehl gut einrühren. 3 Minuten bei mittlerer Hitze anschwitzen. Die restlichen Zutaten dazugeben.

4. Die Suppe 30 Minuten bei schwacher Hitze köcheln, dann pürieren.

PHANTASTISCHE VORSPEISEN

Pilzcremesuppe mit gelben Paprika *für 4 Personen*

3 EL	Butter
1	Schalotte, fein gehackt
500 g	frische Champignons, geputzt*, blättrig geschnitten
1	gelbe Paprikaschote, in feinen Streifen
½ TL	Estragon
4 EL	Mehl
1,1 l	Hühnerbrühe, erhitzt
50 ml	Sahne
	Salz und Pfeffer
Prise	Paprika

Die Butter leicht erhitzen. Schalotte, Pilze, Paprika und Estragon dazugeben; gut vermengen. Zudecken und 8-10 Minuten dünsten.

Das Mehl einrühren. 2-3 Minuten bei schwacher Hitze anschwitzen.

Die Brühe aufgießen, mit dem Schneebesen schlagen und würzen. Die Sahne dazugeben und zum Kochen bringen.

Die Suppe halb zugedeckt bei mittlerer Hitze 18-20 Minuten kochen. Vor dem Servieren mit Paprika bestreuen.

Die Suppe hält sich mit gebuttertem Pergamentpapier bedeckt 2 Tage im Kühlschrank.

* Pilze nicht mit Wasser, sondern nur mit einer weichen Bürste oder mit einem Tuch putzen.

Pro Portion 194 Kalorien 13 g Kohlenhydrate
4 g Eiweiß 14 g Fett 3,6 g Ballaststoffe

PHANTASTISCHE VORSPEISEN

Winterliche Venusmuschelsuppe
für 4 Personen

3 EL	Butter
2	Zwiebeln, fein gewürfelt
1	Stange Staudensellerie, fein gewürfelt
3 EL	Mehl
1 l	Fischbrühe, erhitzt
3	Kartoffeln, geschält, fein gewürfelt
50 ml	Sahne
140 g	Venusmuscheln aus der Dose
	Saft der Muscheln
	Salz und Pfeffer
Prise	Selleriesamen
Prise	Thymian
Prise	Paprika
Prise	Ingwer

Die Butter zerlassen. Zwiebeln und Sellerie darin zugedeckt bei mittlerer Hitze 2 Minuten braten.

Das Mehl gut einrühren und 3 Minuten unbedeckt bei schwacher Hitze anschwitzen.

Fischbrühe und Muschelsaft dazugeben; abschmecken und gut mischen. Die Kräuter dazugeben und zum Kochen bringen.

Die Kartoffeln dazugeben, wieder zum Kochen bringen, dann auf mittlere Hitze reduzieren. 20-25 unbedeckt kochen, gelegentlich rühren.

Sahne und Muscheln zur Suppe geben. Mischen und 4 Minuten ziehen lassen. Die Flüssigkeit nicht kochen.

In einer großen Suppenterrine servieren.

Pro Portion 266 Kalorien 27 g Kohlenhydrate
8 g Eiweiß 14 g Fett 3,3 g Ballaststoffe

PHANTASTISCHE VORSPEISEN

Paprikacremesuppe

für 4 Personen

3 EL	Butter
1/2	Zwiebel, fein gehackt
1	Stange Staudensellerie, gewürfelt
1	gelbe Paprikaschote, gewürfelt
1	rote Paprikaschote, gewürfelt
1 EL	frische Petersilie, gehackt
1/2 TL	Schnittlauch
4 EL	Mehl
1,1 l	Hühnerbrühe, erhitzt
3 EL	Sahne
	Salz und Pfeffer
Prise	Paprika

Die Butter leicht erhitzen. Die Zwiebeln darin zugedeckt 4 Minuten dünsten.

Den Sellerie dazugeben und 5-6 Minuten zugedeckt dünsten.

Die roten und gelben Paprikaschoten zugeben, würzen und mit Petersilie, Schnittlauch und Paprika bestreuen. Zudecken und 5-6 Minuten bei mittlerer Hitze garen.

Das Mehl gut einrühren. 3 Minuten unbedeckt bei schwacher Hitze anschwitzen.

Die Brühe aufgießen, würzen und gut mischen. Zum Kochen bringen, auf mittlere Hitze reduzieren und die Suppe halb zugedeckt 20 Minuten kochen.

Im Mixer pürieren, die Sahne einrühren und servieren.

Pro Portion	165 Kalorien	10 g Kohlenhydrate
2 g Eiweiß	13 g Fett	1,1 g Ballaststoffe

PHANTASTISCHE VORSPEISEN

1. Die Zwiebeln 4 Minuten anbraten, danach den Sellerie dazugeben. Zudecken und weitere 5-6 Minuten bei schwacher Hitze braten.

2. Die Paprikaschoten dazugeben und abschmecken. Petersilie, Schnittlauch und Paprika einstreuen, zudecken und 5-6 Minuten bei mittlerer Hitze garen.

3. Das Mehl gut einrühren. Das unterstützt das Andicken der Suppe.

4. Nachdem das Mehl einige Minuten angeschwitzt wurde, die Brühe aufgießen, abschmecken und gut vermengen. Zum Kochen bringen und fertig garen.

PHANTASTISCHE VORSPEISEN

Klassische Lauchsuppe
für 4 Personen

3	Stangen Lauch, nur das Weiße
1 EL	Butter
1	Zwiebel, in dünnen Ringen
5	mittelgroße Kartoffeln, geschält, in dünnen Scheiben
1/4 TL	Thymian
1/2 TL	Majoran
1	Lorbeerblatt
1,2 l	Hühnerbrühe, erhitzt
50 ml	Sahne
	Salz und Pfeffer

Es ist wichtig, den Lauch gründlich zu waschen. Den Lauch längs halbieren, vom Strunk her 1,5 cm stehen lassen. Dann von der anderen Seite her in der gleichen Weise schneiden, um die Blätter gut waschen zu können. Sie werden Sand und Erde tief zwischen den Blättern entdecken, die Sie sonst nicht sehen würden. Anschließend den Lauch schneiden und beiseite stellen.

Die Butter bei geringer Hitze zerlassen. Lauch und Zwiebel darin zugedeckt 5 Minuten dünsten.

Die Kartoffeln dazugeben, salzen und pfeffern. Alle Gewürze einstreuen und gut mischen. Zugedeckt weitere 12 Minuten dünsten. Die Brühe aufgießen und zum Kochen bringen. Die Suppe halb zugedeckt bei mittlerer Hitze 30 Minuten kochen.

Im Mixer pürieren. In eine Schüssel geben, beiseite stellen und abkühlen lassen. Im Kühlschrank kalt stellen.

Vor dem Servieren die Sahne einrühren. Je nach Belieben kann die Suppe auch warm verzehrt werden.

Pro Portion   276 Kalorien   46 g Kohlenhydrate
5 g Eiweiß   8 g Fett   5,8 g Ballaststoffe

PHANTASTISCHE VORSPEISEN

Broccolisuppe mit Zitrone

für 4 Personen

1,2 l	Wasser
2	halbe Zitronen
3 EL	Butter
1/2	Zwiebel, gehackt
1	Broccolikopf, in Röschen gebrochen und sehr gut in warmem Wasser gewaschen
3 EL	Mehl
50 ml	Sahne
	Salz und Pfeffer

Einen Topf mit Wasser füllen, dann die Zitronenhälften hineingeben und salzen. 15 Minuten kochen lassen.

In der Zwischenzeit Butter in einer großen Pfanne erhitzen, Zwiebel zugeben und 4-5 Minuten langsam andünsten.

Broccoli beifügen, gut würzen. Gefäß zudecken und 7-8 Minuten kochen.

Mehl einrühren und sämig werden lassen. Kochzeit hierfür etwa 2 Minuten.

Die Zitronenhälften aus dem kochenden Wasser nehmen und beiseite legen. Jetzt die Flüssigkeit in den Broccoli einrühren. Hierfür einen hölzernen Kochlöffel verwenden.

Gut würzen und anschließend die Sahne einrühren. Aufkochen lassen. Dann die Temperatur herabsetzen und die Suppe etwa 20 Minuten, teilweise zugedeckt, köcheln lassen.

Im Mixer pürieren und servieren.

Pro Portion   210 Kalorien   15 g Kohlenhydrate
6 g Eiweiß   14 g Fett   6,6 g Ballaststoffe

PHANTASTISCHE VORSPEISEN

Apfel-Curry-Suppe

für 4 Personen

3 EL	Butter
1/2	Zwiebel, gehackt
1	Stange Staudensellerie, gehackt
4	große Äpfel, geschält, entkernt, dünn geschnitten
2 EL	Curry
3 EL	Mehl
1 l	Hühnerbrühe, erhitzt
2 EL	Sahne
	Salz und Pfeffer

Die Butter zerlassen. Die Zwiebel darin zugedeckt 5 Minuten dünsten.

Den Sellerie dazugeben und zugedeckt weitere 3-4 Minuten dünsten.

Die Äpfel und den Curry dazugeben. Umrühren, abschmecken und 5 Minuten bei mittelschwacher Hitze dünsten.

Das Mehl gut einrühren und bei schwacher Hitze zugedeckt 2 Minuten anschwitzen.

Die Brühe aufgießen, vermengen und zum Kochen bringen. Die Suppe halb zugedeckt 15 Minuten köcheln.

Im Mixer nicht mehr als 15 Sekunden mixen. Die Sahne einrühren, wenn nötig nochmals abschmekken und servieren.

Pro Portion   220 Kalorien   27 g Kohlenhydrate
1 g Eiweiß   12 g Fett   3,5 g Ballaststoffe

PHANTASTISCHE VORSPEISEN

Champignonsuppe

für 4-6 Personen

4 EL	Butter
375 g	frische Champignons, geputzt
1	große Zwiebel, fein gehackt
2	Schalotten, fein gehackt
1	Stange Staudensellerie, fein gehackt
1 EL	frische Petersilie, gehackt
1/2 TL	Basilikum
1	Lorbeerblatt
5 EL	Mehl
1,2 l	Hühnerbrühe, erhitzt
	einige Tropfen Zitronensaft
	Salz und Pfeffer
Prise	Thymian

1 TL Butter in einer kleinen Pfanne leicht erhitzen. 1 TS Pilze hacken und mit einigen Tropfen Zitronensaft in die Pfanne geben. Bei schwacher Hitze 3 Minuten dünsten; beiseite stellen.

Die restliche Butter in einer größeren Pfanne leicht erhitzen. Darin Zwiebel, Schalotten und Sellerie zugedeckt bei schwacher Hitze 3 Minuten anbraten.

Die restlichen Pilze blättrig schneiden und in die Pfanne geben. Gut abschmecken, Petersilie, Basilikum, Lorbeerblatt und Thymian dazugeben. Mischen und etwas Zitronensaft dazugeben. Zugedeckt bei mittlerer Hitze 6 Minuten dünsten.

Das Mehl gut einrühren. Unbedeckt 2 Minuten anschwitzen; die Brühe aufgießen, abschmecken und zum Kochen bringen.

Die Suppe bei reduzierter Hitze halb zugedeckt 30 Minuten kochen.

Durch ein Sieb in eine Schüssel passieren. Mit den gehackten Champignons und, nach Belieben, mit Croûtons garnieren.

Pro Portion	*167 Kalorien*	*13 g Kohlenhydrate*
4 g Eiweiß	*11 g Fett*	*2,8 g Ballaststoffe*

PHANTASTISCHE VORSPEISEN

Kartoffel-Paprika-Cremesuppe

für 4 Personen

2	Stangen Lauch
3 EL	Butter
2	Zwiebeln, dünn geschnitten
1	rote Paprikaschote, gewürfelt
5	Kartoffeln, geschält, in dünnen Scheiben
1 TL	Herbes de Provence
1 TL	Majoran
1/2 TL	Thymian
1	Lorbeerblatt
1,2 l	Hühnerbrühe, erhitzt
50 ml	Sahne
1 EL	frische Petersilie, gehackt
	Salz und Pfeffer

Die grünen Teile des Lauchs abschneiden. Die Stangen 2mal längs – bis fast zum Strunk – aufschneiden. 5 Minuten in kaltes Wasser legen, dann Sand und Erde gründlich auswaschen. Herausnehmen und fein schneiden.

Die Butter leicht erhitzen. Lauch, Zwiebeln und Sellerie dazugeben; würzen. Halb zugedeckt 15 Minuten dünsten.

Paprika und Kartoffeln dazugeben; vermengen und 3 Minuten dünsten. Die Kräuter einstreuen, umrühren; die Brühe aufgießen und zum Kochen bringen.

Die Suppe halb zugedeckt bei mittlerer Hitze 30 Minuten kochen.

Im Mixer pürieren. Die Sahne einrühren, nochmals abschmecken und mit Petersilie bestreuen.

Servieren.

Pro Portion   318 Kalorien   41 g Kohlenhydrate
7 g Eiweiß   14 g Fett   6,0 g Ballaststoffe

PHANTASTISCHE VORSPEISEN

Herzhafte Gemüsesuppe
für 4 Personen

2 EL	Butter
2	große Karotten, geschält und klein gewürfelt
2	Stangen Staudensellerie, fein gewürfelt
2	kleine Zwiebeln, fein gewürfelt
1/2	Steckrübe, geschält, fein gewürfelt
2	Kartoffeln, geschält, fein gewürfelt
1 TL	Basilikum
1/2 TL	Schnittlauch
1/4 TL	Thymian
50 ml	trockener Weißwein
1,2 l	Hühnerbrühe, erhitzt
1 TS	frische grüne Erbsen
1/2 TS	Gruyère, gerieben
	Salz und Pfeffer

Die Butter in einem Topf leicht erhitzen. Karotten, Sellerie, Zwiebeln, Steckrübe und Kartoffeln hineingeben; zudecken und 8 Minuten braten.

Alle Gewürze einstreuen; Wein und Brühe aufgießen. Gut mischen und richtig abschmecken. Zudecken und 30 Minuten kochen.

Die Erbsen dazugeben; weitere 8 Minuten kochen.

Den Käse einrühren und sofort servieren. Nach Belieben Baguettescheiben dazu reichen.

Pro Portion 292 Kalorien 35 g Kohlenhydrate
11 g Eiweiß 12 g Fett 6,3 g Ballaststoffe

PHANTASTISCHE VORSPEISEN

Gratinierte Zwiebelsuppe   *für 4 Personen*

2 EL	Butter
4 bis 5	mittelgroße Zwiebeln, in dünnen Ringen
125 ml	trockener Weißwein
1 l	Rinderbrühe, erhitzt
1	Lorbeerblatt
1/4 TL	Majoran
1/4 TL	Thymian
4	Scheiben Baguette, geröstet
1 TS	geriebener Gruyère
	Salz und Pfeffer

Die Butter in einer großen, tiefen Bratpfanne zerlassen. Die Zwiebeln darin unbedeckt bei mittlerer Hitze 30 Minuten dünsten. 7-8mal wenden.

Den Wein aufgießen und gut umrühren. Bei mittlerer Hitze auf die Hälfte einkochen (ungefähr 3-4 Minuten).

Die Brühe eingießen, umrühren, das Lorbeerblatt und alle Kräuter dazugeben. Vermengen und unbedeckt 35 Minuten köcheln.

Den Ofen auf 240°C vorheizen.

Die Suppe in Suppenschalen verteilen. Mit einer Brotscheibe belegen und mit Käse bestreuen. Ungefähr 15 Minuten überbacken, oder bis der Käse geschmolzen und braun ist. Sofort servieren.

Pro Portion   319 Kalorien   22 g Kohlenhydrate
15 g Eiweiß   19 g Fett   2,9 g Ballaststoffe

PHANTASTISCHE VORSPEISEN

1. Die Zwiebeln in einer großen, tiefen Bratpfanne braten. Während der 30minütigen Garzeit 7-8mal wenden, damit die Zwiebeln gleichmäßig bräunen.

2. Nach 30 Minuten sollten die Zwiebeln schön braun und weich sein.

3. Den Wein dazugeben und auf die Hälfte einkochen.

4. Die Brühe aufgießen, das Lorbeerblatt und alle Kräuter dazugeben. Bei schwacher Hitze 35 Minuten köcheln, damit sich der volle Geschmack entfalten kann.

PHANTASTISCHE VORSPEISEN

Gekochter Lauchsalat

für 4-6 Personen

8	mittelgroße Lauchstangen
2	Tomaten, gehäutet, ohne Strunk, in Spalten
3	Eier, hartgekocht, in Scheiben
1 EL	Dijon-Senf
1	Eidotter
3 EL	Rotweinessig
125 ml	Olivenöl
1 EL	frische Petersilie, gehackt
	Salz und Pfeffer

Die grünen Teile des Lauchs entfernen und für andere Gerichte aufheben. Das Weiße 2mal längs bis fast zum Strunk halbieren. Auseinanderfalten und gründlich unter kaltem Wasser ausspülen.

Den Lauch in einen Topf kochendes Wasser geben und 20 Minuten bei großer Hitze kochen. Herausnehmen und unter fließendem Wasser abkühlen. Gut abtropfen. Hinweis: Der Lauch muß kalt sein.

Den Lauch quer schneiden und in eine große Schüssel geben. Tomaten und Ei hinzufügen und richtig abschmecken.

Senf, Eidotter, Essig und Öl in eine Schüssel geben. Würzen und mit einem Schneebesen gut schlagen.

Das Dressing über das Gemüse gießen und mit Petersilie bestreuen. Servieren.

Pro Portion   394 Kalorien   32 g Kohlenhydrate
8 g Eiweiß   26 g Fett   7,2 g Ballaststoffe

PHANTASTISCHE VORSPEISEN

Bohnensalat

für 4 Personen

375 ml	Kichererben aus der Dose, abgetropft
125 g	frische grüne Bohnen, gekocht und halbiert
125 g	gelbe Wachsbohnen, gekocht und halbiert
2	Schalotten, gehackt
1½ EL	Dijon-Senf
1	Knoblauchzehe, gehackt
2 EL	Weinessig
90 ml	Olivenöl
1 EL	frische Petersilie, gehackt
¼ TL	Estragon
	Salz und Pfeffer

Kichererbsen und Bohnen in eine Schüssel geben; gut würzen.

Schalotten, Senf, Knoblauch, Essig und Öl in eine kleine Schüssel geben. Abschmecken und mit einem Schneebesen dick schlagen.

Das Dressing über die Salatzutaten geben und gut mischen. Petersilie und Estragon dazugeben; wieder mischen. 15 Minuten bei Zimmertemperatur marinieren; nochmals vermengen. Servieren.

Pro Portion 309 Kalorien 23 g Kohlenhydrate
7 g Eiweiß 21 g Fett 6,3 g Ballaststoffe

PHANTASTISCHE VORSPEISEN

Grüne Avocado-Variation
für 4 Personen

10	Stangen frischer Spargel, geschält
2	Palmherzen aus der Dose, abgetropft, in Scheiben
6-8	schwarze Oliven, entsteint, gehackt
1 EL	frische Petersilie, gehackt
4 EL	Mayonnaise
1/2 TS	gefrorene grüne Erbsen, gekocht
2 EL	eingelegte, scharfe Peperoni, gehackt
2	reife Avocado*, halbiert, entkernt, mit Zitronensaft bepinselt
	einige Tropfen Zitronensaft
	einige Tropfen scharfe Pfeffersauce**
	Salz und Pfeffer
	Salatblätter oder Bohnensprossen

Den Spargel in kochendem Salwasser garen bis er bißfest ist. Abtropfen und beiseite stellen.

Palmherzen, Oliven und Petersilie in einer Schüssel mischen. Den Spargel würfeln und in die Schale geben, gut vermengen.

Mayonnaise und Zitronensaft dazugeben; alles gut vermischen.

Die scharfe Pfeffersauce, die Erbsen und die eingelegten Peperoni dazugeben; gut vermengen.

Die Avocadohälften mit Salatblättern oder Sprossen auf einer Platte anrichten. Dies unterstreicht hübsch die grünen Farbvariationen.

Die Füllung in die Avocados verteilen und servieren.

* Es ist nicht leicht, 2 gleich reife Avocado zu finden. Planen Sie die Vorspeise und lassen Sie die Avocado zu Hause reifen. In einer braunen Papiertüte auf der Arbeitsfläche liegen lassen, und täglich die Reife prüfen. Sobald sie unter dem leichtesten Druck mit dem Finger nachgeben, sind sie reif, um in eine "grüne Variation" verwandelt zu werden.
** Eine scharfe Pfeffersauce aus Jamaica, auch unter dem Namen Pickapeppasauce bekannt.

Pro Portion 332 Kalorien 15 g Kohlenhydrate
5 g Eiweiß 28 g Fett 6,0 g Ballaststoffe

PHANTASTISCHE VORSPEISEN

Roastbeef-Paprika-Salat

für 4 Personen

4	0,5 cm dicke Scheiben Roastbeef, in Streifen
1	Schalotte, gehackt
1 EL	frische Petersilie, gehackt
1/2	rote Paprikaschote, in Streifen
1	grüne Paprikaschote, in Streifen
2 EL	Weinessig
1 EL	Dijon-Senf
2 EL	Olivenöl
1/4 TL	Estragon
	einige Tropfen scharfe Pfeffersauce
	Salz und Pfeffer
	Romana-Salatblätter, gut gewaschen und abgetropft

Fleischstreifen, Schalotte, Petersilie und Paprika in eine Schüssel geben; vermengen.

Essig und Senf dazugeben; gut mischen.

Das Öl hinzufügen und mischen; abschmecken. Estragon und scharfe Pfeffersauce hinzufügen; sehr gut mischen und abschmecken.

Die Salatblätter auf einer Platte anrichten, den Salat darauf geben. Als Beilage eine Auswahl Gemüse, wie Tomatenscheiben, Frühlingszwiebeln und marinierte Champignons reichen.

Pro Portion   253 Kalorien   2 g Kohlenhydrate
32 g Eiweiß   13 g Fett   0,5 g Ballaststoffe

PHANTASTISCHE VORSPEISEN

Makkaroni-Käse-Salat

für 6-8 Personen

4 TS	Makkaroni, gekocht
1/2 TS	Cheddar, gerieben
3 EL	rote Zwiebel, gerieben
1/2	grüne Paprikaschote, fein gehackt
1/2	rote Paprikaschote, fein gehackt
1/4 TS	Mayonnaise
3 EL	saure Sahne
1 TL	Senfpulver
1 EL	frische Petersilie, gehackt
	Saft von 1/2 Zitrone
	Salz und Pfeffer

Makkaroni und Käse in einer Schüssel mischen. Beiseite stellen.

Zwiebel, Paprika, Mayonnaise, saure Sahne und Senfpulver in einer anderen Schüssel verrühren. Petersilie und Zitronensaft dazugeben, würzen und vermengen.

Über die Makkaroni und den Käse gießen, mischen. Nach Belieben auf Salatblättern servieren.

Pro Portion 171 Kalorien 22 g Kohlenhydrate
5 g Eiweiß 7 g Fett 0,2 g Ballaststoffe

PHANTASTISCHE VORSPEISEN

Appetithäppchen Last Minute
für 4 Personen

1	kleine Honigmelone
1	Avocado
8	Scheiben roher Schinken
	Salz und Pfeffer
	Zitronensaft

Die Melone quer halbieren. Die Kerne und Fasern entfernen und wegwerfen. Die Hälften in 4 gleichgroße Stücke schneiden, schälen, würzen und beiseite stellen.

Die Avocado längs halbieren, die Hälften behutsam voneinander lösen, falls nötig leicht drehen. Den Kern mit einem kleinen Messer entfernen. Schälen und die Hälften in 4 gleichgroße Stücke schneiden. Sofort mit Zitronensaft bestreichen, damit sie sich nicht verfärben.

Immer ein Stück Melone und Avocado mit einer Scheibe Schinken umwickeln. Mit Zahnstochern befestigen.

Auf hübschen Glasplatten servieren.

Pro Portion   186 Kalorien   15 g Kohlenhydrate
9 g Eiweiß   10 g Fett   2,4 g Ballaststoffe

PHANTASTISCHE VORSPEISEN

Artischockenböden mit Gemüsefüllung *für 4 Personen*

2 EL	Pflanzenöl
1	Schalotte, gehackt
1	Zucchini, fein gewürfelt
1/4	Aubergine, geschält, fein gewürfelt
125 g	Krebsfleisch aus der Dose, abgetropft
1 TS	Mozzarella, fein geschabt
400 ml	Artischockenböden aus der Dose, abgetropft
2 EL	Semmelbrösel
	Salz und Pfeffer
	Butter

Das Öl leicht erhitzen. Schalotte, Zucchini und Aubergine hineingeben; würzen und zugedeckt 10-12 Minuten dünsten.

Das Krebsfleisch dazugeben und abschmecken; weitere 4-5 Minuten dünsten.

Den Käse einrühren und 2 Minuten fertig garen.

Währenddessen die Artischockenböden in einer feuerfesten Form mit etwas Butter erwärmen.

Die Artischockenböden mit der Gemüsemischung füllen und mit Semmelbröseln bestreuen. Im Ofen 1-2 Minuten überbacken.

Sofort servieren.

Pro Portion   300 Kalorien   14 g Kohlenhydrate
16 g Eiweiß   20 g Fett   2,4 g Ballaststoffe

PHANTASTISCHE VORSPEISEN

Artischockenböden mit Venusmuscheln *für 4 Personen*

2 EL	Butter
2	Frühlingszwiebeln, gehackt
6	große, frische Champignonköpfe, geputzt, gehackt
2 EL	Mehl
250 ml	Milch
140 g	Venusmuscheln aus der Dose, abgetropft
8	Artischockenböden, erhitzt
1/2 TS	geriebener Käse nach Wahl
	Salz und Pfeffer
Prise	Muskat
Prise	Paprika

Die Butter leicht erhitzen. Frühlingszwiebeln und Champignons hineingeben, würzen und zugedeckt 5 Minuten dünsten.

Das Mehl gut einrühren. 1 Minute unbedeckt anschwitzen. Die Milch aufgießen, gründlich rühren und mit Muskat und Paprika abschmecken. 5 Minuten köcheln.

Die Muscheln einrühren, 2-3 Minuten bei sehr schwacher Hitze ziehen lassen.

Die Artischockenböden damit füllen, mit Käse bestreuen. Nach Belieben mit etwas Paprika bestäuben. Im Ofen 3 Minuten grillen.

Sofort auf Küchenpapier servieren.

Pro Portion 246 Kalorien 15 g Kohlenhydrate
15 g Eiweiß 14 g Fett 1,5 g Ballaststoffe

PHANTASTISCHE VORSPEISEN

Eingelegte Champignonköpfe
für 4 Personen

3 EL	Olivenöl
3	Knoblauchzehen, gehackt
1	Zwiebel, gehackt
500 g	kleine, frische Champignonköpfe, gut geputzt
1/4 TL	Thymian
1/2 TL	Majoran
1 TL	Estragon
1	Lorbeerblatt
3	Petersilienzweige
1	Zitronenscheibe, halbiert
250 ml	trockener Weißwein
2 EL	Weinessig
	Salz und Pfeffer

Das Öl leicht erhitzen. Zwiebel und Knoblauch darin 4-5 Minuten dünsten, einige Male wenden.

Die Pilzköpfe dazugeben, salzen und pfeffern. Alle Kräuter, das Lorbeerblatt, Petersilie und Zitrone hinzufügen. Gut vermengen, Wein und Essig hineingießen; zudecken und 10 Minuten bei mittlerer Hitze kochen.

Den Deckel abnehmen, die Pilze in der Flüssigkeit kalt werden lassen.

Zusammen mit anderen würzigen Vorspeisen servieren.

Pro Portion   156 Kalorien   9 g Kohlenhydrate
3 g Eiweiß   12 g Fett   3,7 g Ballaststoffe

PHANTASTISCHE VORSPEISEN

Gegrillte Champignons mit Füllung *für 4 Personen*

2 EL	Olivenöl
16	große, frische Champignonköpfe, geputzt
2 EL	Butter
3	Schalotten, fein gehackt
3 EL	frische Petersilie, gehackt
16	Schnecken aus der Dose, abgespült, abgetropft
1 EL	grüne Pfefferkörner, zerstoßen
2 EL	Semmelbrösel
	Salz und Pfeffer
	Zitronenscheiben

Das Öl erhitzen. Die Pilzköpfe hineingeben und würzen; 2-3 Minuten auf jeder Seite anbraten. Aus der Pfanne nehmen und in einer feuerfesten Form beiseite stellen.

Die Butter in die Pfanne geben. Schalotten, Petersilie, die Schnecken und Pfefferkörner 2-3 Minuten bei großer Hitze anbraten. Während des Bratens mit Pfeffer würzen, aber nicht salzen.

Die Pilze mit der Mischung füllen und mit Semmelbröseln bestreuen. 2-3 Minuten grillen, oder bis sie gerade braun sind.

Mit Zitronenscheiben servieren.

Pro Portion   128 Kalorien   9 g Kohlenhydrate
5 g Eiweiß   8 g Fett   3,2 g Ballaststoffe

PHANTASTISCHE VORSPEISEN

Auberginen-Sandwiches
für 4 Personen

8	Auberginenscheiben, à 0,5 cm Dicke
1 TS	gewürztes Mehl
1/4 TL	Paprika
2	Eier
250 ml	Milch
3 EL	Erdnußöl
1 EL	Butter
125 g	frische Champignons, geputzt, gehackt
1	Schalotte, gehackt
1 TL	frische Petersilie, gehackt
1 TL	Mehl
140 g	Krebsfleisch aus der Dose, gut abgetropft, fein gehackt
125 ml	Sahne
1/2 TS	Gruyère, gerieben
	Salz und Pfeffer

Die Auberginenscheiben in Mehl wenden; mit Paprika bestreuen und beiseite stellen.

Eier und Milch in einer Schüssel verschlagen und würzen. Die Auberginen hineintauchen und beiseite stellen. Das Erdnußöl in einer großen Pfanne erhitzen, die Auberginenscheiben darin pro Seite 3-4 Minuten braten, beim Wenden würzen. Am Besten in Portionen oder in mehreren Pfannen ausbraten. 4 Scheiben auf eine feuerfeste Platte legen; die anderen beiseite stellen.

Die Butter in einem Topf leicht erhitzen. Pilze, Schalotten und Petersilie darin zugedeckt 3-4 Minuten dünsten. 1 TL Mehl einrühren. Unbedeckt 1 Minute anschwitzen. Das Krebsfleisch dazugeben und 2-3 Minuten braten. Sahne hineingießen, abschmecken und 4-5 Minuten kochen. Die Hälfte des Käses dazugeben, vermengen und 2 Minuten kochen.

Die Hälfte der Krebsfleischfüllung auf die 4 Auberginenscheiben in der feuerfesten Form verteilen. Mit den restlichen Auberginen bedecken, die restliche Füllung obenauf geben.

Den restlichen Käse darüberstreuen, eventuell etwas mehr nehmen, und 5-6 Minuten im Ofen grillen.

Mit reichlich Servietten servieren.

Pro Portion   544 Kalorien   33 g Kohlenhydrate
22 g Eiweiß   36 g Fett   2,3 g Ballaststoffe

PHANTASTISCHE VORSPEISEN

1. Die Auberginenscheiben in gewürztem Mehl wenden; mit Paprika bestreuen, falls nötig etwas mehr verwenden.

2. Die Scheiben in die Mischung aus Milch und Ei tauchen und sie gründlich bedecken.

3. Die Auberginenscheiben in dem heißen Erdnußöl auf jeder Seite 3-4 Minuten braten. Die Pfanne nicht überfüllen; am Besten in verschiedenen Portionen ausbacken.

4. Die Auberginenscheiben für den Boden auf einer feuerfesten Platte mit der Hälfte der Krebsfleischfüllung bedecken. Die Sandwiches mit einer weiteren Auberginenscheibe belegen. Vor dem Grillen mit der restlichen Füllung bestreichen und mit dem restlichen Käse überbacken.

37

PHANTASTISCHE VORSPEISEN

Eleganter Spargel mit Vinaigrette
für 4 Personen

2	große Bund frischer grüner Spargel
1 EL	Dijon-Senf
1	Eidotter
3 EL	Weißweinessig
125 ml	Olivenöl
2 EL	Sahne
1 TL	grüne Pfefferkörner, zerstoßen
	Salz und Pfeffer
	einige Tropfen scharfe Pfeffersauce

Den Spargel am Ende 2,5 cm abschneiden. Schälen und alle Sandreste gründlich abwaschen.

Den Spargel in kochendem Salzwasser 7-8 Minuten garen. Unter fließendem kalten Wasser auskühlen, gut abtropfen und beiseite stellen.

Den Senf in eine Schüssel geben. Eidotter und Essig hinzufügen, würzen und gut verrühren.

Das Öl in dünnem, stetigen Strahl zulaufen lassen, dabei ständig mit einem elektrischen Handrührgerät schlagen.

Die zerstoßenen Pfefferkörner dazugeben, vermengen und mit der Pfeffersauce abschmecken.

Die Vinaigrette zum Servieren in eine Saucenschüssel oder eine hübsche Schale füllen. Den Spargel in einer schönen Form anrichten, einige Stücke Papierservietten dazwischenlegen, damit die überschüssige Flüssigkeit aufgesogen wird.

Ihre Gäste sollten immer mehrere Spargel auf einmal nehmen und in die Vinaigrette tauchen.

Pro Portion   337 Kalorien   6 g Kohlenhydrate
4 g Eiweiß   33 g Fett   2,0 g Ballaststoffe

PHANTASTISCHE VORSPEISEN

Panierte Zucchinisticks *für 4 Personen*

2	Zucchini
1	Knoblauchzehe, gehackt
1 TS	Mehl
2	Eier, geschlagen
1 1/2 TS	gewürzte Semmelbrösel
	Olivenöl
	Sojasauce

Die Zucchini mit Schale in gleichgroße Stücke schneiden. In kaltem Wasser waschen, abtropfen und trockentupfen.

Zucchini und Knoblauch in eine Schüssel geben; mit Öl und Sojasauce beträufeln. 30 Minuten marinieren.

Reichlich Erdnußöl in einer Friteuse auf 190°C erhitzen.

Die Zucchinistücke in Mehl wenden, dann in Ei tauchen. Die Zucchini müssen gut benetzt sein. Vollständig mit Semmelbröseln bedecken.

Goldbraun fritieren. Vor dem Servieren auf Küchenpapier abtropfen.

Pro Portion 427 Kalorien 61 g Kohlenhydrate
12 g Eiweiß 15 g Fett 3,4 g Ballaststoffe

PHANTASTISCHE VORSPEISEN

Fritierte Kartoffelstücke mit Käse
für 4 Personen

4	gebackene Kartoffeln
1/2 TS	Cheddar oder Käse Ihrer Wahl, gerieben
	Erdnußöl zum Fritieren
	Salz und Pfeffer

Reichlich Erdnußöl in einer Friteuse auf 190°C erhitzen.

Die Kartoffeln längs halbieren, das meiste Fruchtfleisch herausnehmen und für andere Rezepte verwenden.

Die Kartoffelschalen in kleinere Stücke schneiden, damit man sie mit den Fingern essen kann. 5-6 Minuten fritieren, oder je nachdem, wieviel Kartoffel an den Schalen ist.

Auf Küchenpapier gut abtropfen lassen und auf eine feuerfeste Platte legen. Würzen und mit Käse bestreuen. 2 Minuten überbacken, bis der Käse geschmolzen ist und sofort servieren.

Dieses Gericht ist mit Sicherheit ein großer Erfolg für Sie, wenn es als Ausklang eines gemütlichen Abends gereicht wird.

Pro Portion 160 Kalorien 11 g Kohlenhydrate
4 g Eiweiß 11 g Fett 1,0 g Ballaststoffe

PHANTASTISCHE VORSPEISEN

Gefüllte Kartoffeln
für 4-6 Personen

2 EL	Speckfett
1	Zwiebel, in dünnen Scheiben
1	grüne Paprikaschote, in dünnen Ringen
12	große, frische Champignonköpfe, geputzt, blättrig geschnitten
5	gebackene Kartoffeln, längs halbiert
5	Scheiben knusprig gebratener Frühstücksspeck, gehackt
1 TS	geriebener Käse (Mozzarella oder Cheddar oder beides, nach Belieben)
	Salz und frisch gemahlener Pfeffer

Das Speckfett erhitzen. Zwiebel, Paprika und Pilze hineingeben; gut würzen. 5-6 Minuten bei mittlerer Hitze anbraten.

Mischen und 8 Minuten bei schwacher Hitze dünsten.

Währenddessen 3/4 des Kartoffelfleisches aus jeder Hälfte herausnehmen. In anderen Rezepten verwenden. Auf einer großen Platte anrichten und im Ofen aufwärmen, falls sie nicht mehr heiß sind.

Die Kartoffeln mit der Gemüsemischung füllen, mit Speck und Käse Ihrer Wahl bestreuen; gut abschmecken.

5-6 Minuten im Ofen grillen, bis der Käse blasig wird. Halb servieren, oder in Streifen schneiden, falls mehr Gäste bedient werden sollen.

Pro Portion   414 Kalorien   30 g Kohlenhydrate
6 g Eiweiß   30 g Fett   1,4 g Ballaststoffe

PHANTASTISCHE VORSPEISEN

Tomaten Moskauer Art
für 4 Personen

8	kleine Tomaten
4	Eier, hartgekocht
3	Anchovisfilets, püriert
1 EL	Dijon-Senf
1 TL	Worcestershire-Sauce
1 EL	Weinessig
3 EL	Olivenöl
	Salz und Pfeffer
	einige Tropfen scharfe Pfeffersauce
	Salatblätter

Mit einem kleinen Messer Deckel von den Tomaten abschneiden. Das meiste Fruchtfleisch herausnehmen und anderweitig verwenden. Die Tomaten innen würzen und beiseite stellen.

Die Eier halbieren, die Eidotter durch ein Sieb in eine Schüssel streichen. Das Eiweiß für andere Gerichte aufheben. Anchovispüree und Senf dazugeben; gut verrühren.

Worcestershire-Sauce und Essig hinzufügen und gut vermengen. Das Öl unter ständigem Rühren einfließen lassen. Mit scharfer Sauce abschmecken und in die Tomaten füllen.

Auf Salatblättern servieren.

Pro Portion   192 Kalorien   4 g Kohlenhydrate
8 g Eiweiß   16 g Fett   1,0 g Ballaststoffe

PHANTASTISCHE VORSPEISEN

1. An der Oberseite der Tomaten einen Deckel abschneiden und mit einem Löffel das meiste Fruchtfleisch herausnehmen. Die Innenseite würzen.

2. Die Eidotter durch ein feines Sieb in eine Schüssel streichen. Das Anchovispüree und den Senf dazugeben; gut vermengen.

3. Zuerst die Worcestershire-Sauce und den Essig einrühren, dann das Öl langsam dazulaufen lassen, dabei ständig schlagen.

4. Die fertige Mischung sollte von fester Konsistenz sein. In die Tomaten einfüllen.

PHANTASTISCHE VORSPEISEN

Tomaten-Canapés Parmesano
für 6-8 Personen

2 EL	Olivenöl
1	Knoblauchzehe, gehackt
4	Tomaten, in 1 cm dicken Scheiben
24	Scheiben Baguette, getoastet
1¼ TS	Parmesan, gerieben
	Salz und Pfeffer

Das Öl in einer Bratpfanne leicht erhitzen. Den Knoblauch darin 2 Minuten braten.

Die Tomatenscheiben flach in die Pfanne legen und 1 Minute pro Seite braten. In 2 Portionen braten, falls nötig.

Auf jede Brotscheibe eine Scheibe Tomate legen. Auf ein Backblech legen, mit Parmesan bestreuen. 3 Minuten im Ofen überbacken und servieren.

Pro Portion   274 Kalorien   34 g Kohlenhydrate
12 g Eiweiß   10 g Fett   2,9 g Ballaststoffe

PHANTASTISCHE VORSPEISEN

Käsecanapés

für 8-10 Personen

½	Stange Staudensellerie, fein gewürfelt
1	Schalotte, gehackt
125 g	Krebsfleisch aus der Dose, gut abgetropft
12	schwarze Oliven, entsteint
250 g	Frischkäse
2 EL	Joghurt
	einige Tropfen scharfe Pfeffersauce
	einige Tropfen Tabasco
	Salz und Pfeffer

Sellerie, Schalotte, Krebsfleisch, Oliven und Frischkäse im Mixer 1 Minute pürieren.

Scharfe Pfeffersauce und Tabasco dazugeben; 20 Sekunden pürieren.

Joghurt, Salz und Pfeffer dazugeben und vermischen. In eine Schüssel geben, zudecken und 1 Stunde kalt stellen.

Auf Cracker oder getoastetes Brot streichen, oder als Dip zu frischem Gemüse reichen.

Pro Portion	110 Kalorien	1 g Kohlenhydrate
4 g Eiweiß	10 g Fett	0,2 g Ballaststoffe

PHANTASTISCHE VORSPEISEN

Aioli

für 4-6 Personen

6	Knoblauchzehen, geschält
2	Eidotter
175 ml	Olivenöl
	Salz und Pfeffer
	Cayennepfeffer zum Abschmecken
	einige Tropfen scharfe Pfeffersauce
	einige Tropfen Zitronensaft
	Baguette, getoastet

Knoblauch mit Salz, Pfeffer und Cayennepfeffer im Mörser verreiben, bis der Knoblauch pastenähnlich wird.

Die Eidotter dazugeben und verrühren, bis alles gut gebunden ist.

Das Öl sehr langsam dazugeben, zuerst Tropfen für Tropfen, dabei ständig rühren. Das Öl muß sehr gut eingerührt werden, um eine glatte Aioli-Sauce zu erhalten.

Mit Pfeffersauce und Zitronensaft abschmecken. Nochmals gut verühren.

Das Aioli auf getoastetem Baguette oder, nach Belieben, auf dicken, knusprigen Crackern servieren. Da Aioli scharf und würzig ist, wird es am Besten mit einem kalten Drink serviert.

| *Pro Portion* | *414 Kalorien* | *30 g Kohlenhydrate* |
| *6 g Eiweiß* | *30 g Fett* | *1,4 g Ballaststoffe* |

PHANTASTISCHE VORSPEISEN

1. Um das Aioli zuzubereiten, benötigt man einen Mörser. Falls Sie keinen besitzen, sollten Sie daran denken einen zu kaufen. Er wird für andere Rezepte ebenso nützlich sein.

2. Den gewürzten Knoblauch verreiben, bis er pastenähnlich wird.

3. Die Eidotter dazugeben und mischen, bis alles gut gebunden und glatt ist.

4. Das Einarbeiten des Öls erfordert Geduld, da es sehr langsam dazugegeben werden muß, damit die Sauce nicht gerinnt. Gleichmäßig rühren, während das Öl Tropfen für Tropfen dazugegossen wird.

PHANTASTISCHE VORSPEISEN

Gefüllte Curry-Eier

für 4 Personen

10	Eier, hartgekocht
3 EL	Mayonnaise
1 EL	Curry
1 EL	Dijon-Senf
Prise	Paprika
	Salz und Pfeffer
	einige Tropfen scharfe Pfeffersauce
	dünne Streifen Pimento zum Garnieren
	Salatblätter, geschnitten

8 Eier in der Mitte mit einem kleinen, scharfen Messer in Zickzack Muster aufschneiden. Das Eiweiß behutsam herunterbiegen, die Eidotter herausnehmen. Die restlichen 2 Eier halbieren.

Alle 10 Eidotter und das Eiweiß der 2 halbierten Eier durch ein Sieb in eine Schüssel passieren.

Mayonnaise, Curry, Senf und Paprika dazugeben. Salzen und pfeffern, scharfe Pfeffersauce dazugeben und glatt rühren.

Die Mischung in einen Spritzbeutel mit gezackter Tülle füllen und dekorativ in die Eier spritzen. Mit Pimento garnieren.

Salatblätterstreifen auf einer Platte anrichten, die Eier darauf legen. Servieren.

Pro Portion 258 Kalorien 0 g Kohlenhydrate
15 g Eiweiß 22 g Fett 0,1 g Ballaststoffe

PHANTASTISCHE VORSPEISEN

Gefüllte Eier

für 4-6 Personen

12	hartgekochte Eier, geschält
1 EL	Dijon-Senf
3 EL	Mayonnaise
1/4 TL	Zitronensaft
6	Bambussprossen aus der Dose, in 0,5 cm lange Stücke geschnitten
50 ml	Vinaigrette
1 TL	frische Petersilie, gehackt
	Salz und Pfeffer
	Paprika zum Abschmecken
	Scheiben von schwarzen Oliven

Die Eier behutsam längs halbieren. Die Eidotter herausnehmen und durch ein Sieb in eine Schüssel streichen. Das verhindert Klümpchen in der Füllung.

Senf und Mayonnaise dazugeben und mischen, bis alles gut gebunden ist. Probieren und, falls nötig, etwas mehr Mayonnaise dazugeben.

Zitronensaft hineingeben, abschmecken; nochmals verrühren. In einen Spritzbeutel mit gezackter Tülle geben und die Eier füllen.

Die Eier auf einer hübschen Platte oder einem Salatbett anrichten. Mit Paprika bestreuen, mit Oliven garnieren.

Die Bambussprossen und die Vinaigrette in einer Schüssel mischen und zu den Eiern servieren. Mit Petersilie bestreuen.

Nach Belieben mit Frischhaltefolie bedecken und vor dem Servieren 6 Stunden kalt stellen.

Pro Portion   259 Kalorien   3 g Kohlenhydrate
13 g Eiweiß   23 g Fett   0,4 g Ballaststoffe

49

PHANTASTISCHE VORSPEISEN

Gefüllte Eier Surprise auf Brunnenkresse *für 4 Personen*

4	Eier, hartgekocht
125 ml	Mayonnaise
1	Bund Brunnenkresse, gewaschen und gut abgetropft
	Saft von 1 Zitrone
	einige Tropfen Tabasco
	Salz und Pfeffer

Die Eier längs halbieren, die Eidotter herausnehmen. Durch eine Sieb in eine Schüssel streichen, die Eiweiß beiseite stellen.

60 ml Mayonnaise, einige Tropfen Zitronensaft und Tabasco dazugeben, abschmecken. Gut verrühren, dann in die Eiweiß einfüllen. Zu ganzen Eiern zusammensetzen und beiseite stellen.

Die Brunnenkresse mit etwas Zitronensaft und 250 ml Wasser in einen Topf geben. Zum Kochen bringen und 3 Minuten blanchieren.

Herausnehmen und gut abtropfen. Im Mixer pürieren. Die restliche Mayonnaise dazugeben, würzen und gut verrühren.

Zum Servieren 1 Portion Brunnenkressepüree auf eine Platte geben und ein gefülltes Ei obenauf.

Pro Portion   228 Kalorien   5 g Kohlenhydrate
7 g Eiweiß   20 g Fett   0,8 g Ballaststoffe

PHANTASTISCHE VORSPEISEN

1. Die Eidotter durch ein Sieb in eine Schüssel streichen. Die Eiweiß beiseite stellen.

2. Nachdem Mayonnaise und Gewürze untergerührt wurden, die Mischung in die Eihälften geben und zu ganzen Eiern zusammensetzen. Beiseite stellen.

3. Die Brunnenkresse mit etwas Zitronensaft in kochendem Wasser 3 Minuten blanchieren. Gut abtropfen und im Mixer pürieren.

4. Die restliche Mayonnaise dazugeben und gut vermischen.

51

PHANTASTISCHE VORSPEISEN

Fritierte Camembertstückchen   *für 4 Personen*

2	Camembert à 200 g, gekühlt
1 TS	gewürztes Mehl
1 TL	Olivenöl
3	Eier, geschlagen
2 TS	Semmelbrösel
	Erdnußöl zum Ausbacken

Die Käserinde entfernen und die runden Käse in dreieckige Stücke schneiden. In Mehl wenden.

Das Öl zum geschlagenen Ei geben, gut verrühren. Die Käsestücke behutsam in diese Mischung tauchen.

Dann wieder in Mehl wenden, nochmals in die Eimischung tauchen.

Zuletzt in den Semmelbrösel wenden. Alle Käsestücke auf eine Platte legen und 10 Minuten in die Tiefkühltruhe stellen.

Währenddessen das Erdnußöl in einer Friteuse auf 190°C erhitzen.

Die Käsestücke 2 Minuten im Öl fritieren, oder bis sie goldbraun sind. Vor dem Servieren auf Küchenpapier abtropfen. Je nach Belieben Himbeersauce dazu reichen.

Pro Portion 913 Kalorien 65 g Kohlenhydrate
35 g Eiweiß 57 g Fett 3,0 g Ballaststoffe

PHANTASTISCHE VORSPEISEN

Croque-Monsieur New York Art
für 4 Personen

3 EL	Butter
1	kleine grüne Paprikaschote, halbiert, in feinen Streifen
8	dünne Scheiben Baguette
8	Scheiben Gruyère
4	Scheiben Schwarzwälder Schinken
	frisch gemahlener Pfeffer

1 EL Butter in einer kleinen Pfanne erhitzen. Die Paprika darin bei schwacher Hitze 15 Minuten zugedeckt dünsten.

Die Brotscheiben auf ein Brett legen. Die untere Scheibe mit 1 Scheibe Käse belegen, gut pfeffern.

Die gegarte Paprika auf die Sandwiches verteilen und mit Schinken belegen. Obenauf wieder 1 Scheibe Käse, dann Brot darauflegen.

Antihaft-beschichtete Pfanne (2 werden nötig sein) bei mittelhoher Hitze auf den Herd stellen. 1 EL Butter auf eine Seite der Sandwiches streichen. Wenn die Pfanne heiß ist, mit der gebutterten Seite nach unten hineinlegen.

3-4 Minuten braten, oder bis die Seite goldbraun ist. Währenddessen die andere Seite bestreichen.

Die Sandwiches wenden, schön braun rösten und servieren. Halbieren, in Streifen oder Dreiecke schneiden.

Pro Portion   472 Kalorien   18 g Kohlenhydrate
28 g Eiweiß   32 g Fett   1,0 g Ballaststoffe

PHANTASTISCHE VORSPEISEN

Knusprige Wursthäppchen

für 4 Personen

1 EL	Olivenöl
1	Zwiebel, gehackt
1	Knoblauchzehe, gehackt
375 g	italienische Würstchen, in Scheiben
400 ml	Tomatensauce aus der Dose
1	Baguette, in dicken Scheiben, getoastet
1 TS	Gruyère, gerieben
	Salz und Pfeffer
	einige Tropfen scharfe Pfeffersauce

Das Öl in einer Pfanne leicht erhitzen. Zwiebel und Knoblauch darin 4 Minuten braten.

Die Wurstscheiben dazugeben, würzen und 7-8 Minuten braten.

Die Tomatensauce hineingeben, nochmals würzen und 6-8 Minuten kochen.

Alles im Mixer pürieren. Die Mischung auf getoastete Brotscheiben streichen und auf eine feuerfeste Platte legen.

Mit Käse bedecken, mit scharfer Pfeffersauce beträufeln und im Ofen überbacken, bis der Käse blasig und braun wird.

Sofort mit kalten Drinks servieren.

Pro Portion 706 Kalorien 56 g Kohlenhydrate
35 g Eiweiß 38 g Fett 3,4 g Ballaststoffe

PHANTASTISCHE VORSPEISEN

Ananas-Speck-Spießchen
für 4 Personen

400 ml	große Ananasstücke aus der Dose, abgetropft
125 ml	Ihrer Lieblings Grillsauce
1 TL	Teriyaki Sauce
¼ TS	Honig
8	Scheiben Frühstücksspeck, 3 Minuten vorgegart
	Pfeffer

Die Ananasstücke in eine Schüssel geben. Grillsauce, Teriyaki Sauce und Honig dazugeben; pfeffern. 15 Minuten marinieren.

Die Speckstücke halbieren und jeweils um ein Ananasstück wickeln. Behutsam auf Holzspieße stecken.

1-2 Minuten grillen. Mit Cocktailsauce servieren.

Pro Portion   203 Kalorien   30 g Kohlenhydrate
5 g Eiweiß   7 g Fett   0,8 g Ballaststoffe

PHANTASTISCHE VORSPEISEN

Schinkentütchen mit Gemüseaspik
für 4 Personen

1	Stange Staudensellerie, fein gewürfelt
1	Karotte, geschält, fein gewürfelt
1	Kartoffel, geschält, fein gewürfelt
1/2 TS	gefrorene grüne Erbsen
1/2	Zucchini, fein gewürfelt
300 ml	Rinderconsommé aus der Dose
7 g	Gelatine, gemahlen
50 ml	kochendes Wasser
2 EL	Mayonnaise
8	dünne Scheiben gekochter Schinken
	Salatblätter, geschnitten

Das Gemüse 8-10 Minuten in kochendem Salzwasser blanchieren.

Währenddessen das Consommé erhitzen. Die Gelatine in 50 ml kochendem Wasser auflösen, dann zum Consommé geben. 2 Minuten kochen. Ständig rühren. Vom Herd nehmen und kalt stellen. Das Gemüse unter fließendem, kalten Wasser abschrecken und abtropfen. Mit Küchenpapier trockentupfen.

Gemüse und Mayonnaise in einer Schüssel vermengen.

50 ml kaltes Consommé dazugeben und sehr gut mischen.

Die Schinkenscheiben kegelförmig rollen und mit Zahnstochern befestigen. Mit der Gemüsemischung füllen.

Die Schinkentütchen auf ein Kuchengitter legen, das auf einem Backblech steht. Mit der Consommé-Gelatinenmischung bestreichen und 15 Minuten im Kühlschrank kalt stellen.

Nochmals bestreichen, 15 Minuten kalt stellen.

Den Vorgang wiederholen. Die Gelatinenmischung jedesmal wieder in den Kühlschrank stellen.

Die Schinkentütchen auf einer gekühlten Platte auf einem Salatbett servieren. Nach Belieben mit gewürfelten Stücken der restlichen Gelatine garnieren.

Pro Portion 201 Kalorien 12 g Kohlenhydrate
18 g Eiweiß 9 g Fett 4,7 g Ballaststoffe

PHANTASTISCHE VORSPEISEN

Gebackene Hühnerflügel

für 4 Personen

12	große Hühnerflügel
1 EL	Olivenöl
2 EL	Honig
2 EL	Sojasauce
2	Knoblauchzehen, gehackt
2 EL	Semmelbrösel
	Saft von ¼ Zitrone
	Salz und Pfeffer

Die Spitzen der Flügel abschneiden, die Flügel halbieren. In eine große Schüssel, zusammen mit Öl, Honig, Sojasauce, Knoblauch und Zitronensaft geben. Abschmecken und mischen; 1 Stunde marinieren.

Den Ofen auf 240°C vorheizen.

Die Flügel auf Spieße stecken und auf ein Backblech legen. 10 Minuten backen.

Wenden und 8 Minuten backen.

Die Grillfunktion des Ofens einschalten.

Die Brösel über die Flügel streuen und 5 Minuten grillen. Servieren.

Pro Portion 209 Kalorien 12 g Kohlenhydrate
20 g Eiweiß 9 g Fett 0,1 g Ballaststoffe

PHANTASTISCHE VORSPEISEN

Fritierte Hühnerflügel Buffalo
für 4 Personen

900 g	Hühnerflügel
2 TS	gewürztes Mehl
3	Eier, geschlagen
1 TL	Pflanzenöl
2 TS	gewürzte Semmelbrösel
	Salz und Pfeffer
	Paprika zum Abschmecken
	Erdnußöl zum Fritieren

Reichlich Erdnußöl in einer Friteuse auf 190°C erhitzen.

Die Spitzen der Flügel abschneiden, die Flügel halbieren. 10-12 Minuten vorkochen; gut abtropfen.

Die geschlagenen Eier mit dem Öl verrühren.

Die Flügel in Mehl wenden. In die Eier-Öl-Mischung tauchen; dann mit den Semmelbröseln bedecken. Salzen, pfeffern und mit Paprika bestreuen.

5-6 Minuten fritieren, oder bis sie goldbraun sind. Mit Ihrer scharf-würzigen Lieblingsauce servieren.

Pro Portion   282 Kalorien   23 g Kohlenhydrate
18 g Eiweiß   13 g Fett   1,1 g Ballaststoffe

PHANTASTISCHE VORSPEISEN

Hühnchen mit Apfel in Teig

für 4 Personen

2 EL	Butter
1	Stange Staudensellerie, gewürfelt
2	Äpfel, geschält, entkernt und grob gewürfelt
3 EL	Mehl
1/4 TL	Paprika
500 ml	Hühnerbrühe, erhitzt
2	ganze Hühnerbrüstchen, gegart, enthäutet und grob gewürfelt
2 EL	saure Sahne
4	gebackene Königinpasteten*, heiß
	Salz und Pfeffer
	Walnüsse, gehackt

Die Butter in einer Pfanne zerlassen. Sellerie und Äpfel darin zugedeckt 5 Minuten dünsten.

Das Mehl gut einrühren. Abschmecken und mit Paprika bestreuen. 2 Minuten unbedeckt bei schwacher Hitze anschwitzen.

Die Brühe aufgießen und zum Kochen bringen. 8-10 Minuten bei mittlerer Hitze unbedeckt kochen.

Das gegarte Hühnchen dazugeben und 2 Minuten ziehen lassen. Die saure Sahne hinzufügen und in die Pasteten füllen. Mit Nüssen bestreuen und servieren.

* Fertiger, gefrorener Blätterteig ist für dieses Rezept geeignet.

Pro Portion 565 Kalorien 35 g Kohlenhydrate
32 g Eiweiß 33 g Fett 2,2 g Ballaststoffe

PHANTASTISCHE VORSPEISEN

Hühnerstreifen in Bierteig

für 4 Personen

1 1/2 TS	M
250 ml	Bier
125 ml	Wasser
1	Eidotter
1	Eiklar, steif geschlagen
1	ganzes Hühnerbrüstchen ohne Haut und Knochen, in breiten Streifen
	Salz
	einige Tropfen Worcestershire-Sauce
	einige Tropfen scharfe Sauce
	Erdnußöl zum Fritieren

Mehl und Salz in einer Schüssel mischen. Das Bier dazugeben. Gut schlagen, das Wasser aufgießen und glatt rühren.

Den Eidotter einrühren; dann den Eischnee unterziehen. Alles gut mischen und 2 Stunden vor dem Weiterverarbeiten kalt stellen.

Reichlich Erdnußöl in einer Friteuse auf 190°C erhitzen.

Das Fleisch in einer Schüssel mit Worcestershire-Sauce und scharfer Sauce ungefähr 10 Minuten marinieren, bis das Öl heiß ist.

Die Hühnerstreifen in den Teig tauchen und 7-8 Minuten, oder abhängig von der Dicke fritieren.

Vor dem Servieren auf Küchenpapier abtropfen. Dazu eine Sauce zum Dippen reichen.

Pro Portion 345 Kalorien   29 g Kohlenhydrate
19 g Eiweiß   15 g Fett   1,2 g Ballaststoffe

PHANTASTISCHE VORSPEISEN

Kalter Hühnersalat *für 2 Personen*

½	Honigmelone, das Fruchtfleisch in Kugeln
1	ganzes, gegartes Hühnerbrüstchen, gehäutet und grob gewürfelt
1 TL	Kumin (Kreuzkümmel)
½	Schalotte, gehackt
1	Stange Staudensellerie, gewürfelt
1 EL	Chutney
1 EL	Mayonnaise
1 EL	saure Sahne
	Salz und Pfeffer
	einige Tropfen Zitronensaft

Melone, Hühnchen, Kumin, Schalotte, Sellerie und Chutney vermischen; gut abschmecken.

Mayonnaise und saure Sahne dazugeben; gleichmäßig mischen.

Mit Zitronensaft beträufeln und, je nach Belieben, mit Salatblätter servieren.

Pro Portion 258 Kalorien 14 g Kohlenhydrate
28 g Eiweiß 10 g Fett 1,9 g Ballaststoffe

PHANTASTISCHE VORSPEISEN

Hühnerleberpâté

für 4 Personen

500 g	Hühnerleber, gesäubert
2 EL	Butter
2	Zwiebeln, gehackt
2	Knoblauchzehen, gehackt
1	Stange Staudensellerie, gehackt
1/2 TL	Bohnenkraut
1 TL	Schnittlauch
1/2 TL	Zitronenschale, gerieben
50 ml	Weißwein
2 EL	Cognac
4 EL	saure Sahne
Prise	Thymian
	Salz und Pfeffer

Die Leber halbieren, das Fett entfernen; beiseite stellen.

Die Butter zerlassen. Zwiebeln, Knoblauch und Sellerie darin 4-5 Minuten zugedeckt dünsten.

Die Leber und alle Kräuter dazugeben. Die Zitronenschale einrühren; zugedeckt bei mittlerer Hitze 15 Minuten braten. Gelegentlich umrühren.

Wein und Cognac aufgießen; zugedeckt 5-6 Minuten kochen.

Im Mixer pürieren, bis die Masse glatt ist.

Die saure Sahne dazugeben und einige Minuten mixen. In einer Servierschüssel über Nacht kalt stellen.

Auf getoasteten Baguettescheiben oder Crackern servieren. Mit anderen würzigen Beilagen reichen.

Pro Portion 262 Kalorien 8 g Kohlenhydrate
26 g Eiweiß 14 g Fett 1,3 g Ballaststoffe

PHANTASTISCHE VORSPEISEN

1. Die Hühnerleber säubern und halbieren, um das Fett zu entfernen.

2. Die Zwiebeln, Knoblauch und Sellerie in der heißen Butter zugedeckt 4-5 Minuten dünsten.

3. Die Leber und alle Kräuter dazugeben. Die Zitronenschale einrühren und zugedeckt weitere 15 Minuten braten.

4. Zuerst den Wein, dann den Cognac aufgießen; fertig kochen.

PHANTASTISCHE VORSPEISEN

Hummer in Sahnesauce auf Toast *für 4 Personen*

2 EL	Butter
1	Schalotte, gehackt
1	grüne Paprikaschote, klein gewürfelt
1	Zucchini, klein gewürfelt
500 g	gefrorenes Hummerfleisch, aufgetaut und gut abgetropft
3 EL	Mehl
375 ml	Hühnerbrühe, erhitzt
50 ml	Sahne
	Salz und Pfeffer
Prise	Paprika
	Brot, getoastet

Die Butter zerlassen. Schalotte, Paprika und Zucchini darin zugedeckt 8 Minuten dünsten.

Den Hummer hinzufügen und gut abschmecken; den Paprika einstreuen. 3 Minuten unbedeckt braten. Den Hummer herausnehmen und beiseite stellen.

Das Mehl in das Gemüse rühren und 2 Minuten bei schwacher Hitze anschwitzen.

Die Brühe aufgießen, verrühren und zum Kochen bringen. 4-5 Minuten bei mittlerer Hitze kochen.

Die Sahne dazugeben, unterrühren und abschmekken. 2-3 Minuten köcheln. Den Hummer in die Sauce geben und auf getoastetem Brot verteilen.

Pro Portion   342 Kalorien   26 g Kohlenhydrate
28 g Eiweiß   14 g Fett   2,4 g Ballaststoffe

PHANTASTISCHE VORSPEISEN

Hummer in Tomatensauce *für 4 Personen*

2 EL	Butter
2	Knoblauchzehen, gehackt
2	Schalotten, gehackt
500 g	gefrorenes Hummerfleisch, aufgetaut und gut abgetropft
800 ml	Tomaten aus der Dose, abgetropft und gehackt
1 TL	Oregano
1/2 TS	geriebener Mozzarella
	Salz und Pfeffer

Die Butter zerlassen. Knoblauch und Schalotten darin 2 Minuten anbraten.

Das Hummerfleisch dazugeben und 2-3 Minuten bei großer Hitze braten. Den Hummer herausnehmen und beiseite stellen.

Tomaten und Oregano in die Pfanne geben; gut abschmecken. 8-10 Minuten bei mittlerer Hitze kochen.

Den Hummer in die Sauce geben, rühren, den Käse hinzufügen; 2 Minuten kochen, dann in individuelle Muschelformen füllen. Sofort servieren.

Pro Portion   269 Kalorien   9 g Kohlenhydrate
29 g Eiweiß   13 g Fett   1,7 g Ballaststoffe

PHANTASTISCHE VORSPEISEN

Schnecken mit Knoblauchbutter *

für 4 Personen

250 g	ungesalzene Butter
1 EL	frische Petersilie, gehackt
3	Knoblauchzehen, gehackt
3	Schalotten, gehackt
24	Schneckenhäuser
24	Schnecken aus der Dose, gut gewaschen, abgetropft
	Salz und Pfeffer
	einige Tropfen Tabasco
	einige Tropfen Worcestershire-Sauce
	Saft von ¼ Zitrone

Butter, Petersilie, Knoblauch und Schalotten in den Mixer geben. Salzen und gut verrühren.

Tabasco, Worcestershire-Sauce, gemahlener Pfeffer und Zitronensaft dazugeben. Mixen und beiseite stellen.

Den Ofen auf 200°C vorheizen. Zum Essen der Schnecken Zangen und Gabeln bereithalten.

Ein kleines Stück Butter in jedes Schneckenhaus geben, die Schnecke obenauf. Die Schnecke bis zum Rand des Hauses mit Butter bestreichen. Auf Schneckenförmchen verteilen, auf ein Backblech stellen und 2-3 Minuten im Ofen grillen, oder bis die Butter heiß und blasig ist.

Die Schnecken müssen sofort serviert werden. Dicke Scheiben Baguette dazu reichen.

* Um Knoblauchbutter stets griffbereit zu haben, sollten Sie die angegebene Menge verdoppeln. Butter zu einer Rolle formen, in Folie verpacken und einfrieren.

Pro Portion 453 Kalorien 0 g Kohlenhydrate
3 g Eiweiß   49 g Fett   0 g Ballaststoffe

PHANTASTISCHE VORSPEISEN

1. Knoblauchbutter läßt sich mit Hilfe eines Mixers schnell zubereiten. Sie kann aber auch von Hand zubereitet werden, wenn Sie Ihre Muskelkraft einsetzen wollen.

2. Knoblauch und Schalotten zur Butter und Petersilie in die Rührschüssel des Mixers geben.

3. Mit Salz abschmecken und mischen, bis alles gut gebunden ist.

4. Tabasco, Worcestershire-Sauce, gemahlenen Pfeffer und Zitronensaft dazugeben. Nochmals einige Sekunden rühren. Dann bis zur Weiterverwendung beiseite stellen.

67

PHANTASTISCHE VORSPEISEN

Auberginenquiche
für 4 Personen

2 EL	Pflanzenöl
1	Aubergine, geschält, gewürfelt
2	Knoblauchzehen, gehackt
1	Zucchini, gewürfelt
250 ml	Tomaten aus der Dose, abgetropft, gehackt
1/2 TL	Estragon
1 EL	Basilikum
1 TS	Emmentaler, gerieben
1	Ei
2	Eidotter
250 ml	Sahne
	Kuchenteig
	Salz und schwarzer Pfeffer
Prise	Muskat
Prise	Cayennepfeffer

Den Ofen auf 190°C vorheizen. Den Teig auf einer bemehlten Fläche ausrollen und in eine 23 cm große Quicheform legen. Den Boden mit einer Gabel einstechen und 1 Stunde stehen lassen.

Währenddessen das Öl erhitzen. Aubergine, Knoblauch und Zucchini hineingeben; würzen und 15 Minuten braten.

Die Tomaten einrühren und 12-15 Minuten kochen.

Estragon und Basilikum einstreuen; 1/2 TS Käse dazugeben. 2 Minuten kochen, abschmecken.

Die Füllung in die Quicheform geben und auf ein Backblech stellen.

Das Ei und die Eidotter in eine Schüssel geben. Muskat, Cayennepfeffer, Salz und schwarzen Pfeffer dazugeben. Die Sahne hinzufügen und sehr gut verrühren.

Die Eimischung über die Quiche gießen und behutsam mit einer Gabel vermengen, damit die Flüssigkeit zum Boden gelangt.

Mit dem restlichen Käse bestreuen. 35 Minuten im Ofen backen.

Vor dem Aufschneiden einige Minuten stehen lassen.

Pro Portion   685 Kalorien   24 g Kohlenhydrate
19 g Eiweiß   57 g Fett   2,6 g Ballaststoffe

PHANTASTISCHE VORSPEISEN

1. Aubergine, Knoblauch und Zucchini 15 Minuten im heißen Öl bei mittlerer Hitze braten.

2. Die Tomaten einrühren und 15-20 Minuten dünsten.

3. Die Kräuter und die Hälfte des Käses dazugeben. Gut mischen und weitere 2 Minuten garen.

4. Den ofenfertigen Quicheboden mit der Füllung bestreichen und zum Backen fertig zubereiten.

PHANTASTISCHE VORSPEISEN

Speck-Zwiebel-Quiche

für 4 Personen

5	Scheiben Frühstücksspeck, knusprig gebraten
2	Zwiebeln, in dünnen Ringen, gebraten
1 EL	frische Petersilie, gehackt
1 TS	Gruyère, gerieben
1	Ei
2	Eidotter
250 ml	Sahne
	Kuchenteig
	frisch gemahlener Pfeffer
Prise	Paprika
Prise	Muskat

Den Ofen auf 190°C vorheizen. Den Teig auf einer bemehlten Fläche ausrollen und in eine 23 cm große Quicheform legen. Den Boden mit einer Gabel einstechen und 1 Stunde stehen lassen.

Den Speck auf den Quicheboden legen. Mit den Zwiebeln bedecken, die Petersilie darüber streuen. Die Hälfte des Käses daraufgeben und pfeffern.

Das Ei und die Eidotter in eine Schüssel geben. Sahne, Paprika und Muskat hinzufügen und mit dem Schneebesen kräftig schlagen.

Die Eimischung in die Quicheform geben und mit Käse bestreuen. Auf ein Backblech stellen und 35 Minuten im Ofen backen.

Vor dem Anschneiden einige Minuten stehen lassen.

Pro Portion 662 Kalorien 23 g Kohlenhydrate
21 g Eiweiß 54 g Fett 1,2 g Ballaststoffe

PHANTASTISCHE VORSPEISEN

Knusprige Käsebrötchen
für 6-8 Personen

2 EL	Olivenöl
3	Knoblauchzehen, gehackt
6	mittelgroße Tomaten, gehäutet und gewürfelt
1 EL	Oregano
8	große Scheiben leicht getoastetes italienisches Brot
1½ TS	geriebener Mozzarella
	Salz und frisch gemahlener Pfeffer

Den Ofen auf 190°C vorheizen.

Das Öl in einer Bratpfanne leicht erhitzen. Wenn es heiß ist Knoblauch, Tomaten und Oregano hineingeben; abschmecken und 10 Minuten dünsten.

Das Brot auf einem Backblech anrichten und mit der Tomatenmischung bedecken. Mit Käse bestreuen. Die Grillfunktion des Ofens anstellen. Das Brot darin grillen, bis der Käse geschmolzen ist.

Die Brotstücke mit frisch gemahlenem Pfeffer bestreuen, halbieren und servieren.

Pro Portion   260 Kalorien   27 g Kohlenhydrate
11 g Eiweiß   12 g Fett   3,2 g Ballaststoffe

PHANTASTISCHE VORSPEISEN

Bruschetta

für 4 Personen

2 EL	Pflanzenöl
1/2	grüne Paprikaschote, gehackt
1	Zwiebel, gehackt
2	Knoblauchzehen, gehackt
50 ml	trockener Weißwein
800 ml	Tomaten aus der Dose, abgetropft, gehackt
1/2 TL	Basilikum
1	frisches Baguette
1 EL	Tomatenmark
1 1/2 TS	Gruyère, gerieben
Prise	Thymian
Prise	Paprika
	Salz und Pfeffer

Das Öl in einer großen Pfanne erhitzen. Paprika, Zwiebel und Knoblauch darin 3-4 Minuten anbraten.

Den Wein dazugeben und 3-4 Minuten bei starker Hitze kochen.

Die Tomaten und alle Kräuter hinzufügen. Bei großer Hitze 15 Minuten kochen, gelegentlich umrühren.

Währenddessen das Baguette längs halbieren, die Hälften jeweils in 4 gleichgroße Stücke schneiden. Auf beiden Seiten im Ofen rösten.

Das Tomatenmark zur Tomatenmischung geben, bei mittlerer Hitze 3-4 Minuten weiterkochen.

Den Käse einrühren, abschmecken und auf die gerösteten Brotscheiben streichen. Etwa eine Minute im Ofen überbacken; sofort servieren.

Pro Portion   610 Kalorien   57 g Kohlenhydrate
28 g Eiweiß   30 g Fett   4,5 g Ballaststoffe

PHANTASTISCHE VORSPEISEN

1. Paprika, Zwiebel und Knoblauch im heißen Öl bei mittlerer Hitze 3-4 Minuten braten.

2. Den Wein aufgießen und bei starker Hitze ungefähr auf die Hälfte einkochen.

3. Die Tomaten und alle Kräuter dazugeben. 15 Minuten bei großer Hitze kochen.

4. Den Käse dazugeben und auf das geröstete Baguette streichen.

73

PHANTASTISCHE VORSPEISEN

Käse-Dip

für 4 Personen

150 g	Blauschimmelkäse
12	entsteinte schwarze Oliven
1 EL	saure Sahne
¼ TL	Paprika
2 EL	Chutney
	Salz und Pfeffer
3	Stangen Staudensellerie, gewaschen, gedrittelt

Stangen Staudensellerie, gut gewaschen und gedrittelt.

Käse und Oliven im Mixer ungefähr 1 Minute vermengen.

Saure Sahne und Chutney dazugeben und rühren, bis alles gut gebunden ist. Würzen und mit Paprika bestreuen. Den Dip in eine Schüssel geben; zudecken und 2 Stunden kalt stellen.

Den Dip in einen Spritzbeutel mit gezackter Tülle füllen. Den Staudensellerie, oder nach Belieben anderes Gemüse, damit füllen. Servieren.

Pro Portion 186 Kalorien 6 g Kohlenhydrate
9 g Eiweiß 14 g Fett 1,9 g Ballaststoffe

GUTEN MORGEN

Gemischter Fruchtsalat in Melonenhälften *für 2 Personen*

1	Honigmelone
1 1/2 TS	Wassermelone, gewürfelt
1	Orange, geschält, filetiert
1/2 TS	gemischte grüne und rote, kernlose Trauben
50 ml	Rum
2 EL	Walnüsse, gehackt
	Saft von 1 Limone

Die Honigmelone mit einem kleinen Messer in zickzack Muster halbieren. Die Kerne herauslösen und wegwerfen. Das Fruchtfleisch herausnehmen, hakken; in eine Schüssel geben.

Die restliche Früchte hinzufügen; den Rum dazugeben und gut vermengen. 15-20 Minuten marinieren.

Mit Limonensaft beträufeln, mischen und in die Melonenschalen zurückgeben. Mit Nüssen bestreuen und servieren.

Pro Portion 329 *Kalorien* 50 g *Kohlenhydrate*
5 g *Eiweiß* 6 g *Fett* 6,1 g *Ballaststoffe*

GUTEN MORGEN

Kiwisalat mit Himbeersauce
für 4 Personen

1½ TS	frische Himbeeren, gewaschen
2 EL	Zucker
50 ml	Wodka mit Pfirsicharoma
4	Kiwi, geschält, in Scheiben geschnitten

Die Himbeeren gut abtropfen und mit dem Zucker und der Hälfte des Wodkas in einen Topf geben. Zudecken und 6-8 Minuten bei mittlerer Hitze kochen.

Die Mischung im Mixer pürieren; mischen. Zum Abkühlen beiseite stellen.

Währenddessen die Kiwischeiben in eine Schüssel geben und mit dem restlichen Wodka 15 Minuten marinieren.

Vor dem Servieren die Kiwischeiben in Dessertschalen geben und mit der Himbeersauce begießen. Nach Belieben mit geschlagener Sahne garnieren.

Pro Portion   131 Kalorien   23 g Kohlenhydrate
1 g Eiweiß   1 g Fett   3,6 g Ballaststoffe

GUTEN MORGEN

Grapefruitsalat
für 4 Personen

2	große Grapefruit, halbiert
2	große, kernlose Orangen, halbiert
½ TS	gemischte grüne und rote, kernlose Trauben
1 TS	Erdbeeren, gewaschen, entstielt, halbiert
1 EL	Zucker
	Saft von 1 Orange
	Saft von 1 Zitrone

Mit einem Papiermesser an der Innenseite der Grapefruit entlang schneiden, um das Fruchtfleisch im Ganzen herauszunehmen. Die Schalen beiseite stellen, das Fruchtfleisch wie in der Anleitung gezeigt filetieren; in eine Schüssel geben.

Die Orangen wie die Grapefruit zubereiten und in die Schüssel geben. Die restlichen Früchte hinzufügen, mischen und zuckern. Mit dem Saft beträufeln und leicht vermengen.

In die Schalen zurückgeben und mit Croissants für ein schnelles und sättigendes Frühstück servieren.

Pro Portion 132 Kalorien 31 g Kohlenhydrate
2 g Eiweiß 0 g Fett 3,3 g Ballaststoffe

GUTEN MORGEN

1. Mit einem Papiermesser an der Innenseite der Schalen schneiden, um das Fruchtfleisch im Ganzen herausnehmen zu können.

2. Das restliche Fleisch aus den Schalen schaben und anderweitig verwenden; die Schalen beiseite stellen. Die ganzen Grapefruithälften, die herausgeschnitten wurden filetieren, wie in Bild 4 gezeigt.

3. Die Schalen der Orangen mit einem Messer ablösen. Dabei nicht zuviel Fruchtfleisch abschneiden.

4. Die Frucht filetieren, indem man an beiden Seiten der Segmente einschneidet.

GUTEN MORGEN

Gegrillte Birnen in Eiersauce
für 4 Personen

4	Eidotter
1/2 TS	Zucker
375 ml	heiße Milch
2 EL	Wodka mit Pfirsicharoma
4	pochierte Birnen
2 EL	brauner Zucker
	frische Beeren zum Garnieren

Eidotter und Zucker in eine Stahlschüssel geben; gut verrühren.

Die Milch eingießen und gut umrühren. Die Schüssel auf einen Topf mit heißem Wasser stellen. Bei mittlerer Hitze kochen, ständig rühren, bis die Creme dick genug ist, einen Holzlöffel zu überziehen.

Den Wodka einrühren und zum Abkühlen beiseite stellen.

Die abgetropften, pochierten Birnen in eine Auflaufform legen. Die Creme dazugießen, mit braunem Zucker bestreuen. Im Ofen 1 Minute grillen.

Mit frischen Beeren garnieren und servieren.

Pro Portion   344 Kalorien   61 g Kohlenhydrate
7 g Eiweiß   8 g Fett   2,9 g Ballaststoffe

GUTEN MORGEN

Erdbeeren in Rotwein
für 4 Personen

2½ TS	Erdbeeren, gewaschen, entstielt
2 EL	Zucker
250 ml	trockener Rotwein
125 ml	Sahne, geschlagen

Sicherstellen, daß die Erdbeeren gut abgetropft sind; in eine Schüssel geben. Mit Zucker bestreuen und behutsam mischen.

Den Wein dazugießen und 2 Stunden marinieren.

Die Erdbeeren abtropfen, in eine saubere Schüssel füllen und mit geschlagener Sahne verzieren.

Pro Portion   114 Kalorien   14 g Kohlenhydrate
1 g Eiweiß   6 g Fett   2,2 g Ballaststoffe

GUTEN MORGEN

Fruchtpüree
für 4 Personen

1 EL	Butter
3	Äpfel, geschält, entkernt, in Scheiben
2 EL	Ahornsirup
1 TL	Zimt
½ TS	Sultaninen
250 ml	Sahne, geschlagen
	Saft von ½ Orange
	frische Brombeeren zum Garnieren

Die Butter in einer Pfanne leicht erhitzen. Äpfel, Sirup, Zimt und Orangensaft dazugeben und 6 Minuten dünsten, gelegentlich umrühren.

Die Sultaninen hinzufügen und weitere 3-4 Minuten dünsten.

Alles in einen Mixer geben und pürieren. Zum Abkühlen beiseite stellen.

Vor dem Servieren die Schlagsahne unterziehen und in Dessertschalen füllen. Mit frischen Beeren garnieren.

Pro Portion   397 Kalorien   41 g Kohlenhydrate
2 g Eiweiß   25 g Fett   3,5 g Ballaststoffe

GUTEN MORGEN

Wassermelonen in Ananasschiffchen *für 2 Personen*

1	frische, reife Ananas
1 TS	Wassermelone, gehackt, entkernt
2 EL	kernlose Rosinen
1 TL	Ihres Lieblingslikörs

Die Ananas mit einem scharfen Messer längs halbieren. Die Hälften trennen, den Strunk herausschneiden. Das Fruchtfleisch hübsch in Zickzackform einschneiden, um Platz für die Fruchtfüllung zu schaffen.

Ausgelöstes Ananasfruchtfleisch hacken, mit der Wassermelone und den Rosinen in eine Schüssel geben. Mit Likör beträufeln und mischen; 15 Minuten marinieren.

Die Ananasschiffchen mit der Fruchtmischung füllen und gekühlt servieren.

Pro Portion   173 Kalorien   39 g Kohlenhydrate
2 g Eiweiß   1 g Fett   3,9 g Ballaststoffe

GUTEN MORGEN

Pochierte Birnen in leichtem Sirup

für 4 Personen

1 TS	Zucker
500 ml	Wasser
4	Birnen, entkernt und geschält
2 EL	brauner Zucker
1 TL	Butter
1 TL	Zimt
125 ml	Orangensaft
2 EL	gehackte Walnüsse
	Saft von 1 Limone
	Schale von je 1 unbehandelten Orange und von 1 Zitrone, Julienne geschnitten

Zucker, Wasser und Limonensaft in einen kleinen Topf geben. Bei großer Hitze zum Kochen bringen; 3 Minuten kochen, nicht rühren.

Währenddessen Birnen, braunen Zucker, Butter und die Zitrusschalen in einen anderen Topf geben. Zimt und Orangensaft dazugeben.

Den Sirup dazugießen und 10-12 Minuten bei mittlerer Hitze kochen.

Den Topf vom Herd nehmen, die Birnen in der Sirupmischung abkühlen lassen.

Kalt, mit Nüssen bestreut, servieren.

Pro Portion 292 Kalorien 62 g Kohlenhydrate
2 g Eiweiß 4 g Fett 3,2 g Ballaststoffe

GUTEN MORGEN

1. Die Birnen schälen und entkernen, ohne ihre ursprüngliche Form zu verändern.

2. Während der Sirup kocht, die Birnen in einen anderen Topf geben.

3. Den braunen Zucker und die Butter dazugeben; die Zitrusschale hinzufügen.

4. Zimt, Orangensaft und Sirup dazugeben. 10-12 Minuten bei mittlerer Hitze kochen.

85

GUTEN MORGEN

Gesunde Bananen-Nuß Muffins
für 6-8 Personen

1¹/₂ TS	Mehl
1¹/₂ TS	Vollkornmehl
¹/₄	brauner Zucker
¹/₂ TS	gehackte Walnüsse
2 TL	Backpulver
1 TL	Zimt
¹/₂ TL	Salz
2	mittelgroße Bananen, zerdrückt
2	große Eier
250 ml	Milch
75 ml	Pflanzenöl

Den Ofen auf 200°C vorheizen.

Beide Mehlsorten mit dem Zucker und den Nüssen mischen. Backpulver, Zimt und Salz hinzufügen.

Die Bananen in eine andere Schüssel geben. Eier, Milch und Öl dazugeben; alles gut verrühren.

Die feuchten Zutaten zu den trockenen geben, mischen, bis alles angefeuchtet ist. In leicht gefettete Muffinförmchen füllen und 15-20 Minuten, abhängig von der Größe, backen.

Prüfen, ob die Muffins gut durchgebacken sind, dann aus dem Ofen nehmen. Vor dem Servieren einige Minuten auf einem Kuchengitter abkühlen lassen.

Pro Portion   307 Kalorien   53 g Kohlenhydrate
8 g Eiweiß   7 g Fett   3,6 g Ballaststoffe

GUTEN MORGEN

Eier im Auflaufförmchen
für 4 Personen

4	große Eier
250 ml	Sahne
	Salz und Pfeffer

Den Ofen auf 180°C vorheizen.

Ein tiefes Kuchenblech bereitstellen, das 2,5 cm hoch mit heißem Wasser gefüllt ist.

Die Eier in Förmchen aufschlagen, die Sahne darauf verteilen. Würzen und in das Backblech stellen; 10-12 Minuten im Ofen backen.

Mit Toast und Konfitüre servieren.

Pro Portion   288 Kalorien   2 g Kohlenhydrate
7 g Eiweiß   28 g Fett   0 g Ballaststoffe

GUTEN MORGEN

Zwei in einem

für 4 Personen

2 1/4 TS	Mehl, gesiebt
3 EL	brauner Zucker
1/4 TL	Salz
250 ml	Milch
250 ml	Wasser, heiß
12	große Eier
3 EL	Butter, zerlassen
2 EL	Butter
12	Scheiben Frühstücksspeck, knusprig gebraten
	Ahornsirup, rein

Mehl, Zucker und Salz in eine große Schüssel sieben. Die Milch mit einem Schneebesen sehr gut verrühren; dann das Wasser einrühren.

4 Eier dazugeben und glatt rühren. Durch ein Sieb in eine saubere Schüssel passieren und die zerlassene Butter unterrühren. Mit Frischhaltefolie, die die Oberfläche berührt, bedecken und 1 Stunde kaltstellen.*

Crêpes nach der Anleitung für Streichhölzer, Seite 117, zubereiten.

Von den eben zubereiteten Crêpes 12 nehmen und im Ofen warm halten. Die restlichen in den Kühlschrank stellen oder einfrieren und später verbrauchen.

Jeweils 1 EL Butter in 2 antihaft-beschichteten Pfannen leicht erhitzen.

In jede Pfanne 4 Eier geben; zugedeckt 4-5 Minuten bei schwacher Hitze braten, oder je nach Vorliebe. Das Eiklar sollte noch weich und feucht sein.

Währenddessen 3 Crêpes pro Person auf einem Teller anrichten, leicht überlappend, aber so, daß sie den ganzen Teller bedecken.

Wenn die Eier fertig sind jeweils 2 auf die Crêpes legen. Die Seiten der Crêpes über das Eiklar schlagen. Den Speck außenrum verteilen und mit Ahornsirup beträufeln. Sofort servieren.

* Nach Belieben kann der Teig bereits am Vorabend zubereitet werden.

Pro Portion 875 Kalorien 96 g Kohlenhydrate
26 g Eiweiß 43 g Fett 1,8 g Ballaststoffe

GUTEN MORGEN

1. Das Mehl, den braunen Zucker und das Salz in eine große Schüssel sieben.

2. Die Milch mit einem Schneebesen gut einrühren. Dann das Wasser unterrühren.

3. Vier Eier dazugeben und glattrühren.

4. Den Teig durch ein Sieb in eine saubere Schüssel passieren. Mit Frischhaltefolie, die die Oberfläche berührt, abdecken und 1 Stunde kalt stellen.

GUTEN MORGEN

Gebackene Spiegeleier
für 4 Personen

2 EL	Butter
8	große Eier
	Salz und Pfeffer

Den Ofen auf 180°C vorheizen.

Die Butter in 4 feuerfeste Förmchen verteilen und zum Zerlassen in den Ofen stellen.

Jeweils 2 Eier in die Förmchen geben und salzen. 12-15 Minuten backen.

Mit kleinen, runden Scheiben getoastetem Brot servieren.

Pro Portion   201 Kalorien   0 g Kohlenhydrate
12 g Eiweiß   17 g Fett   0 g Ballaststoffe

GUTEN MORGEN

Bauernfrühstück mit Würstchen
für 4 Personen

8	kleine Schweinswürstchen
4	Pellkartoffeln*
2 EL	Butter
2	Schalotten, gehackt
1 EL	frische Petersilie, gehackt
1 TL	frischer Schnittlauch, gehackt
	Salz und Pfeffer
	Muskat zum Abschmecken

Die Würstchen vor dem Grillen 3 Minuten in kochendem Wasser garen. Dadurch kann ein Teil des Fettes entfernt werden. Gut abtropfen lassen und beiseite stellen.

Die Kartoffeln schälen und hacken. Die Butter in einer Stahlpfanne (oder einer anderen, falls nicht vorhanden) erhitzen. Die Kartoffeln darin 20 Minuten bei schwacher Hitze braten, gelegentlich wenden.

Währenddessen die Würstchen im Ofen grillen, bis die Haut knusprig und das Innere gut durchgebraten ist.

Die restlichen Zutaten zu den Kartoffeln geben; gründlich vermengen. Weitere 3-4 Minuten braten.

Die Würstchen mit den Bratkartoffeln servieren. Dazu Eier, in Ihrer Lieblingsart zubereitet, reichen.

* Die Kartoffeln nicht zu lange kochen. Für dieses Gericht ist es besser, wenn sie noch ein wenig fest sind.

Pro Portion   462 Kalorien   52 g Kohlenhydrate
14 g Eiweiß   22 g Fett   2,5 g Ballaststoffe

GUTEN MORGEN

Auberginen-Eier

für 2 Personen

2 EL	Butter
1	Frühlingszwiebel, gehackt
1/2	kleine Zwiebel, gehackt
1	Knoblauchzehe, gehackt
1/2	Aubergine, geschält, gewürfelt
1 TL	frische Petersilie, gehackt
1/2 TL	Oregano
1/4 TL	Thymian
1	reife Tomate, ohne Strunk, gehackt
1/2 TS	Gruyère, gerieben
2 TL	Butter, zerlassen
4	Eier
	Salz und Pfeffer
Prise	Zucker
	Baguettescheiben, getoastet

Die Butter in einer Pfanne zerlassen. Beide Zwiebelsorten und den Knoblauch darin 3 Minuten braten.

Aubergine, Petersilie, Oregano und Thymian dazugeben und gut vermengen. Würzen und 15 Minuten zugedeckt braten, gelegentlich rühren.

Tomaten und Zucker dazugeben, nochmals abschmecken und gut mischen. Zugedeckt 10 Minuten garen.

Währenddessen den Ofen auf 180°C vorheizen.

Den Käse in die Auberginenmischung rühren und 1-2 Minuten kochen. Beiseite stellen.

Die Butter zerlassen und auf 2 feuerfeste Förmchen verteilen. Einige Minuten im Ofen erwärmen.

Die Auberginenmischung in die Formen geben und 5-6 Minuten im Ofen backen.

Jeweils 2 Eier obenauf geben und würzen. 12-15 Minuten backen.

Mit Baguette servieren.

Pro Portion 494 Kalorien 16 g Kohlenhydrate
22 g Eiweiß 38 g Fett 2,5 g Ballaststoffe

GUTEN MORGEN

Rührei mit Mischgemüse

für 4 Personen

2 EL	Butter
1	gekochte Karotte, gewürfelt
18	frische Champignons, geputzt, gewürfelt
1	grüne Paprikaschote, gewürfelt
1	gelbe Paprikaschote, gewürfelt
1 TL	frischer Schnittlauch, gehackt
1	Schalotte, gehackt
8	große Eier
2 EL	Sahne
	Salz und Pfeffer

Die Hälfte der Butter in einer antihaft-beschichteten Pfanne leicht erhitzen. Das Gemüse dazugeben, abschmecken und 3-4 Minuten bei mittelgroßer Hitze anbraten.

Schnittlauch und Schalotte dazugeben; 1 Minute bei schwacher Hitze braten.

Eier und Sahne verrühren; pfeffern.

Die restliche Butter zum Gemüse geben und vermengen. Die Eier dazugeben und 1 Minute bei mittlerer Hitze braten. Schnell rühren; 1 Minute braten.

Schnell rühren und braten, bis die Eier an der Oberfläche noch schön weich sind.

Pro Portion   276 Kalorien   9 g Kohlenhydrate
15 g Eiweiß   20 g Fett   3,7 g Ballaststoffe

GUTEN MORGEN

Rührei in gebackenen Tomaten
für 2 Personen

1	Fleischtomate
2 TL	Knoblauchbutter
4	große Eier
2 EL	Sahne
1 TL	frische Petersilie, gehackt
2 EL	Gruyère, gerieben
1 EL	Butter
	Salz und Pfeffer

Den Ofen auf 200°C vorheizen.

Den Tomatenstrunk gut entfernen und die Tomate in einem Zickzackmuster quer halbieren.

Die Tomatenhälften mit der Schnittfläche nach oben in eine Backform stellen und 1 TL Knoblauchbutter auf jede Tomate geben. 10 Minuten backen.

Die Eier mit der Sahne verschlagen, die Petersilie dazugeben; abschmecken. Den Käse einstreuen und unterrühren.

Die Butter in einer antihaft-beschichteten Pfanne leicht erhitzen. Die Eier darin 30 Sekunden braten. Schnell rühren; nur so lange braten, bis sie an der Oberseite noch schön weich sind.

Die Eier auf die Tomatenhälften verteilen und servieren.

Pro Portion   345 Kalorien   6 g Kohlenhydrate
15 g Eiweiß   29 g Fett   1,5 g Ballaststoffe

GUTEN MORGEN

1. Den Tomatenstrunk entfernen und die Tomate in einem Zickzackmuster quer halbieren.

2. Die Tomatenhälften in eine Backform setzen und etwas Knoblauchbutter hineingeben. 10 Minuten backen.

3. Währenddessen die Eier und die Sahne vermischen. Das Rührei in einer antihaft-beschichteten Pfanne bei mittlerer Hitze braten.

4. Die Eier auf die Tomaten geben und servieren.

95

GUTEN MORGEN

Rührei mit Shrimps

für 4 Personen

3 EL	Butter
375 g	mittelgroße, rohe Shrimps, ohne Darm, gedrittelt
1	Schalotte, gehackt
1 EL	frische Petersilie, gehackt
2 EL	Mehl
250 ml	Milch, heiß
6	große Eier
2 EL	Sahne
	Salz und Pfeffer
Prise	Muskat

1 TL Butter in einem Topf leicht erhitzen. Shrimps, Schalotte und Petersilie hineingeben, würzen und 5-6 Minuten bei sehr schwacher Hitze anbraten.

Währenddessen $1^{1}/_{2}$ EL Butter in einem anderen Topf leicht erhitzen. Das Mehl schnell einrühren. 1 Minute anschwitzen. Die Milch hinzufügen, mit Muskat abschmecken und 7 Minuten köcheln; gelegentlich umrühren.

Shrimps in diese weiße Sauce geben, gut verrühren und bei kleiner Hitze langsam köcheln lassen, bis die Eier gar sind.

Die Eier und die Sahne vermengen. Die restliche Butter in einer antihaft-beschichteten Pfanne leicht erhitzen. Die Eier darin 1 Minute braten.

Umrühren; nochmals 1 Minute braten; schnell rühren und so lange braten, bis die Eier an der Oberseite noch weich sind.

Mit der Shrimps-Sauce servieren.

Pro Portion   375 Kalorien   8 g Kohlenhydrate
34 g Eiweiß   23 g Fett   0,3 g Ballaststoffe

GUTEN MORGEN

Rührei mit Käse

für 4 Personen

6	große Eier
2 EL	Sahne
2 EL	frischer Schnittlauch, gehackt
1 TS	alter Cheddar, gerieben
2 EL	Butter
	Salz und Pfeffer
Prise	Paprika

Eier und Sahne verrühren, Schnittlauch und Käse mit einer Gabel untermischen. Gut abschmecken.

Die Butter in einer großen antihaft-beschichteten Pfanne bei mittelgroßer Hitze erhitzen.

Dann die Eier hineingeben, und 15 Sekunden ohne zu rühren braten. Behutsam mit einem Holzlöffel vermengen, weitere 15 Sekunden ohne rühren braten.

Die Hitze behutsam zuführen – wenn sie zu groß ist, wird das Ei hart.

Wenn die Eier gar, aber noch weich und feucht sind, sofort vom Herd nehmen, mit Paprika bestreuen und servieren. Rosinenbrotscheiben und frische Früchte dazu reichen.

Pro Portion   310 Kalorien   2 g Kohlenhydrate
17 g Eiweiß   26 g Fett   0 g Ballaststoffe

GUTEN MORGEN

Pilzeier auf Baguette
für 4 Personen

2 EL	Butter
1/2	Gemüsezwiebel, in feinen Ringen
250 g	frische Champignons, geputzt, blättrig geschnitten
6	große Eier
1/2 TL	Selleriesamen
1	Baguette
	Salz und Pfeffer
Prise	Paprika
Prise	Muskat

Die Butter in einer antihaft-beschichteten Pfanne zerlassen. Die Zwiebeln darin 8-10 Minuten braten, oder bis sie weich sind.

Die Pilze und alle Gewürze dazugeben; 3-4 Minuten bei mittlerer Hitze braten.

Die Eier mit einer Gabel verschlagen, in die Pfanne zu den Pilzen geben und umrühren.

Währenddessen das Baguette halbieren und dann längs aufschneiden, um 4 Stücke zu erhalten. Mit der Grillfunktion des Ofens leicht anrösten.

Die Eier auf den Brotvierteln servieren.

Pro Portion   429 Kalorien   51 g Kohlenhydrate
18 g Eiweiß   17 g Fett   4,3 g Ballaststoffe

GUTEN MORGEN

Rührei à la Française
für 6-8 Personen

8	große Eier
50 ml	Sahne
½ TS	Schweizer Käse, gerieben
2 EL	Butter
	Salz und Pfeffer

Eier, Sahne und Käse mit einer Gabel schlagen; pfeffern.

Eine Stahlschüssel auf einen Topf mit 750 ml kochendem Wasser bei mittlerer Hitze setzen.

Die Butter in der Schüssel zerlassen. Die Eimischung hineingeben, behutsam und ständig rühren. Wenn Sie aufhören zu rühren, klebt das Ei am Schüsselboden fest.

Wie am Buffet mit Rösti (Seite 122) oder mit Bauernfrühstück mit Würstchen (Seite 91) servieren.

Pro Portion   144 Kalorien   0 g Kohlenhydrate
9 g Eiweiß   12 g Fett   0 g Ballaststoffe

GUTEN MORGEN

Weiches Ei im Crêpemantel

für 4 Personen

4	große Eier, mit Zimmertemperatur
8	Crêpes*
½ TS	alter Cheddar, gerieben
	Salz und Pfeffer

Die Eier mit einem Löffel in einen Topf mit leicht kochendem Wasser legen und 5 Minuten kochen.

Die Eier herausnehmen und schnell in kaltem Wasser abschrecken, aber nur 1 Minute lang.

Behutsam schälen und jedes auf 2 Crêpes legen. Wie ein Päckchen einschlagen und in eine Auflaufform legen.

Mit Käse bestreuen und 2 Minuten überbacken. Sofort servieren. Salz und Pfeffer zum Nachwürzen bereitstellen.

* Siehe Crêpes mit Kalbfleischfüllung, Seite 224

Pro Portion   436 Kalorien   35 g Kohlenhydrate
20 g Eiweiß   24 g Fett   1,4 g Ballaststoffe

GUTEN MORGEN

1. Die Eier mit einem Löffel in leicht kochendes Wasser geben. 5 Minuten kochen.

2. Die Eier herausnehmen und schnell 1 Minute in kaltem Wasser abschrecken, gerade lang genug, um den Garprozeß zu unterbrechen.

3. Die Eier behutsam schälen und jedes Ei auf 2 übereinandergelegte Crêpes geben. Das Gericht wie beschrieben beenden.

4. Ein richtig gekochtes, weiches Ei sollte einen noch fließenden Eidotter haben.

101

GUTEN MORGEN

Weiches Ei
für 4 Personen

4	große Eier
4	Scheiben Brot, getoastet, in Streifen

Eier mit Zimmertemperatur bereithalten. Reichlich Wasser in einem Topf zum Kochen bringen.

Die Eier hineingeben und 3-4 Minuten, oder auch ein wenig länger, je nach Ihrem Geschmack, kochen.

Die Eier herausnehmen und in Eierbecher stellen. Die Schale oben behutsam entfernen und mit Toast servieren.

Pro Portion 118 Kalorien 8 g Kohlenhydrate
8 g Eiweiß 6 g Fett 0,4 g Ballaststoffe

GUTEN MORGEN

Weiche Eier mit Pilzen
für 2 Personen

4	große Eier, mit Zimmertemperatur
2 EL	Butter
250 g	frische Champignons, geputzt, blättrig geschnitten
3	Schalotten, gehackt
1 EL	frischer Schnittlauch, gehackt
1	Knoblauchzehe, gehackt
½ TS	Emmentaler, gerieben
	Salz und Pfeffer

Die Eier mit einem Löffel behutsam in leicht kochendes Wasser legen und 5 Minuten kochen.

Die Eier herausnehmen und schnell 1 Minute in kaltem Wasser abschrecken.

Die Schale behutsam entfernen und jeweils 2 Eier in eine Schale legen. Beiseite stellen.

Die Butter bei mittelgoßer Hitze in einer Pfanne erhitzen. Die restlichen Zutaten, außer dem Käse, darin 3-4 Minuten braten.

Die Pilze über die Eier geben, abschmecken und mit Käse bestreuen. Im Ofen grillen, bis er geschmolzen ist.

Pro Portion   465 Kalorien   6 g Kohlenhydrate
27 g Eiweiß   37 g Fett   3,1 g Ballaststoffe

GUTEN MORGEN

Bretonische Eier

für 4 Personen

2 EL	Butter
1	Zwiebel, in feinen Scheiben
1	Stange Lauch*, das Weiße gut gewaschen, fein geschnitten
250 g	frische Champignons, geputzt, blättrig geschnitten
375 ml	weiße Sauce, erhitzt
4	hartgekochte Eier, in Scheiben
1/2 TS	Cheddar, gerieben
	Paprika
	Salz und Pfeffer

Den Ofen auf 200°C vorheizen.

Die Butter bei mittelhoher Temperatur erhitzen. Zwiebel und Lauch hineingeben und mit Paprika würzen. 3-4 Minuten braten.

Die Champignons dazugeben und abschmecken; 5-6 Minuten braten. Die Pfanne vom Herd nehmen.

Die Hälfte der weißen Sauce in eine Auflaufform gießen. Die Gemüsemischung dazugeben.

Mit einer Lage Eier belegen und mit der restlichen Sauce bedecken. Mit Käse bestreuen und würzen.

Im Ofen 8 Minuten backen. Servieren.

* Den Lauch 2mal längs bis zum Strunk aufschneiden. Die Blätter auseinanderfalten, Sand und Erde gründlich unter kaltem Wasser auswaschen.

Pro Portion 344 Kalorien 20 g Kohlenhydrate
12 g Eiweiß 24 g Fett 3,1 g Ballaststoffe

GUTEN MORGEN

Paprika-Pilz-Omelett
für 2 Personen

2 EL	Butter
1/3	grüne Paprikaschote, in feinen Streifen
1/3	gelbe Paprikaschote, in feinen Streifen
8	große, frische Champignons, geputzt, blättrig geschnitten
1	Schalotte, gehackt
1 EL	frische Petersilie, gehackt
4	große Eier, geschlagen
	Salz und Pfeffer

Die Hälfte der Butter in einer antihaft-beschichteten Pfanne leicht erhitzen. Gemüse, Schalotte und Petersilie hineingeben; gut abschmecken. 3 Minuten braten, 1mal wenden.

Die restliche Butter hineingeben, zerlassen, dann die Eier dazugeben. Bei mittelgroßer Hitze 30 Sekunden braten.

In der Mitte des Omeletts mit einem Holzlöffel rühren. Das Ei wieder in Form bringen und 1 Minute, oder etwas länger braten, bis das Ei fest, aber noch weich ist.

Das Omelett falten (zuerst die rechte Seite einschlagen, dann die linke) und auf eine vorgewärmte Platte legen. Halbieren und servieren.

Pro Portion 287 Kalorien 6 g Kohlenhydrate
14 g Eiweiß 23 g Fett 2,6 g Ballaststoffe

GUTEN MORGEN

Apfel-Rosinen-Omelett

für 2 Personen

2 EL	Butter
2	Äpfel, geschält, entkernt, geviertelt, in Scheiben
2 EL	brauner Zucker
2 EL	Rosinen
1 EL	Pflaumenkonfitüre
4	große Eier
2 EL	Sahne
1 EL	Zucker

Den Ofen auf 120°C vorheizen.

1 EL Butter in einer antihaft-beschichteten Pfanne erhitzen. Die Äpfel und den braunen Zucker bei mittlerer Hitze darin zugedeckt 4 Minuten dünsten.

Die Rosinen dazugeben und 2 Minuten dünsten. Die Konfitüre hinzufügen, gut mischen und 3-4 Minuten unbedeckt fertig dünsten. In eine feuerfeste Form geben und warm halten.

Die restliche Butter erhitzen. Währenddessen die Eier und die Sahne mit einer Gabel verühren.

Die Eier in die heiße Butter geben und 30 Sekunden ohne rühren braten.

Vorsichtig in der Mitte des Omeletts rühren, damit es fest wird. 30 Sekunden braten, bis das Omelett Form hat, aber noch weich ist. Dann mit einer Palette von rechts nach links rollen, die Pfanne in Rollrichtung halten. Die Unterseite mit Zucker bestreuen.

Das Omelett auf eine vorgewärmte Platte legen, die Mitte aufschneiden, wie gezeigt. Mit etwas Apfelmischung füllen, den Rest obenauf geben und servieren.

Pro Portion 481 Kalorien 51 g Kohlenhydrate
13 g Eiweiß 25 g Fett 3,4 g Ballaststoffe

GUTEN MORGEN

1. Die Äpfel und den braunen Zucker zugedeckt in einer antihaft-beschichteten Pfanne 4 Minuten bei mittlerer Hitze dünsten.

2. Die Rosinen einrühren und weitere 2 Minuten dünsten.

3. Die Pflaumenkonfitüre dazugeben, gut mischen und 3-4 Minuten unbedeckt fertigbraten.

4. Wenn das Omelett fertig ist, in der Mitte aufschneiden und etwas Apfelmischung hineingeben. Die restlichen Äpfel auf das Omelett geben.

GUTEN MORGEN

Erdbeeromelett

für 2 Personen

1 TS	Erdbeeren, gewaschen, entstielt
3 EL	Zucker
1 EL	Zitronenschale, sehr fein gehackt
4	große Eier
2 EL	Sahne
1 EL	Butter
	einige Erdbeeren zum Garnieren

Erdbeeren, Zucker und Zitronenschale in einen Topf geben. 3-4 Minuten bei mittlerer Hitze kochen, 1mal rühren.

Die Mischung im Mixer pürieren. Beiseite stellen.

Eier und Sahne in einer Schüssel verrühren. Die Butter in einer antihaft-beschichteten Pfanne leicht erhitzen.

Die Eier auf mittlerer Hitze darin 30 Sekunden ohne zu rühren braten.

In der Mitte des Omeletts rühren, damit das Ei fest werden kann. 30 Sekunden braten, bis das Omelett in Form, aber noch weich ist.

4 EL Erdbeersauce darübergeben, mit einer Palette von rechts nach links rollen, die Pfanne in Rollrichtung halten.

Das Omelett auf eine vorgewärmte Platte legen und mit der restlichen Sauce begießen. Mit Erdbeeren garnieren.

Pro Portion 327 Kalorien 26 g Kohlenhydrate
13 g Eiweiß 19 g Fett 2,2 g Ballaststoffe

GUTEN MORGEN

Bananenomelett
für 2 Personen

3 EL	Butter
2	Bananen, in Scheiben
2 EL	brauner Zucker
4	große Eier
50 ml	Milch oder Sahne
2 EL	Rum

Die Butter in einem kleinen Topf leicht erhitzen. Bananen und Zucker darin 2-3 Minuten braten. Beiseite stellen.

Die Eier mit Milch und Rum schlagen; beiseite stellen.

Die restliche Butter in einer antihaft-beschichteten Pfanne bei mittelhoher Hitze erhitzen. Wenn sie heiß ist, die Eier hineingeben und 30 Sekunden ohne zu rühren braten.

Dann in der Mitte des Omeletts rühren, damit das Ei anstockt. Weitere 30 Sekunden braten oder bis das Omelett in Form, aber noch weich ist.

Die Hälfte der Bananen daraufgeben und mit einer Palette von links nach rechts rollen, die Pfanne in Rollrichtung halten.

Das schön gebräunte Omelett auf eine vorgewärmte Platte legen und mit den restlichen Bananen garnieren.

Pro Portion   509 Kalorien   37 g Kohlenhydrate
14 g Eiweiß   30 g Fett   3,9 g Ballaststoffe

GUTEN MORGEN

Omelett Western Art
für 2 Personen

2 EL	Butter
1/2	Zwiebel, gehackt
1	Frühlingszwiebel, gehackt
1/2	grüne Paprika, gewürfelt
1/2 TS	gekochte Schinkenreste, gewürfelt
4	Eier
	Salz und Pfeffer

Die Butter in einer antihaft-beschichteten Pfanne leicht erhitzen. Gemüse und Schinken darin 4 Minuten braten. Gut abschmecken.

Die Eier mit einer Gabel verrühren und würzen. Die Eier bei mittlerer Hitze zum Gemüse geben. 1 Minute ohne rühren braten.

In der Mitte des Omeletts rühren, damit das Ei anstockt. 1-2 Minuten braten, bis das Omelett in Form, aber noch weich ist. Dann mit einer Palette von rechts nach links rollen, die Pfanne dabei in Rollrichtung halten.

Die Hitze während des Rollens anlassen – die Unterseite soll schön braun werden. Wenn das Omelett gerollt ist, die Pfanne schräg halten, einen Teller darauflegen und das Omelett mit der Unterseite nach oben auf den Teller gleiten lassen. Diese Technik erfordert ein wenig Übung, aber alle Ihre Omeletts werden eine schöne Form behalten.

Das Omelett aufschneiden und sofort servieren.

Pro Portion 321 Kalorien 4 g Kohlenhydrate
20 g Eiweiß 25 g Fett 0,7 g Ballaststoffe

GUTEN MORGEN

Pochierte Eier mit Sauce Hollandaise *für 4 Personen*

2	Eidotter
2 EL	kaltes Wasser
250 ml	geklärte Butter
4	kleine Scheiben getoastetes Brot
4	Scheiben Schwarzwälder Schinken, erhitzt
4	pochierte Eier, heiß
	einige Tropfen Zitronensaft
	Salz und Pfeffer

Die Eidotter in eine Stahlschüssel geben. Das Wasser hinzufügen und auf einen Topf mit 750 ml heißem Wasser stellen.

Die Eidotter schlagen, bis sie dick sind. Die Butter in dünnem, stetigen Strahl dazugießen, ständig schlagen.

Einige Tropfen Zitronensaft dazugeben und abschmecken.

Auf einer Platte das Brot mit Schinken belegen und die Eier obenauf setzen. Die Sauce darübergießen und sofort servieren.

Pro Portion   602 Kalorien   8 g Kohlenhydrate
12 g Eiweiß   58 g Fett   0,4 g Ballaststoffe

111

GUTEN MORGEN

Käsesoufflé

für 4 Personen

1¼ TS	Gruyère, Emmentaler oder Mozzarella, gerieben
4 EL	Butter
4 EL	Mehl
300 ml	kalte Milch
4	Eidotter, mit Zimmertemperatur
5	Eiklar, steif geschlagen, mit Zimmertemperatur
	Salz und Pfeffer
	etwas Butter für die Auflaufform

Den Ofen auf 190°C vorheizen. Eine 1,5 l Souffléform buttern, die Seiten und den Boden mit Käse bestreuen.

Die Butter bei sehr schwacher Hitze zerlassen. Das Mehl mit einem Holzlöffel einrühren und 3-4 Minuten anschwitzen.

Die Hälfte der Milch eingießen, bei mittlerer Hitze 2 Minuten kochen. Nach und nach die restliche Milch dazugeben, ständig rühren, bis die Masse glatt ist.

Salzen und langsam zum Kochen bringen, ständig rühren, bis die Masse leicht haften bleibt. Das dauert ungefähr 3-4 Minuten. Vom Herd nehmen und leicht abkühlen lassen.

Ein Eidotter nach dem anderen hinzufügen, dazwischen immer glatt rühren. Käse und Salz dazugeben.

Einen großen Löffel Eischnee unter die Eidottermischung ziehen. Dann diese Mischung zum Eischnee geben. Mit einer Palette mischen, bis die Farbe einheitlich ist.

Den Teig in die Form füllen, mit dem Daumen ungefähr 1 cm tief den Rand an der Innenseite eindrücken. Das gibt eine extra kleine Spitze. 35 Minuten backen.

Pro Portion	455 Kalorien	11 g Kohlenhydrate
24 g Eiweiß	35 g Fett	0,3 g Ballaststoffe

GUTEN MORGEN

1. Eine Soufléform einbuttern und die Seiten und den Boden mit Käse bestreuen; beiseite stellen.

2. Die Butter in einem Topf bei sehr schwacher Hitze zerlassen. Das Mehl mit einem Holzlöffel gut einrühren. Bei sehr schwacher Hitze 3-4 Minuten anschwitzen.

3. Die Hälfte der Milch in den Topf gießen, ständig rühren und einige Minuten bei mittlerer Hitze kochen. Die Milch nach und nach dazugeben, rühren, bis eine glatte Masse entsteht.

4. Wenn die Masse glatt ist, den Topf vom Herd ziehen. Dann einen Eidotter nach dem anderen mit einem Holzlöffel einrühren.

GUTEN MORGEN

Kartoffelsoufflé

für 4 Personen

1/2 TS	Mozzarella; fein geschabt
500 g	Kartoffeln, geschält
3 EL	Butter
1/4 TL	Muskat
125 ml	Sahne, erhitzt
4	Eidotter, mit Zimmertemperatur
6	Eiklar, mit Zimmertemperatur
	Salz und Pfeffer
Prise	Paprika
Prise	Bohnenkraut
Prise	Cayennepfeffer
	etwas Butter für die Auflaufform

Den Ofen auf 190°C vorheizen.

Eine 1,5 l Souffléform buttern, die Seiten und den Boden mit Käse bestreuen; beiseite stellen.

Die Kartoffeln in kleine Stücke schneiden, um die Garzeit zu verringern und in einen Topf mit Wasser geben; salzen. Weichkochen – aber nicht zu lange kochen. Die Kartoffeln gut abtropfen, in den Topf zurückgeben. Bei schwacher Hitze einige Minuten abdämpfen. In eine Schüssel geben und pürieren.

Die Butter hinzufügen und gut untermischen. Gewürze und Bohnenkraut dazugeben und vermengen. Die Sahne einrühren. Die Masse sollte die Konsistenz von Kartoffelbrei haben.

Die Eidotter alle auf einmal mit einem Holzlöffel einrühren. Beiseite stellen.

Das Eiklar steif schlagen. Etwas Eischnee zur Kartoffelmasse geben. Gut verrühren.

Die Kartoffelmischung mit einer Palette oder Schneebesen gut unter den Eischnee ziehen. Die Schüssel dabei drehen und so lange rühren, bis keine Eischneespuren mehr sichtbar sind.

Den Teig in die Form füllen, mit dem Daumen eine ungefähr 1 cm tiefe Spur an der Innenseite machen. Dies gibt eine extra kleine Spitze. 35 Minuten backen.

Pro Portion	296 Kalorien	18 g Kohlenhydrate
11 g Eiweiß	20 g Fett	2,4 g Ballaststoffe

GUTEN MORGEN

Crêpes Bouchées
für 6-8 Personen

3 EL	Butter
2	Schalotten, fein gehackt
125 g	frische Champignonköpfe, geputzt und fein gehackt
1 EL	frische Petersilie, fein gehackt
1 TL	Herbes de Provence
2 EL	Mehl
375 ml	Milch
1/2 TS	Gruyère, gerieben
8	Crêpes*
	einige Tropfen Tabasco
Prise	Paprika
	Salz und Pfeffer
	einige große Orangen, nach Belieben

Butter in einer Pfanne leicht erhitzen. Schalotten, Pilze, Gewürze und Kräuter darin 3-4 Minuten braten, bis die Flüssigkeit der Pilze verdampft ist.

Gut abschmecken, das Mehl einrühren. Mischen und 2 Minuten bei schwacher Hitze anschwitzen.

Die Milch aufgießen, mit einem Holzlöffel rühren. Die Hitze auf mittel stellen und abschmecken. 3-4 Minuten kochen, oder bis alles glatt ist.

Den Käse dazugeben und vermischen. Den Topf vom Herd nehmen, zum Abkühlen beseite stellen.

Die Pilzmischung auf die Crêpes streichen. Lose rollen und auf eine Platte legen; leicht mit Frischhaltefolie bedecken. 2 Stunden kalt stellen.

Die Crêpesrollen in 2,5 cm lange Röllchen schneiden. Kalt servieren oder nach Geschmack im Grill einige Minuten aufwärmen.

Nach Belieben mit Orangen anrichten.

* Siehe Crêpes mit Kalbfleischfüllung, Seite 224.

Pro Portion   121 Kalorien   5 g Kohlenhydrate
5 g Eiweiß   9 g Fett   0,5 g Ballaststoffe

GUTEN MORGEN

Crêpes Savoyarde

für 4 Personen

8	Crêpes*
8	dünne Scheiben Schwarzwälder Schinken
8	dünne Scheiben Gruyère oder 1 1/2 TS geriebener Käse
2 EL	Butter, zerlassen
Prise	Paprika
	Pfeffer

Den Ofen auf 180°C vorheizen.

Jeden Crêpe mit Schinken und Käse belegen. Mit Paprika bestreuen und leicht pfeffern. Rollen und in eine Auflaufform legen.

Mit der Butter bestreichen und 10-15 Minuten im Ofen backen.

* Siehe Crêpes mit Kalbfleischfüllung, Seite 224

Pro Portion 560 Kalorien 50 g Kohlenhydrate
27 g Eiweiß 28 g Fett 1,4 g Ballaststoffe

GUTEN MORGEN

Streichhölzer

für 6-8 Personen

2 TS	Mehl
¼ TL	Salz
250 ml	kalte Milch
3	Eier
250 ml	Bier
3 EL	zerlassene Butter
	ihre Lieblingskonfitüre
	Zucker

Mehl und Salz in eine Schüssel geben. Die Milch einrühren. Die Eier dazugeben; sehr gut vermischen.

Das Bier einrühren, bis alles glatt ist. Den Teig durch ein Sieb streichen, die Butter dazugeben. Mit Frischhaltefolie, die die Oberfläche berührt, abdecken und 1 Stunde kalt stellen.

Die Crêpespfanne leicht buttern und bei großer Hitze aufsetzen. Den Teig gut mischen. Wenn die Butter heiß ist, eine kleine Portion Teig hineingeben. Die Pfanne schwenken, damit der Teig den Boden völlig bedeckt. 1 Minute bei mittelhoher Hitze backen, bis die Unterseite leicht braun ist.

Den Crêpes wenden; 30 Sekunden backen. Die Crêpes auf einer Platte stapeln, die Hitze überprüfen. Die Pfanne fetten, falls nötig.

Die Crêpes zum Servieren mit der Konfitüre bestreichen, rollen und auf eine feuerfeste Platte legen; mit Zucker bestreuen und 3 Minuten grillen.

Pro Portion   295 Kalorien   50 g Kohlenhydrate
6 g Eiweiß   7 g Fett   1,1 g Ballaststoffe

GUTEN MORGEN

Croque Madame

für 4 Personen

8	Scheiben Toast
4	Scheiben gekochter Schinken
1 TS	Gruyère, gerieben
250 ml	weiße Sauce*, erhitzt
	Salz und Pfeffer

4 Brotscheiben auf eine große, feuerfeste Platte legen. Zuerst mit Schinken, dann mit Käse belegen. Würzen.

Die Sandwiches mit dem restlichen Brot bedecken und etwas weiße Sauce darübergeben.

Den restlichen Käse daraufgeben und 5-6 Minuten im Ofen überbacken, bis der Käse blasig und schön braun ist.

Ausschneiden und servieren.

* Siehe Pochierter Lachs mit Eisauce, Seite 324.

GUTEN MORGEN

1. 4 Brotscheiben auf einer feuerfesten Platte anrichten und mit Schinken belegen.

2. Mit geriebenem Käse bestreuen, die Hälfte aufheben. Gut abschmecken.

3. Die Sandwiches mit den restlichen Brotscheiben bedecken.

4. Etwas weiße Sauce auf die Sandwiches geben; mit Käse bestreuen und im Ofen überbacken.

119

GUTEN MORGEN

Apfel-Rosinen Sauté

für 4 Personen

2 EL	Butter
3	Äpfel, geschält, entkernt, geviertelt, in Scheiben
½ TS	Rosinen
¼ TL	Zimt
2 EL	Ahornsirup
Prise	Muskat

Die Butter in einer Bratpfanne leicht erhitzen. Äpfel, Rosinen, Zimt und Muskat hineingeben, vermengen und 8-10 Minuten dünsten.

Den Sirup einrühren und weitere 5 Minuten dünsten.

Mit getoastetem Baguette, Pfannkuchen oder Eiern servieren.

Pro Portion 206 Kalorien 37 g Kohlenhydrate
1 g Eiweiß 6 g Fett 3,4 g Ballaststoffe

GUTEN MORGEN

Köstliches French Toast

für 4 Personen

5	große Eier
50 ml	Sahne
1 EL	Honig
8	dicke Scheiben Baguette, mit Kruste
3 EL	Butter
	Erdbeerkonfitüre
	Puderzucker

Den Ofen auf 100°C vorheizen.

Eier, Sahne und Honig schlagen.

4 Brotscheiben in die Mischung tauchen und gründlich bedecken; auf eine Platte legen.

Die Hälfte der Butter in einer antihaft-beschichteten Pfanne erhitzen. Die 4 Brotscheiben darin bei mittlerer Hitze 2 Minuten pro Seite braten, oder bis sie braun sind.

Die erste Portion auf eine feuerfeste Platte legen und warm halten.

Die restlichen Brotscheiben mit der restlichen Butter in der gleichen Art zubereiten.

Mit Erdbeerkonfitüre servieren. Die einzelnen Portionen mit Puderzucker bestäuben.

Pro Portion 483 Kalorien 65 g Kohlenhydrate
13 g Eiweiß 19 g Fett 1,8 g Ballaststoffe

GUTEN MORGEN

Rösti
für 4 Personen

4	große Pellkartoffeln*
4	Scheiben Frühstücksspeck, klein gewürfelt
2 EL	Butter
	Salz und Pfeffer

Die Kartoffeln schälen und in lange, feine Streifen raspeln; beiseite stellen.

Den Speck in einer antihaft-beschichteten Pfanne bei mittlerer Hitze braten. Die Speckwürfel anderweitig verwenden, das Fett in der Pfanne lassen.

Die Kartoffeln sofort hineingeben und 10-12 Minuten bei mittlerer Hitze braten, gelegentlich rühren. Einige Male abschmecken.

Mit einem Bratenwender die Kartoffeln flachdrücken. An einer Ecke anheben, die Butter darunterschieben. 6-7 Minuten an der Unterseite schön braun braten.

Zum Servieren wenden, damit die braune Seite sichtbar ist.

* Die Kartoffeln nicht zu weich kochen.

Pro Portion 205 Kalorien 27 g Kohlenhydrate
4 g Eiweiß 9 g Fett 2,7 g Ballaststoffe

GUTEN MORGEN

1. Kartoffel schälen und in lange Faserstücke schaben; beiseite stellen.

2. Den Speck in einer großen antihaft-beschichteten Pfanne bei mittlerer Hitze so lange braten, bis er gut durch ist. Die Speckklümpchen aus der Pfanne nehmen, das Fett aber in der Pfanne lassen.

3. Die geriebenen Kartoffelfasern in die Pfanne geben und etwa 10 bis 12 Minuten bei mittlerer Hitze und unter ständigem Rühren braten. Während des Bratens mehrmals würzen.

4. Mit einer breiten Metallspachtel die Kartoffeln flach in die Pfanne pressen. Den so entstehenden Fladen an den Kanten leicht anheben und Butterstückchen daruntergleiten lassen. Weitere 6 bis 7 Minuten ausbraten, bis die Rösti an der Unterseite goldbraun geworden sind.

123

GUTEN MORGEN

Pfannkuchen mit Hüttenkäse
für 4 Personen

4	Eier, getrennt
1 1/2 EL	Zucker
4 EL	Hüttenkäse
1/4 TS	Mehl
2 EL	Butter, zerlassen
	etwas Hüttenkäse und Ahornsirup

Das Eiklar mit einem elektrischen Handrührgerät schaumig schlagen. Den Zucker dazugeben und steif schlagen.

Die Eidotter und den Hüttenkäse in einer Schüssel gut vermischen.

Das Mehl zur Eidottermischung geben; den Eischnee unterziehen und gut glatt rühren. Die zerlassene Butter einrühren.

Eine Pfanne mit sehr wenig Öl erhitzen. Die Pfannkuchen bei mittelgroßer Hitze backen, bis sie auf beiden Seiten schön braun sind.

Mit etwas Hüttenkäse und Ahornsirup servieren.

Pro Portion 308 Kalorien 39 g Kohlenhydrate
11 g Eiweiß 12 g Fett 0,2 g Ballaststoffe

Kakao mit Schlagsahne

für 2 Personen

250 ml	Schlagsahne, gekühlt
1/2 TL	Vanillezucker
1 EL	Puderzucker
4 EL	Kakao
4 EL	Zucker
500 ml	abgekochte Milch, noch heiß
	geraspelte Schokolade mit Minzgeschmack

Um die Schlagsahne zuzubereiten eine Stahlschüssel kaltstellen. Sahne und Vanillezucker hineingeben; mit einem elektrischen Handrührgerät schlagen, bis sie Wölkchen bildet. Den Puderzucker einstreuen und mit einer Palette vermischen. In den Kühlschrank stellen.

In einer anderen Stahlschüssel Kakao und Zucker mischen. Während des Rührens die Milch nach und nach dazugeben.

Den Kakao in 2 große Gläser füllen. Mit der geschlagenen Sahne verzieren (einen Spritzbeutel verwenden) und mit Schokolade bestreuen.

Pro Portion   778 Kalorien   58 g Kohlenhydrate
15 g Eiweiß   54 g Fett   1,2 g Ballaststoffe

GUTEN MORGEN

Bayerischer Kaffee

für 4 Personen

125 g	zartbittere Schokolade
375 ml	Sahne, geschlagen
	starker schwarzer Kaffee, noch heiß, für 4 Personen
Prise	Zimt

Die Schokolade in eine Stahlschüssel geben, die in einem zur Hälfte mit heißem Wasser gefüllten Topf steht. Das Wasser zum Sieden bringen, die Schokolade schmelzen.

Den Kaffee in eine Kanne gießen, die Schokolade einrühren. In Kaffeegläser oder in hübsche Krüge gießen, mindestens 2,5 cm Platz für die Sahne lassen. Die Sahne behutsam auf die Oberfläche des Kaffees setzen.

Mit Zimt bestreuen und sofort servieren.

Pro Portion 518 Kalorien 12 g Kohlenhydrate
5 g Eiweiß 50 g Fett 0,8 g Ballaststoffe

BLITZ-GERICHTE

Schnelle Gerichte für eilige Leute.

BLITZGERICHTE

Gourmet Pita Pizza

für 4 Personen

1 EL	Olivenöl
1	Knoblauchzehe, gehackt
1 EL	frische Petersilie, gehackt
1	Zwiebel, gehackt
2	Schalotten, gehackt
800 ml	Tomaten aus der Dose, abgetropft, gehackt
2 EL	Tomatenmark
1/2	Peperoni, gehackt
4	Pitabrote aus Vollkorn- oder Weißmehl
1/2	grüne Paprikaschote, in feinen Streifen
250 g	frische Champignons, geputzt, blättrig geschnitten
2 TS	Mozzarella, fein geschabt
	Salz und Pfeffer
Prise	Zucker
	Paprikawurst, in Scheiben
Prise	Paprika

Das Öl erhitzen. Knoblauch, Petersilie, Schalotten und Zwiebel darin 5-6 Minuten bei schwacher Hitze braten.

Die Tomaten einrühren und würzen; 20 Minuten köcheln.

Tomatenmark und Peperoni dazugeben. Mit Zucker bestreuen, vermengen und weitere 7-8 Minuten fertig köcheln.

Die Sauce ist nun fertig und kann zum späteren Gebrauch aufgehoben werden. Abkühlen lassen, mit einer Frischhaltefolie bedecken. Die Sauce kann 4 Tage im Kühlschrank aufgehoben werden.

Den Ofen auf 200°C vorheizen.

Die Pitabrote auf ein Backblech legen. Mit Tomatensauce bestreichen, mit Paprikaschote, Champignons und Wurstscheiben belegen.

Mit Käse und Paprika bestreuen, salzen und pfeffern. Im Ofen 12 Minuten backen.

Pro Portion   854 Kalorien   70 g Kohlenhydrate
40 g Eiweiß   46 g Fett   4,0 g Ballaststoffe

BLITZGERICHTE

1. Zuerst die Gourmet Tomatensauce zubereiten. Dafür werden Knoblauch, Petersilie, Zwiebel und Schalotten 5-6 Minuten in heißem Olivenöl gebraten.

2. Die Tomaten einrühren und gut abschmecken; 20 Minuten köcheln.

3. Tomatenmark und Peperoni dazugeben. (Wenn Sie eine mildere Sauce haben wollen, einfach etwas weniger Peperoni nehmen.) Den Zucker einrühren, der den bitteren Geschmack des Tomatenmarks ausgleicht; gut vermischen. Die Sauce 7-8 Minuten fertig köcheln. Die Pizza zubereiten oder die Sauce zum Einfrieren abkühlen lassen.

4. Das Pita Brot mit Gemüse und Peperonistreifen belegen. Sie können nach Ihrem Geschmack auch Zucchinischeiben, Juliennekarotten und alles, was Ihnen schmeckt, daraufgeben.

129

BLITZGERICHTE

Schneller Shrimpssalat auf Baguette
für 2 Personen

12	mittelgroße Shrimps
2	Zitronenscheiben
1/2	Stange Staudensellerie, gehackt
1/4	grüne Paprikaschote, gehackt
2	Tomatenscheiben, gehackt
1 TL	frische Petersilie, gehackt
1 TL	Dijon-Senf
2 EL	Mayonnaise
	einige Tropfen Zitronensaft
	Salz und Pfeffer
	einige Tropfen Tabasco
	frisches Baguette

Die Shrimps in einem Topf mit kaltem Wasser bedecken. Die Zitronenscheiben dazugeben und zum Kochen bringen.

Den Topf sofort vom Herd nehmen und 5-6 Minuten stehen lassen. Die Shrimps abtropfen, schälen, den Darm entfernen.

Die Shrimps hacken und mit dem Gemüse in eine Schüssel geben und mischen. Petersilie, Senf und Mayonnaise dazugeben; mischen.

Mit Zitronensaft, Salz, Pfeffer und Tabasco abschmecken.

Auf Baguettescheiben servieren.

Pro Portion 747 Kalorien 95 g Kohlenhydrate
49 g Eiweiß 19 g Fett 6,4 g Ballaststoffe

BLITZGERICHTE

Salat in Brötchen

für 4 Personen

1 TS	gefrorenes Mischgemüse
4	Scheiben gekochter Schinken, in Streifen
3	hartgekochte Eier, gehackt
1 EL	frischer Schnittlauch, gehackt
3 EL	Mayonnaise
	Salz und Pfeffer
	Saft von 1 Zitrone
	Vollkornbrötchen oder einfache Brötchen

Das Gemüse laut Packungsanweisung kochen. In kaltem Wasser abkühlen, gut abtropfen lassen und in eine Schüssel geben.

Schinken und Eier dazugeben; salzen und pfeffern.

Den Schnittlauch darüberstreuen, die Mayonnaise einrühren. Den Zitronensaft dazugeben und mischen.

Den oberen Teil der Brötchen abschneiden, das meiste Innere herausnehmen. Den Salat einfüllen und hübsch garniert servieren. Nach Belieben dazu Scheiben frischer Früchte und grünen Spargel reichen.

Pro Portion   360 Kalorien   37 g Kohlenhydrate
17 g Eiweiß   16 g Fett   2,5 g Ballaststoffe

BLITZGERICHTE

Zehn-Minuten Western Sandwich für Zwei *für 2 Personen*

1 EL	Butter
½	Zwiebel, gehackt
1 TS	gekochter Schinken, gehackt
½	grüne Paprikaschote, gehackt
1 TL	frische Petersilie, gehackt
4	große Eier
4	Scheiben Toastbrot
	Salz und Pfeffer

Die Butter in einer antihaft-beschichteten Pfanne leicht erhitzen. Zwiebel, Schinken, Paprika und Petersilie darin 3-4 Minuten braten.

Währenddessen die Eier in einer Schüssel mit einer Gabel verrühren; leicht würzen.

Die Eier zur Schinkenmischung geben. Leicht verrühren, die Hitze reduzieren und 2 Minuten braten.

Das Omelett mit einer Palette wenden, 1 Minute braten.

Das Omelett vierteln und die Sandwiches damit belegen. Nach Belieben mit Chips servieren.

Pro Portion 454 Kalorien 33 g Kohlenhydrate
31 g Eiweiß 22 g Fett 1,1 g Ballaststoffe

BLITZGERICHTE

Fischsalat

für 4 Personen

2	Seezungenfilets, gekocht
500 g	Shrimps, gekocht
2	Karotten, blanchiert, in Scheiben
1 TS	Erbsenschoten, blanchiert
2	große Äpfel, entkernt, mit Schale geschnitten
1	Frühlingszwiebel, gehackt
1 EL	frische Petersilie, gehackt
60 ml	Olivenöl
2 EL	Rotweinessig
	Salz und Pfeffer
	Zitronensaft zum Abschmecken
	Romana Salatblätter

Die Seezungenfilets in kleine Stücke teilen und mit den Shrimps in eine Schüssel geben.

Gemüse und Äpfel dazugeben; die Zutaten mischen.

Petersilie, Öl und Essig hinzufügen; gut abschmekken und vermengen.

Mit Zitronensaft abschmecken und auf einem Bett frischer, knackiger Salatblätter servieren.

Pro Portion 376 Kalorien 18 g Kohlenhydrate
40 g Eiweiß 16 g Fett 5,0 g Ballaststoffe

BLITZGERICHTE

Warmer Hühnchen-Spargel-Salat
für 4 Personen

1	Apfel, entkernt, geschält, in Scheiben
1 TL	Zitronensaft
2	Frühlingszwiebeln, in Scheiben
1	Stange Staudensellerie, gehackt
2	halbe Hühnerbrüstchen, entbeint, gebraten, noch heiß
2	Tomaten, ohne Strunk, halbiert, in Scheiben
1	Chicorée, in Blätter zerteilt
2	Bund frischer Spargel, falls nötig geschält, gekocht, noch heiß
2 EL	Mayonnaise
2 EL	Sahne
2	Minzeblätter, gehackt
4 EL	Nüsse, gehackt
	Salz und Pfeffer

Den Apfel in eine Schüssel geben und mit Zitronensaft beträufeln. Frühlingszwiebeln und Sellerie dazugeben; gut abschmecken.

Das Hühnerfleisch in breite Streifen schneiden und dazugeben. Tomaten und Chicorée hinzufügen.

Den Spargel dritteln und hineingeben.

Mayonnaise und Sahne einrühren. Die Minze dazugeben und gut abschmecken. Die Nüsse einrühren und mit frischen Fruchtstücken garnieren; servieren.

| Pro Portion | 263 Kalorien | 14 g Kohlenhydrate |
| 18 g Eiweiß | 15 g Fett | 3,9 g Ballaststoffe |

BLITZGERICHTE

Krabbensalat

für 4 Personen

350 g	Krabben, gekocht
1	Stange Staudensellerie, gehackt
1/2	rote Paprikaschote, gehackt
1 EL	frische Petersilie, gehackt
1	roter Apfel, entkernt, geschält, grob gehackt
1 EL	Zitronensaft
125 g	grüne Bohnen, gekocht, in Ringe geschnitten
1 TS	Broccoliröschen, blanchiert
1	Frühlingszwiebel, blanchiert, geschnitten
4 EL	Mayonnaise
	Salz und weißer Pfeffer
Prise	Paprika

Die Krabben in kaltem Wasser abspülen, gut abtropfen lassen und mit Küchenpapier trockentupfen.

Zusammen mit Sellerie, Paprikaschote, Petersilie und Apfel in eine Schüssel geben. Mit Zitronensaft beträufeln und abschmecken.

Das blanchierte Gemüse dazugeben und mischen.

Die Mayonnaise einrühren, mit Paprika bestreuen; alles gründlich vermengen.

Pikant abschmecken und servieren.

Pro Portion   248 Kalorien   12 g Kohlenhydrate
23 g Eiweiß   12 g Fett   4,8 g Ballaststoffe

BLITZGERICHTE

Tomaten mit Würstchen-Reis-Füllung *für 4 Personen*

4	Fleischtomaten
1 EL	Pflanzenöl
2	Knoblauchzehen, gehackt
1	Zwiebel, fein gehackt
1 TS	Schweinswürstchenfleisch, gehackt
1 TL	frischer Thymian, gehackt
1 TL	frischer Schnittlauch, gehackt
1 EL	frische Petersilie, gehackt
4	Scheiben gekochter Schinken, klein gewürfelt
1 1/4 TS	Langkornreis, gekocht
1 TS	alter Cheddar, gerieben
	Salz und Pfeffer
Prise	Cayennepfeffer

Den Ofen auf 190°C vorheizen.

Eine kleine Scheibe an den Tomaten abschneiden, damit sie flach stehen. An der Strunkseite einen Deckel abschneiden, zum Garnieren aufheben. 3/4 des Fruchtfleisches herausnehmen und für andere Gerichte aufheben.

Die Tomaten innen würzen, mit etwas Öl beträufeln und in einer Auflaufform beiseite stellen.

Das Öl in einer Pfanne leicht erhitzen. Knoblauch und Zwiebel darin 3 Minuten dünsten.

Würstchen und die frischen Kräuter einrühren; salzen und pfeffern. 3 Minuten bei mittlerer Hitze braten.

Den Schinken dazugeben, mischen und weitere 3 Minuten braten.

Den Reis hinzufügen, abschmecken und 3-4 Minuten braten.

Den Käse einrühren und mit Cayennepfeffer abschmecken. 2 Minuten braten.

Die Tomaten damit füllen und etwa 30 Minuten (von der Größe der Tomaten abhängig) im Ofen backen.

Mit den Tomatendeckeln garniert servieren.

Pro Portion   339 Kalorien   22 g Kohlenhydrate
20 g Eiweiß   19 g Fett   2,9 g Ballaststoffe

BLITZGERICHTE

1. An jeder Tomate einen Deckel abschneiden und zum Garnieren aufheben. 3/4 der Füllung herausnehmen. Ebenso am Boden eine Scheibe abschneiden, damit die Tomaten gut stehen.

2. Das Würstchenfleisch und die frischen Kräuter zum Knoblauch und der Zwiebel geben.

3. Den Schinken dazugeben und 3 Minuten braten.

4. Den Reis einrühren, würzen und weitere 3-4 Minuten braten.

BLITZGERICHTE

Überbackene Käseschnitte

für 2 Personen

2	Scheiben italienisches Brot, à 2 cm Dicke, getoastet
3 TS	alter Cheddar, gerieben
1/4 TL	Paprika
1 TL	Senfpulver
125 ml	Bier
	frisch gemahlener Pfeffer

Das getoastete Brot auf einer Platte beiseite stellen.

Käse in einer Schüssel mit Paprika und Pfeffer abschmecken. Das Senfpulver dazugeben und gut vermengen.

Das Bier in einer antihaft-beschichteten Pfanne zum Kochen bringen. Auf die Hälfte einkochen.

Den Käse dazugeben und 7-8 Minuten bei mittlerer Hitze schmelzen, 1-2mal umrühren.

Über das Brot geben und servieren.

Pro Portion 816 Kalorien 22 g Kohlenhydrate
47 g Eiweiß 60 g Fett 0,8 g Ballaststoffe

BLITZGERICHTE

Riesen Hot Dogs

für 2 Personen

1 EL	Pflanzenöl
1	Zwiebel, in dünnen Scheiben
2	Hot Dog Brötchen, getoastet
2	Rinds-, Schweins- oder Kalbswürstchen, gekocht
1/2	eingelegte, scharfe Peperoni, fein geschnitten
2	Scheiben Tomaten, halbiert
	Senf, Relish und Ketchup

Zwiebeln, Brötchen und Würstchen so zubereiten, daß alles zur gleichen Zeit fertig ist.

Das Öl in einer Pfanne erhitzen. Die Zwiebel hineingeben, zudecken und 15 Minuten bei mittlerer Hitze braten. Einige Male umrühren.

Einen Teil der Zwiebeln in die Brötchen verteilen, Würstchen dazugeben.

Mit den Saucen abschmecken, und die restlichen Zwiebeln, die Peperoni und die Tomaten darüber verteilen.

Mit Pickles und Nacho-Chips servieren.

Pro Portion   533 Kalorien   38 g Kohlenhydrate
21 g Eiweiß   33 g Fett   2,8 g Ballaststoffe

BLITZGERICHTE

Zwiebelquiche mit Minze

für 4-6 Personen

2 EL	Butter
1	Gemüsezwiebel, in feinen Scheiben
1 EL	frische Petersilie, gehackt
2	Eier
1	Eidotter
2	frische Minzeblätter, gehackt
1 TL	frischer Schnittlauch, gehackt
250 ml	Sahne
1 TS	Cheddar, gerieben
	Kuchenteig
	geschlagenes Ei
	Salz und Pfeffer

Den Ofen auf 190°C vorheizen. Den Teig auf bemehlter Fläche ausrollen und in eine 23 cm große Quicheform legen. Den Boden einstechen und mit geschlagenem Ei bestreichen. Beiseite stellen.

Die Butter zerlassen. Zwiebel und Petersilie darin 15 Minuten zugedeckt braten.

Dann ohne Deckel 4-5 Minuten braten.

Währenddessen die Eier und den Eidotter verrühren. Minze, Schnittlauch und Sahne dazugeben. Alles gut vermengen und gründlich abschmecken.

Wenn die Zwiebeln schön braun sind auf den Quicheboden legen. Mit Käse bestreuen.

Die Eiermischung daraufgießen, die Form auf ein Backblech stellen und 35 Minuten im Ofen backen.

Pro Portion 437 Kalorien 15 g Kohlenhydrate
11 g Eiweiß 37 g Fett 0,8 g Ballaststoffe

BLITZGERICHTE

1. Es gibt viele verschieden gute Teigsorten zu kaufen, aber wenn Sie die Zeit haben, bereiten Sie den Teig selbst zu. Sicherstellen, daß der Boden mit einer Gabel eingestochen und mit geschlagenem Ei bestrichen ist.

2. Die Gemüsezwiebel und die Petersilie in der heißen Butter 15 Minuten bei schwacher Hitze braten. Die Pfanne zudecken.

3. Kurz bevor die Zwiebeln fertig gebraten sind, die Zutaten für die cremige Füllung, die die Quiche binden, vermengen.

4. Die Zwiebeln auf den Teigboden legen und mit dem Käse bestreuen.

141

BLITZGERICHTE

Crêpes mit Schinken-Apfel-Füllung
für 4 Personen

2	Äpfel, entkernt, geschält, gewürfelt
3 EL	Butter
1	rote Paprikaschote, gehackt
3	Frühlingszwiebeln, in Scheiben
250 g	frische Champignons, geputzt und gewürfelt
2 TS	gekochter Schinken, gewürfelt
1 EL	frische Petersilie, gehackt
1/4 TL	Majoran
4 EL	Mehl
500 ml	Hühnerbrühe, erhitzt
1 1/2 TS	Gruyère, gerieben
8	Crêpes*
	Zitronensaft
	Salz und Pfeffer
Prise	Paprika
Prise	Muskat
	einige zerstoßene Chilischoten
Prise	gemahlene Nelken

Die Äpfel in eine Schüssel mit kaltem Wasser und etwas Zitronensaft geben. Beiseite stellen.
1 TL Butter aufheben. Die restliche Butter leicht erhitzen. Paprikaschote, Champignons und Frühlingszwiebeln darin 3-4 Minuten dünsten.
Die Äpfel abtropfen, dazugeben und würzen. Den Schinken einrühren, zudecken und 6 Minuten bei schwacher Hitze dünsten. Die Petersilie und alle Kräuter dazugeben; gut vermengen. Das Mehl einrühren; zugedeckt bei sehr schwacher Hitze 3 Minuten anschwitzen.
Die Brühe aufgießen, Gewürze dazugeben und zum Kochen bringen. 5-6 Minuten unbedeckt bei mittlerer Hitze kochen.
Die Hälfte des Käses dazugeben, 2 Minuten kochen. Den Ofen auf 200°C vorheizen.
Die Crêpes einzeln hinlegen. Mit einem Schaumlöffel die Füllung darauf verteilen; zuerst halb, dann zu Vierteln falten. In eine Auflaufform geben, die restliche Sauce dazugeben, mit dem restlichen Käse bestreuen.
Mit 1 TL Butter bestreichen, pfeffern und 5 Minuten überbacken.

* Siehe Crêpes mit Kalbfleischfüllung, Seite 224.

Pro Portion 825 Kalorien 71 g Kohlenhydrate
43 g Eiweiß 41 g Fett 4,9 g Ballaststoffe

BLITZGERICHTE

1. Paprika, Frühlingszwiebel und Pilze 3-4 Minuten in der heißen Butter braten.

2. Äpfel und Schinken dazugeben; zudecken und 6 Minuten bei schwacher Hitze braten.

3. Die Petersilie und alle Kräuter dazugeben; vermengen. Das Mehl gut einrühren; zugedeckt bei schwacher Hitze 3 Minuten anschwitzen.

4. Die Brühe aufgießen, die Gewürze dazugeben und zum Kochen bringen. Fertig garen.

BLITZGERICHTE

Gebackener Schinken mit Pilzsauce *für 4 Personen*

3 EL	Butter
1	kleine Zwiebel, fein gehackt
50 g	frische Champignons, geputzt, blättrig geschnitten
50 g	frische Austernpilze*, geputzt und geschnitten
1/4 TL	Muskat
3 EL	Mehl
500 ml	Milch, erhitzt
8	Scheiben gekochter Schinken, à 0,5 cm Dicke
2	Eidotter
	Salz und Pfeffer

Den Ofen auf 180°C vorheizen.

Die Butter zerlassen. Die Zwiebel darin zugedeckt 3 Minuten braten.

Alle Pilze und den Muskat dazugeben, gut würzen. Zugedeckt 3 Minuten braten.

Das Mehl einrühren. Unbedeckt bei schwacher Hitze 2 Minuten anschwitzen.

Die Milch aufgießen, gut verrühren und abschmecken. 8 Minuten kochen.

Den Schinken rollen und in eine Auflaufform legen.

Die Sauce vom Herd nehmen, die Eidotter hineingeben; sehr gut verrühren. Die Sauce über den Schinken gießen und 5-6 Minuten im Ofen backen.

Mit grünem Salat servieren.

* Frische Austernpilze sind eine wilde Pilzsorte, die es zumeist in den Herbst- und Wintermonaten zu kaufen gibt.

Pro Portion	314 Kalorien	17 g Kohlenhydrate
21 g Eiweiß	18 g Fett	1,7 g Ballaststoffe

BLITZGERICHTE

Köstliches Kartoffelomelett
für 4 Personen

3 EL	Butter
4	Kartoffeln, geschält, halbiert, in dünnen Scheiben
1	kleine Zwiebel, gehackt
1 EL	frischer Schnittlauch, gehackt
1 EL	frisches Basilikum, gehackt
1 TL	frische Petersilie, gehackt
1 EL	Milch
8	Eier, geschlagen
	Salz und Pfeffer

Der Erfolg eines Omeletts hängt häufig von der Qualität der Bratpfanne ab. Wählen Sie hierfür eine mittelgroße, antihaft-beschichtete Pfanne mit glatter Oberfläche. Die Butter darin zerlassen.

Die Kartoffeln darin zugedeckt 8 Minuten braten, 2-3mal umrühren.

Die Zwiebel und alle frischen Kräuter dazugeben; salzen und pfeffern. 3-4 Minuten unbedeckt braten. Prüfen, ob die Kartoffeln weich sind, falls nötig etwas länger braten.

Die Milch in die Eier rühren. Die Hitze auf höchste Stufe stellen, die Eier über die Kartoffeln gießen. Etwas würzen und 1 Minute braten, nicht rühren.

Dann behutsam mischen, damit die Eier fest werden, 1-2 Minuten braten oder bis das Omelett in Form, aber noch weich ist. Dann mit einer Palette das Omelett wenden und nochmals 1 Minute braten.

Zusammenklappen und sofort servieren.

Pro Portion   356 Kalorien   29 g Kohlenhydrate
15 g Eiweiß   20 g Fett   2,9 g Ballaststoffe

BLITZGERICHTE

Bratkartoffeln mit Schinken

für 4 Personen

2 EL	Butter
1	kleine Zwiebel, fein gehackt
500 g	gekochter Schinken, gehackt
1 EL	frische Petersilie, gehackt
3	große, gekochte Kartoffeln, geschält, klein gewürfelt
1 EL	frischer Schnittlauch, gehackt
	Salz und Pfeffer
	Pflanzenöl, falls nötig

Die Butter zerlassen. Zwiebel, Schinken und Petersilie darin bei großer Hitze 3 Minuten anbraten.

Die Kartoffeln dazugeben und würzen. 8-10 Minuten braten, gelegentlich umrühren und – falls nötig – Öl zugeben. Die Kartoffeln gegen Ende der Garzeit mit einer Palette flachdrücken.

Mit Schnittlauch bestreuen, mischen und nochmals 2 Minuten vor dem Servieren braten.

Pro Portion   407 Kalorien   30 g Kohlenhydrate
29 g Eiweiß   19 g Fett   2,9 g Ballaststoffe

BLITZGERICHTE

Pochierte Eier mit Jägersauce
für 4 Personen

1 EL	Butter
3	Scheiben Frühstücksspeck, gewürfelt
1	kleine Zwiebel, gehackt
125 g	frische Champignons, geputzt, geviertelt
2 EL	Mehl
50 ml	trockener Weißwein
300 ml	Rinderbrühe, erhitzt
1 TL	Tomatenmark
8	pochierte Eier
8	Scheiben Baguette
	Salz und Pfeffer
	einige Tropfen scharfe Pfeffer- oder Pickapeppasauce

Die Butter bei mittlerer Hitze zerlassen. Den Speck darin 4-5 Minuten anbraten. Die Zwiebel dazugeben und weitere 3 Minuten braten.

Die Pilze hinzufügen, abschmecken und 3-4 Minuten braten. Das Mehl gut einrühren; 2 Minuten bei schwacher Hitze anschwitzen.

Den Wein aufgießen, gut verrühren, dann die Brühe, Tomatenmark und entweder scharfe Pfeffer- oder Pickapeppasauce dazugeben. Bei mittlerer Hitze 15 Minuten kochen.

Die pochierten Eier auf die Baguettescheiben legen und mit der Sauce begießen. Sofort servieren.

Pro Portion 330 Kalorien 24 g Kohlenhydrate
18 g Eiweiß 18 g Fett 2,3 g Ballaststoffe

BLITZGERICHTE

Crêpes mit Auberginenfüllung

für 4 Personen

3 EL	Butter
1	Zwiebel, gehackt
1	Frühlingszwiebel, in Scheiben
1	Knoblauchzehe, gehackt
1	Aubergine, geschält, gewürfelt
1 EL	frische Petersilie, gehackt
1/2 TL	Oregano
1/2 TL	Thymian
1/4 TL	Estragon
2	Tomaten, ohne Strunk, gewürfelt
1 TS	Gruyère, gerieben
8	Crêpes*
	Salz und Pfeffer
Prise	Zucker

2 EL Butter leicht erhitzen. Zwiebel, Frühlingszwiebel und Knoblauch darin 3-4 Minuten braten.

Die Aubergine und alle Kräuter dazugeben; zugedeckt 20 Minuten garen, gelegentlich umrühren.

Die Tomaten einrühren, würzen und mit etwas Zucker abschmecken. Vermengen und zugedeckt 15 Minuten garen.

Die Hälfte des Käses einrühren, abschmecken und 2 Minuten kochen.

Den Ofen auf 200°C vorheizen.

Die Crêpes einzeln hinlegen. Die Füllung darauf geben; auf die Hälfte zusammenlegen, dann zu Vierteln falten. In eine Auflaufform legen, mit dem restlichen Käse bestreuen und der restlichen Butter bestreichen.

4 Minuten im Ofen überbacken und servieren.

* Die Zubereitung des Crêpesteiges, siehe Crêpes mit Kalbfleischfüllung, Seite 224. Halten Sie immer einen Stapel fertiger Crêpes im Kühlschrank oder in der Gefriertruhe bereit, so können Sie köstliche Gerichte in sehr kurzer Zeit zubereiten.

Pro Portion   612 Kalorien   58 g Kohlenhydrate
23 g Eiweiß   32 g Fett   3,8 g Ballaststoffe

BLITZGERICHTE

1. Zwiebel, Frühlingszwiebel und Knoblauch in der heißen Butter bei mittlerer Hitze 3-4 Minuten anbraten.

2. Die Aubergine und alle Gewürze dazugeben; zudecken und 20 Minuten garen, gelegentlich umrühren.

3. Die Tomaten einrühren, abschmecken und etwas Zucker, der die Bitterkeit ausgleicht, dazugeben. Mischen, zudecken und 15 Minuten kochen.

4. Die Hälfte des Käses einrühren, richtig abschmecken und 2 Minuten kochen. Das Füllen der Crêpes vorbereiten.

BLITZGERICHTE

Nudeln mit Brunnenkresse-Pesto *für 4 Personen*

2 TS	frische Brunnenkresse, gewaschen, gut abgetropft
1 TS	frische Petersilie, gewaschen, gut abgetropft
2	Knoblauchzehen, gehackt
1 TS	Romano-Käse, gerieben
4	Portionen gekochte Penne, heiß
	Olivenöl
	frisch gemahlener Pfeffer

Brunnenkresse und Petersilie im Mixer gut hacken.

Den Knoblauch dazugeben und einige Minuten pürieren. Den Käse hinzufügen, rühren, bis alles gebunden ist.

Soviel Öl dazugeben, daß eine Paste entsteht. Mit Pfeffer abschmecken und nochmals mixen.

Die heißen Nudeln und Pesto in eine Schüssel geben und gründlich vermengen.

Sofort servieren.

Pro Portion   447 Kalorien   43g Kohlenhydrate
17 g Eiweiß   23 g Fett   3,3 g Ballaststoffe

BLITZGERICHTE

Kalbfleisch mit Gemüse und Nudeln *für 4 Personen*

2 EL	Butter
2	Kalbsschnitzel, entfettet, in Streifen
4	große, frische Austernpilze, geputzt, in breiten Streifen
1/2	rote Paprikaschote, in Streifen
2	Frühlingszwiebeln, in dicken Scheiben
2	frische Minzeblätter, fein gehackt
175 ml	Hühnerbrühe, erhitzt
1 TL	Stärkemehl
2 EL	kaltes Wasser
4	Portionen Spinatfettuccine, heiß, gekocht
	Salz und Pfeffer

Die Butter erhitzen. Die Kalbfleischstreifen darin 2 Minuten auf allen Seiten braten.

Das Fleisch gut abschmecken, herausnehmen und im Ofen warmhalten.

Alles Gemüse und die Minze in die Pfanne geben; gut abschmecken. 3 Minuten bei großer Hitze braten, falls nötig nochmals Butter dazugeben.

Das Gemüse herausnehmen, ebenfalls im Ofen warm halten.

Die Brühe in die Pfanne gießen und zum Kochen bringen. Das Stärkemehl mit Wasser verrühren, unter die Sauce mischen. Die Hitze reduzieren und 1 Minute kochen.

Fleisch und Gemüse wieder in die Pfanne geben. Einige Minuten köcheln; dann mit den heißen Nudeln verrühren und servieren.

Pro Portion 382 Kalorien 44 g Kohlenhydrate
20 g Eiweiß 14 g Fett 2,5 g Ballaststoffe

BLITZGERICHTE

Nudeln mit Meeresfrüchten

für 4 Personen

2 EL	Butter
1	Schalotte, gehackt
250 g	frische Champignons, geputzt, blättrig geschnitten
1 EL	frische Petersilie, gehackt
2 EL	Mehl
375 ml	heiße Milch
125 g	Krebsfleisch aus der Dose, gut abgetropft
4	Portionen gekochte Spiralnudeln*, heiß
	Salz und Pfeffer

Die Butter bei mittlerer Hitze zerlassen. Schalotte, Champignons und Petersilie darin 3-4 Minuten braten.

Das Mehl gut einrühren. 2 Minuten bei geringer Hitze anschwitzen.

Gut abschmecken, die Milch aufgießen; mischen und 8-10 Minuten köcheln.

Das Krebsfleisch dazugeben, würzen und vermengen. 2 Minuten köcheln.

Über die Nudeln geben und servieren.

* Sie können auch Nudelreste verwenden. Diese zuerst mit heißem Wasser abspülen, gut abtropfen und dann mit etwas Butter sautieren, bevor die Sauce darübergegeben wird.

Pro Portion 362 Kalorien 52 g Kohlenhydrate
16 g Eiweiß 10 g Fett 3,3 g Ballaststoffe

BLITZGERICHTE

1. Schalotte, Pilze und Petersilie bei mittlerer Hitze in der heißen Butter 3-4 Minuten braten.

2. Das Mehl gut einrühren, um die Sauce anzudicken. Die Hitze reduzieren und das Mehl 2 Minuten anschwitzen.

3. Zuerst würzen, dann die Milch aufgießen; verrühren und 8-10 Minuten bei geringer Hitze köcheln.

4. Das Krebsfleisch dazugeben, gut vermischen und abschmecken. 2 Minuten bei sehr schwacher Hitze ziehen lassen.

153

BLITZGERICHTE

Kalbfleisch-Pilz-Sandwich

für 2 Personen

2	Kalbsscallopini*
2 EL	Butter
4	dicke Scheiben italienisches Brot, getoastet
1 EL	Knoblauchbutter
8	frische Champignons, geputzt, blättrig geschnitten
1 TL	frische Petersilie, gehackt
50 ml	Hühnerbrühe, erhitzt
	Salz und Pfeffer

Das Fleisch leicht pfeffern. Die Butter zerlassen, das Fleisch darin 2 Minuten bei mittlerer Hitze anbraten.

Wenden, abschmecken und 2 Minuten braten.

2 Scheiben Brot auf jeden erwärmten Teller legen. Das Fleisch darauflegen und im Ofen warmhalten.

Die Knoblauchbutter in der Pfanne zerlassen. Champignons und Petersilie darin 2 Minuten bei großer Hitze braten.

Die Brühe aufgießen und abschmecken; auf die Hälfte einkochen.

Die Sauce über das Fleisch geben und servieren.

* Scallopini sind geklopfte Kalbsschnitzelchen, die ungefähr 0,5 cm dick sind.

Pro Portion 576 Kalorien 38 g Kohlenhydrate
34 g Eiweiß 32 g Fett 4,2 g Ballaststoffe

BLITZGERICHTE

Kalbsschnitzel mit Zitrone

für 4 Personen

4	Kalbsschnitzel, geklopft
2 EL	Butter
50 ml	Hühnerbrühe, erhitzt
1 EL	frische Petersilie, gehackt
	Salz und Pfeffer
	Saft von 1 Zitrone
	Zitronenscheiben

Das Fleisch pfeffern.

Die Butter leicht erhitzen. Das Fleisch darin 2 Minuten braten.

Wenden, salzen, pfeffern und weitere 2 Minuten braten. Nicht zulange braten. Herausnehmen und auf einer vorgewärmten Platte mit Folie bedeckt warm halten.

Brühe, Petersilie und Zitronensaft in die Pfanne geben. Die Hitze erhöhen, die Sauce 3 Minuten einkochen.

Sofort über das Fleisch gießen und mit Zitronenscheiben garnieren. Sofort servieren, als Beilage je nach Belieben grünen Spargel reichen.

Pro Portion   283 Kalorien   1 g Kohlenhydrate
27 g Eiweiß   19 g Fett   0,1 g Ballaststoffe

BLITZGERICHTE

Kalbsschnitzel chinesische Art

für 4 Personen

500 g	Kalbsschnitzel, entfettet, geklopft
1 TS	gewürztes Mehl
2 EL	Butter
1	Stange Staudensellerie, in 5 cm langen Stücken
1	Zucchini, in dünnen Scheiben
1 TL	Sesamsamen
125 ml	Hühnerbrühe, erhitzt
3 EL	Pflaumensauce
1 TL	Stärkemehl
2 EL	kaltes Wasser
	Salz und Pfeffer

Das Fleisch in Mehl wenden. Die Butter zerlassen, das Fleisch darin 2 Minuten bei mittlerer Hitze anbraten.

Wenden, gut abschmecken und 2 Minuten braten. Herausnehmen und beiseite stellen.

Gemüse und Sesam in die Pfanne geben. Gut mischen, zudecken und 3 Minuten braten.

Die Brühe aufgießen und zum Kochen bringen. Die Pflaumensauce einrühren, die Hitze reduzieren und 2 Minuten kochen.

Das Stärkemehl mit Wasser verrühren, unter die Sauce mischen, 1 Minute kochen. Das Fleisch bei schwacher Hitze 1 Minute in der Sauce aufwärmen. Sofort servieren.

Pro Portion   453 Kalorien   35 g Kohlenhydrate
31 g Eiweiß   21 g Fett   2,6 g Ballaststoffe

BLITZGERICHTE

Wiener Schnitzel

für 4 Personen

4	große Kalbsschnitzel, entfettet, geklopft
1 TS	gewürztes Mehl
2	Eier
250 ml	Milch
2 EL	Erdnußöl
	Semmelbrösel*
	Salz und Pfeffer

Den Ofen auf 180°C vorheizen.

Das Fleisch in Mehl wenden. Eier und Milch verrühren, das Fleisch hineintauchen. Gründlich mit Semmelbröseln bedecken, mit den Fingerspitzen anpressen.

Das Öl erhitzen. Wenn es heiß ist, das Fleisch darin bei mittlerer Hitze 2 Minuten anbraten, wenden, würzen und weitere 3 Minuten braten.

Das Fleisch auf eine feuerfeste Platte legen und 3-4 Minuten im Ofen backen. Mit Zitronenspalten servieren.

* Wählen Sie dafür eine gute Qualität, da die Semmelbrösel ein wichtiger Bestandteil dieses Rezeptes sind.

Pro Portion 529 Kalorien 39 g Kohlenhydrate
37 g Eiweiß 25 g Fett 3,3 g Ballaststoffe

BLITZGERICHTE

Kalbskoteletts mit Sesam

für 4 Personen

4	Kalbskoteletts, à 2,5 cm Dicke, entfettet
1 TS	gewürztes Mehl
4 EL	Butter
500 g	frische Champignons, geputzt, blättrig geschnitten
1 EL	frische Petersilie, gehackt
	Salz und Pfeffer
	Sesamöl*

Das Fleisch in Mehl wenden.

Die Hälfte der Butter in einer großen Pfanne leicht erhitzen. Das Fleisch darin 5 Minuten braten.

Wenden, würzen und – je nach Dicke – noch weitere 3-4 Minuten braten.

Währenddessen die restliche Butter in einer anderen Pfanne erhitzen. Pilze und Petersilie darin 3-4 Minuten bei großer Hitze dünsten. Sehr gut abschmecken.

Die Pilze mit Sesamöl beträufeln, 1 Minute braten.

Wenn die Koteletts fertig sind, sofort mit den Champignons servieren.

* Dieses Produkt ist in China-Läden und guten Lebensmittelgeschäften erhältlich.

Pro Portion   536 Kalorien   32 g Kohlenhydrate
30 g Eiweiß   32 g Fett   4,4 g Ballaststoffe

BLITZGERICHTE

Kalbsschnitzel in Marsala *für 4 Personen*

4	Kalbsschnitzel, geklopft
2 ½ EL	Butter
50 ml	Marsala
1 EL	frische Petersilie, gehackt
	Salz und Pfeffer

Das Fleisch leicht pfeffern.

2 EL Butter bei mittelgroßer Hitze zerlassen. Das Fleisch darin 2 Minuten braten.

Wenden, salzen, pfeffern und weitere 2 Minuten braten. Nicht zulange braten. Herausnehmen und auf einer vorgewärmten Platte mit Folie bedeckt warm halten.

Den Wein in die Pfanne gießen, die restliche Butter und die Petersilie dazugeben. 3 Minuten bei großer Hitze einkochen.

Die Sauce über das Fleisch geben und sofort servieren. Als Beilage Tomaten oder sautierte Pilze reichen, die schnell zubereitet sind.

Pro Portion 293 Kalorien 0 g Kohlenhydrate
26 g Eiweiß 21 g Fett 0,1 g Ballaststoffe

BLITZGERICHTE

Schweineschnitzel mit italienischem Brot *für 4 Personen*

4	Schweineschnitzel, à 0,5 cm Dicke
1 TS	gewürztes Mehl
250 ml	Sahne
1 TS	würzige Semmelbrösel
2 EL	Erdnußöl
300 ml	Ihrer Lieblingstomatensauce, erhitzt
	Salz und Pfeffer

Den Ofen auf 180°C vorheizen.

Das Fleisch in dem Mehl wenden; in die Sahne tauchen und gründlich mit Bröseln bedecken.

Das Öl stark erhitzen. Die Schnitzel darin 2 Minuten pro Seite braten. In eine Auflaufform geben und 7 Minuten im Ofen fertig braten.

Wenn sie zum Servieren fertig sind, die Tomatensauce auf vorgewärmte Teller geben. Das Fleisch obenauf legen und, nach Belieben, mit etwas geriebenem Eidotter bestreuen. Mit sautiertem Gemüse servieren.

Pro Portion   808 Kalorien   53 g Kohlenhydrate
41 g Eiweiß   48 g Fett   2,6 g Ballaststoffe

BLITZGERICHTE

Grillplatte vom Schwein
für 4 Personen

4	frische Schweinswürstchen, 4 Minuten vorgekocht
4	kleine Schweinekoteletts, entfettet
2 EL	Olivenöl
1 EL	Teriyaki Sauce
1 TL	Zitronensaft
1	Knoblauchzehe, gehackt
	einige Tropfen Sesamöl
	frisch gemahlener Pfeffer

Alle Zutaten in eine große Schüssel geben und 15 Minuten marinieren. Währenddessen den Grill auf Hoch stellen, den Grillrost ölen.

Wenn alles zum Grillen bereit ist, das Fleisch auf den Rost legen. Die Hitze auf Mittel stellen und ungefähr 15 Minuten grillen, abhängig von der Größe und Dicke des Fleisches.

Oft wenden, um ein Anbrennen zu vermeiden und gelegentlich mit der restlichen Marinade bestreichen.

Nach Belieben mit gegrilltem Gemüse servieren. Dazu frisches Landbrot reichen.

Pro Portion 358 Kalorien 1 g Kohlenhydrate
30 g Eiweiß 26 g Fett 0 g Ballaststoffe

BLITZGERICHTE

Kurzgebratenes Schweinefleisch *für 4 Personen*

75 ml	Pflanzenöl
3	Schweinekoteletts, entfettet, in Streifen
3 TS	Reis, gekocht
2 EL	Sojasauce
2	Eier, geschlagen
2 EL	frischer Schnittlauch, gehackt
	Salz und Pfeffer

2 EL Öl im Wok oder einer gußeisernen Bratpfanne erhitzen. Das Fleisch hineingeben und 4-5 Minuten bei großer Hitze braten.

Herausnehmen und auf einer Platte beiseite stellen.

Das restliche Öl stark erhitzen. Den Reis hineingeben und 7-8 Minuten braten, gelegentlich rühren.

Das Fleisch in den Wok zurückgeben. Den Reis hinzufügen und würzen. Weitere 3 Minuten garen.

Mit Sojasauce abschmecken und die Eier dazugeben. Die Hitze reduzieren und schnell rühren, bis das Ei gar ist.

Mit Schnittlauch bestreuen und servieren.

Pro Portion 496 Kalorien 40 g Kohlenhydrate
21 g Eiweiß 28 g Fett 1,3 g Ballaststoffe

BLITZGERICHTE

Reis-Gemüse-Pilaf

für 4 Personen

1 EL	Butter
2	Frühlingszwiebeln, gehackt
1	Stange Staudensellerie, gehackt
1 TS	Langkornreis, abgespült, abgetropft
1 EL	Basilikum
1/2 TL	Oregano
1/4 TL	Chilischote, zerstoßen
375 ml	Hühnerbrühe, erhitzt
1 EL	Olivenöl
6	Spargelspitzen, gekocht, gedrittelt
1	Karotte, geschält, in Scheiben
1	grüne Paprikaschote, in Streifen
1/2	Salatgurke, in Scheiben
1	große Tomate, in Spalten
1	Knoblauchzehe, gehackt
	Salz und Pfeffer
	Sesamöl zum Abschmecken (nach Belieben)

Den Ofen auf 180°C vorheizen.

Die Butter in einer feuerfesten Kasserolle leicht erhitzen. Frühlingszwiebeln und Sellerie darin 2-3 Minuten braten.

Den Reis dazugeben und gut mischen. Salzen, pfeffern, Basilikum, Oregano und Chili dazugeben. 2-3 Minuten braten, oder bis der Reis am Boden haften bleibt. Gut vermischen.

Die Brühe aufgießen; zudecken und zum Kochen bringen. Zugedeckt im Ofen 18 Minuten garen.

5 Minuten bevor der Reis gar ist, das Gemüse zubereiten. Das Olivenöl bei hoher Temperatur erhitzen.

Gemüse und Knoblauch dazugeben; gut abschmecken. 2-3 Minuten braten, 1mal umrühren. Nach Belieben mit Sesamöl abschmecken.

Mit dem Reis servieren.

Pro Portion   159 Kalorien   21 g Kohlenhydrate
3 g Eiweiß   7 g Fett   2,8 g Ballaststoffe

BLITZGERICHTE

Kalbsleber mit Gemüsezwiebel
für 4 Personen

4 EL	Butter
1	große Tomate, ohne Strunk, halbiert, in Scheiben
1	Gemüsezwiebel, halbiert, in Ringen
1 TL	frisches Basilikum, gehackt
4	große Scheiben Kalbsleber
1 TS	gewürztes Mehl
	Salz und Pfeffer

Die Hälfte der Butter leicht erhitzen. Tomaten, Zwiebel und Basilikum hineingeben, würzen und 20-25 Minuten braten. Gelegentlich umrühren.

Die Leber in dem Mehl wenden. Die restliche Butter zerlassen. Die Leber darin 3 Minuten braten. Wenden, würzen und weitere 2 Minuten braten. Mit dem Basilikum bestreuen.

Mit der Tomaten-Zwiebelmischung servieren.

Pro Portion 462 Kalorien 38 g Kohlenhydrate
37 g Eiweiß 18 g Fett 2,7 g Ballaststoffe

BLITZGERICHTE

Kalbsleber mit Champignons *für 4 Personen*

4	Scheiben frische Kalbsleber
3 EL	Butter
250 g	frische Champignons, geputzt, geviertelt
2 EL	frische Petersilie, gehackt
1 EL	frischer Estragon, gehackt
	Mehl
	Salz und Pfeffer

Die Leber in Mehl wenden. 2 EL Butter leicht erhitzen. Die Leber hineingeben und würzen; 2-3 Minuten pro Seite braten.

Die Leber auf eine vorgewärmte Platte legen und im Ofen warmhalten.

Die restliche Butter in die Pfanne geben. Champignons, Petersilie und Estragon 2-3 Minuten bei großer Hitze braten, salzen und pfeffern.

Mit der Leber servieren und, nach Belieben, Spargel dazu reichen.

Pro Portion 262 Kalorien 7 g Kohlenhydrate
27 g Eiweiß 14 g Fett 1,8 g Ballaststoffe

BLITZGERICHTE

Pochiertes Hühnchen in Weißwein
für 4 Personen

2 EL	Butter
2	ganze Hühnerbrüstchen, ohne Haut und Knochen, halbiert
125 ml	trockener Weißwein
1 EL	frische Petersilie, gehackt
6	große, frische Austernpilze, geputzt, halbiert
½	Gurke, entkernt, in dicken Scheiben
250 ml	Hühnerbrühe, erhitzt
1 EL	Stärkemehl
2 EL	kaltes Wasser
	Salz und Pfeffer

Die Butter leicht erhitzen. Hühnchen, Wein und Petersilie hineingeben; würzen und zugedeckt 10 Minuten pochieren.

Das Fleisch wenden. Pilze und Gurke dazugeben; abschmecken. Zudecken und weitere 6-7 Minuten garen.

Das Fleisch herausnehmen und im Ofen warmhalten.

Die Brühe in die Pfanne gießen und unbedeckt zum Kochen bringen.

Das Stärkemehl mit Wasser vermengen und in die Sauce einrühren. 1 Minute köcheln.

Die Sauce über das Hühnchen gießen und servieren. Dazu frisches Brot reichen.

Pro Portion 213 Kalorien 5 g Kohlenhydrate
28 g Eiweiß 9 g Fett 1,3 g Ballaststoffe

BLITZGERICHTE

Hühnchen auf Toast

für 4 Personen

2	ganze Hühnerbrüstchen, gehäutet, groß gewürfelt
2 EL	Butter
125 g	frische Champignons, geputzt, geviertelt
2	Schalotten, gehackt
1 TL	frische Petersilie, gehackt
375 ml	Hühnerbrühe, erhitzt
50 ml	Sahne
	Mehl
	Salz und Pfeffer
	getoastetes Brot

Das Fleisch in Mehl wenden und gründlich würzen. Die Butter leicht erhitzen. Das Fleisch hineingeben und zugedeckt 10 Minuten braten, gelegentlich wenden.

Pilze, Schalotten und Petersilie dazugeben. Abschmecken, zudecken und 5 Minuten braten.

Die Brühe aufgießen und gut verrühren. Die Sahne hinzufügen, rühren und 3-4 Minuten unbedeckt kochen.

Über das Brot geben und servieren. Dieses Gericht eignet sich besonders dann, wenn Sie Lust auf eine leichte Mahlzeit haben.

Pro Portion   282 Kalorien   10 g Kohlenhydrate
29 g Eiweiß   14 g Fett   1,2 g Ballaststoffe

BLITZGERICHTE

Käse-Hühnchen Surprise

für 4 Personen

2	ganze Hühnerbrüstchen, ohne Haut und Knochen, halbiert
1 TS	alter Cheddar, gerieben
4	dünne Scheiben Schwarzwälder Schinken
1 TS	gewürztes Mehl
2	Eier, geschlagen
1 TS	Semmelbrösel
2 EL	Erdnußöl
	Salz und Pfeffer

Die Hühnerbrüstchen aufschneiden, um eine Tasche zu erhalten. Mit Käse füllen und mit der Hand wieder in Form bringen. Mit Schinken umwickeln.

In Mehl wenden, dann in das Ei tauchen. Gründlich mit Semmelbrösel bedecken. Das Fleisch muß gut bedeckt sein, da sonst der Käse beim Braten ausläuft.

Den Ofen auf 190°C vorheizen.

Das Öl in einer feuerfesten Form erhitzen. Das Fleisch darin 2-3 Minuten pro Seite bei mittlerer Hitze anbraten, um die Brösel zu bräunen. Beim Wenden gut würzen.

In den Ofen stellen. Die Garzeit beträgt 10 Minuten oder auch länger, je nach Dicke.

Nach Belieben mit frischen Brötchen servieren.

Pro Portion   622 Kalorien   46 g Kohlenhydrate
51 g Eiweiß   26 g Fett   2,1 g Ballaststoffe

BLITZGERICHTE

1. Die Hühnerbrüstchen öffnen und mit dem Käse füllen. Von Hand wieder in Form bringen.

2. Hühnerbrüstchen in den Schinken einrollen. Das Aroma des Schinkens hat einen beträchtlichen Anteil am Geschmack des Gerichts.

3. Behutsam in Mehl wenden, damit der Schinken straff bleibt.

4. In das geschlagene Ei tauchen; dann gründlich mit Semmelbröseln bedecken.

BLITZGERICHTE

Kurzgebratenes Hühnchen mit Sesamaroma *für 4 Personen*

2	ganze Hühnerbrüstchen, gehäutet, in 5 cm großen Stücken
1 EL	Pflanzenöl
1	Zucchini, in dünnen Scheiben
1	große Karotte, geschält, in dünnen Scheiben
1	rote Paprikaschote, in feinen Streifen
3	Frühlingszwiebeln, in großen Stücken
1 EL	Sojasauce
	Mehl
	Salz und Pfeffer
	einige Tropfen Sesamöl*

Das Fleisch in Mehl wenden. Das Öl bei mittlerer Temperatur erhitzen. Das Fleisch darin zugedeckt 3-4 Minuten braten. Aus der Pfanne nehmen und beiseite stellen.

Zucchini und Karotte hineingeben; gut abschmecken. Zugedeckt bei mittlerer Hitze 6 Minuten dünsten, gelegentlich umrühren.

Paprika, Frühlingszwiebel, Sojasauce und Sesamöl dazugeben. Das Fleisch wieder in die Pfanne geben, zugedeckt 3 Minuten braten. Servieren.

* Dieses Produkt bekommen Sie in chinesischen Geschäften oder guten Lebensmittelhäusern. Falls es nicht erhältlich ist, können Sie das Öl durch eine scharfe Pfeffersauce, wie Tabasco ersetzen. Der Gesamtgeschmack ändert sich dann, ist aber ebenfalls köstlich.

Pro Portion 231 *Kalorien* 13 g *Kohlenhydrate*
29 g *Eiweiß* 7 g *Fett* 2,8 g *Ballaststoffe*

BLITZGERICHTE

Rinderfilet mit Austernpilzen

für 4 Personen

1 EL	Pflanzenöl
8	Scheiben Rinderfilet
8	große, frische Austernpilze, geputzt, in großen Stücken
1	Knoblauchzehe, gehackt
1 EL	frischer Schnittlauch, gehackt
2	Tomaten, ohne Strunk, in Scheiben
	Salz und Pfeffer

Das Öl bei mittlerer Temperatur erhitzen. Das Fleisch darin 1-2 Minuten, abhängig von der Dicke, anbraten. Wenden, würzen und nochmals 1 Minute braten.

Herausnehmen und beiseite stellen.

Pilze, Knoblauch und Schnittlauch in die Pfanne geben; 3-4 Minuten dünsten.

Die Tomaten dazugeben und gut abschmecken; weitere 3-4 Minuten dünsten.

Das Fleisch wieder in die Pfanne geben und 1-2 Minuten aufwärmen. Sofort servieren.

Pro Portion 347 Kalorien 5 g Kohlenhydrate
48 g Eiweiß 15 g Fett 2,2 g Ballaststoffe

BLITZGERICHTE

Griechische Fleischklößchen
für 4 Personen

1 EL	Butter
2	Zwiebeln, gehackt
4	Scheiben Weißbrot, ohne Kruste
125 ml	Milch
625 g	mageres Rinderhack
1	Knoblauchzehe, gehackt
1 TL	Oregano
1	Ei
2 EL	saure Sahne
1 EL	Pflanzenöl
Prise	Paprika
	Salz und Pfeffer

Die Butter zerlassen, die Zwiebeln darin 4-5 Minuten bei mittlerer Hitze braten.

Währenddessen das Brot in einer Schüssel mit der Milch begießen; zum Einweichen beiseite stellen.

Wenn die Zwiebeln gebraten sind, zusammen mit dem Fleisch in den Mixer geben. Knoblauch, Oregano und das Ei hinzufügen.

Die überschüssige Milch aus dem Brot pressen und dazugeben. Einige Minuten mixen, bis alles gut gebunden ist.

Die saure Sahne hinzufügen und wieder rühren. In eine Schüssel geben, mit Frischhaltefolie bedecken und 1 Stunde kalt stellen.*

Wenn das Fleisch gebraten werden soll, aus dem Kühlschrank nehmen und mit eingeölten Händen kleine Klößchen formen.

Das Öl in einer großen Pfanne erhitzen. Die Klößchen 3-4 Minuten pro Seite braten oder länger, je nach Größe. Die Pfanne nicht überfüllen, falls nötig in 2 Portionen braten.

Die Fleischklößchen mit würziger Sauce zum Dippen, mit Nudeln in Tomatensauce oder einem leichten Salat servieren.

* Um Ihren Tagesfahrplan einzuhalten, können Sie die erste Hälfte des Rezepts morgens vorbereiten und die Fleischklößchen tagsüber kalt stellen.

Pro Portion 402 Kalorien 19 g Kohlenhydrate
41 g Eiweiß 18 g Fett 1,9 g Ballaststoffe

BLITZGERICHTE

1. Die Zwiebeln sollten immer vorgebraten werden, bevor sie zur Fleischklößchen- oder Hamburgermischung gegeben werden. In Butter sautiert geben sie den Klößchen ein gutes Aroma.

2. Wenn die Zwiebeln gebraten sind, zusammen mit dem Fleisch in den Mixer geben. Das Fleisch unten hineingeben, da sich die Zwiebeln sonst schlecht vermengen lassen. Den Knoblauch, die Kräuter und das Ei dazugeben.

3. Das eingeweichte Brot dazugeben und einige Minuten mixen, bis alles gut gebunden ist. Die saure Sahne dazugeben, wieder mischen und kalt stellen.

4. Die Fleischklößchen bei mittlerer Hitze braten. Ausgiebiges Rühren vermeiden – jede Seite gründlich anbraten lassen, erst dann wenden.

173

BLITZGERICHTE

Shrimpsspießchen mit Ingwer

für 4 Personen

20	große Shrimps, geschält, ohne Darm, gesäubert
3	Frühlingszwiebeln, in 5 cm langen Stücken
1 TS	blanchierte Erbsenschoten
2	Zwiebeln, in Spalten geschnitten
2	große Karotten, geschält, in 1 cm dicken Scheiben, blanchiert
2 EL	Pflanzenöl
2 EL	Teriyaki Sauce
1 EL	Limonensaft
2 EL	frischer Ingwer, gehackt
	Salz und Pfeffer

Abwechselnd Shrimps und Gemüse auf Spieße stecken.

Die restlichen Zutaten mischen; die Spieße damit bepinseln.

15 cm von der Hitzequelle entfernt in den Ofen schieben. 3-4 Minuten pro Seite grillen, abhängig von der Größe. Nach Belieben können sie in der gleichen Zeit auch auf dem Grill zubereitet werden.

Die Spieße während des Bratens einige Male einpinseln.

Pro Portion   265 Kalorien   15 g Kohlenhydrate
31 g Eiweiß   9 g Fett   4,7 g Ballaststoffe

BLITZGERICHTE

Gebratene Shrimps mit Cognac

für 4 Personen

2 EL	Butter
800 g	mittelgroße Shrimps, geschält, gesäubert
3 EL	Cognac
1	Karotte, geschält, klein gewürfelt
1	Stange Staudensellerie, fein gewürfelt
1 EL	frische Petersilie, gehackt
1 TL	frischer Estragon, gehackt
2	Schalotten, gehackt
250 ml	trockener Weißwein
250 ml	Sahne
	Salz und Pfeffer
	einige Tropfen Limonensaft

Die Butter in einer großen Pfanne erhitzen. Die Shrimps darin 3 Minuten braten, nicht rühren.

Wenden, abschmecken und weitere 3 Minuten braten. Den Cognac aufgießen und flambieren.

Sowie der Alkohol verbrannt ist, die Shrimps herausnehmen und beiseite stellen.

Gemüse, Petersilie, Estragon und Schalotten in die Pfanne geben. 3-4 Minuten bei großer Hitze braten. Gut abschmecken.

Den Wein aufgießen, 3-4 Minuten kochen, um die Flüssigkeit auf die Hälfte zu reduzieren.

Die Sahne dazugeben und aufkochen, bis die Sauce andickt, gelegentlich rühren.

Die Hitze reduzieren, die Shrimps in die Sauce geben. Einige Minuten zum Aufwärmen ziehen lassen.

Mit Limonensaft beträufeln und servieren.

Pro Portion 393 Kalorien 6 g Kohlenhydrate
27 g Eiweiß 29 g Fett 0,8 g Ballaststoffe

BLITZGERICHTE

Shrimps Tempura

für 4 Personen

900 g	mittelgroße Shrimps
2 EL	Teriyaki Sauce
1 EL	Zitronensaft
1 EL	Honig
1	Knoblauchzehe, gehackt
	Salz und Pfeffer
	fertiger Tempurateig (in Chinaläden erhältlich)
	Zitronenscheiben

Die Shrimps schälen, den Darm entfernen, die Schwanzflosse ganz lassen. Gründlich in kaltem Wasser waschen, abtropfen und mit Küchenpapier trockentupfen.

In eine Schüssel geben; Teriyaki Sauce, Zitronensaft, Honig und Knoblauch verrühren und darübergießen. Pfeffern, 30 Minuten marinieren.

Währenddessen den Teig nach der Anweisung des Herstellers zubereiten.

Reichlich Erdnußöl in einer Friteuse auf 190°C erhitzen.

Die Shrimps in den Teig tauchen und in verschiedenen Portionen ungefähr 2-3 Minuten fritieren, oder bis sie goldbraun sind. Vor dem Servieren auf Küchenpapier gut abtropfen.

Dazu Zitronenscheiben reichen.

Pro Portion 374 Kalorien 21 g Kohlenhydrate
32 g Eiweiß 18 g Fett 0,4 g Ballaststoffe

PREISWERTE GERICHTE

Cheryl's heißer Nudelsalat
für 4 Personen

1 EL	Olivenöl
1	Zwiebel, klein gewürfelt
1	grüne Paprikaschote, klein gewürfelt
2	Stangen Staudensellerie, in Scheiben
2	Karotten, geschält, in dünnen Scheiben
1 EL	frischer Ingwer, gehackt
3 TS	gekochte Penne, noch heiß
1 EL	frische Petersilie, gehackt
2 EL	Olivenöl
2 EL	Weinessig
1 EL	Dijon-Senf
1 TS	Kichererbsen aus der Dose, abgetropft
	Salz und Pfeffer

Olivenöl erhitzen. Gemüse und Ingwer darin 4-5 Minuten braten.

Die warmen Nudeln in eine Schüssel geben. Petersilie, 2 EL Öl, Essig und Senf dazugeben, alles gut vermengen.

Die Kichererbsen hinzufügen und würzen; wieder mischen.

Das heiße Gemüse hinzufügen und in einer hübschen Schüssel, nach Belieben mit Salatblättern garniert, servieren.

Pro Portion 336 Kalorien 48 g Kohlenhydrate
9 g Eiweiß 12 g Fett 6,6 g Ballaststoffe

PREISWERTE GERICHTE

Penne Abigail
für 6 Personen

2 EL	Olivenöl
1	mittelgroße Zwiebel, gehackt
2	Schalotten gehackt
1/2	grüne Chilischote, entkernt, gehackt
1	kleine Zucchini, mit Haut gewürfelt
500 g	mageres Rinderhack
800 ml	Tomaten aus der Dose, abgetropft, gehackt
1 EL	frische Petersilie, gehackt
375 ml	rote Kidneybohnen aus der Dose, abgetropft
1 TL	Basilikum
1/2 TL	Chilipulver
5 TS	Penne, gekocht
1 TS	Mozzarella, fein geschabt
	Salz und Pfeffer
	einige Tropfen scharfe Pfeffersauce

Das Öl in einer großen, tiefen Pfanne erhitzen. Zwiebel, Schalotten, Chilischote und Zucchini darin 7-8 Minuten bei großer Hitze braten.

Das Fleisch dazugeben und 3-4 Minuten braten, einige Male rühren.

Das Fleisch würzen, dann Tomaten, Petersilie und Bohnen dazugeben. Gut vermischen, mit Basilikum, Chilipulver und scharfer Pfeffersauce nachwürzen.

Nocheinmal gut mischen und 8-10 Minuten bei großer Hitze kochen.

Auf mittlere Hitze reduzieren und weitere 15 Minuten kochen.

Die Nudeln einrühren, 3-4 Minuten garen. Den Käse hinzufügen und noch einmal 2 Minuten kochen oder bis der Käse geschmolzen ist.

Pro Portion   448 Kalorien   38 g Kohlenhydrate
29 g Eiweiß   20 g Fett   2,5 g Ballaststoffe

PREISWERTE GERICHTE

Muschelnudeln mit Tomaten-Venusmuschel-Sauce *für 4 Personen*

2 TS	Muschelnudeln
1 TL	Weinessig
2 EL	Olivenöl
1	Zwiebel, fein gehackt
1	Knoblauchzehe, fein gehackt
800 ml	Tomaten aus der Dose, abgetropft, gehackt
1 TL	Oregano
1 TL	frische Petersilie, gehackt
140 g	Venusmuscheln aus der Dose, abgetropft, den Saft aufheben
	Salz und Pfeffer
	Parmesan, gerieben

Die Nudeln und den Essig in einen Topf kochendes Salzwasser geben. 10 Minuten kochen, oder bis sie "al dente" (bißfest) sind. Dann einige Sekunden unter kaltem Wasser abschrecken. Gut abtropfen und beiseite stellen.

Das Öl erhitzen. Zwiebel und Knoblauch darin 3 Minuten braten.

Tomaten, Oregano und Petersilie dazugeben; würzen, vermengen, und bei großer Hitze 5 Minuten kochen.

Den Muschelsaft hineingießen, abschmecken und 8-10 Minuten köcheln. Die Muscheln einrühren und 2 Minuten ziehen lassen.

Währenddessen einen großen Topf mit Salzwasser und etwas Öl füllen. Zum Kochen bringen. Die Nudeln in ein Sieb geben, das Sieb in das kochende Wasser tauchen und 2 Minuten aufwärmen.

Die Nudeln abtropfen, mit der Sauce und geriebenem Käse servieren.

Pro Portion 498 Kalorien 69 g Kohlenhydrate
24 g Eiweiß 14 g Fett 3,5 g Ballaststoffe

PREISWERTE GERICHTE

Fettuccini mit Gemüse

für 4 Personen

2 EL	Olivenöl
4	Frühlingszwiebeln, gehackt
1	Stange Staudensellerie, in dünnen Scheiben
1	rote Paprikaschote, in feinen Streifen
10	große, frische Champignonköpfe, geputzt, gedrittelt
15	Erbsenschoten, geputzt
1	Knoblauchzehe, gehackt
1 EL	frischer Fenchel, gehackt
375 ml	Hühnerbrühe, erhitzt
1 EL	Stärkemehl
3 EL	kaltes Wasser
4	Portionen Fettuccine, heiß, gekocht
	Salz und Pfeffer

Das Öl erhitzen. Frühlingszwiebeln und Sellerie darin 4 Minuten dünsten.

Das restliche Gemüse und den Knoblauch dazugeben und gut abschmecken. Vermengen und bei großer Hitze 4 Minuten garen.

Fenchel und Brühe hinzufügen; bei mittlerer Hitze 4 Minuten kochen.

Das Stärkemehl mit dem Wasser verrühren; unter das Gemüse mischen. Würzen und 1 Minute kochen. Über die heißen Nudeln geben und servieren.

Pro Portion 441 Kalorien 77 g Kohlenhydrate
13 g Eiweiß 9 g Fett 4,5 g Ballaststoffe

PREISWERTE GERICHTE

Spaghetti mit weißer Erbsensauce *für 4 Personen*

3 EL	Butter
3 EL	Mehl
500 ml	Milch, erhitzt
4	Scheiben Frühstücksspeck, gebraten, in feinen Streifen
1/2	grüne Paprikaschote, in feinen Streifen
1 EL	Zitronenschale, gehackt
1 TS	gefrorene grüne Erbsen, gehackt
4	Portionen gekochte Spaghetti, heiß
1 TS	Mozzarella, fein geschabt
Prise	Muskat
	Salz und Pfeffer

2 EL Butter leicht erhitzen. Das Mehl mit einem Holzlöffel gut einrühren; 3 Minuten bei schwacher Hitze anschwitzen, ständig rühren.

Die Milch aufgießen und gut verrühren; 8-10 Minuten köcheln. Häufig rühren.

Mit Muskat bestreuen, abschmecken und die weiße Sauce beiseite stellen.

Die restliche Butter zerlassen. Speck, Paprika und Zitronenschale hineingeben; gut abschmecken. 3 Minuten bei mittlerer Hitze braten.

Erbsen, weiße Sauce und Nudeln einrühren. Den Käse dazugeben, gut mischen und vor dem Servieren 2 Minuten köcheln.

Pro Portion   559 Kalorien   60 g Kohlenhydrate
28 g Eiweiß   23 g Fett   3,9 g Ballaststoffe

PREISWERTE GERICHTE

Gefüllte Cannelloni

für 4 Personen

1 EL	Pflanzenöl
1	mittelgroße Zwiebel, gehackt
8	große, frische Champignons, geputzt, gehackt
1	Frühlingszwiebel, gehackt
1 TL	Zitronenschale, gehackt
1/2 TL	Kumin (Kreuzkümmel)
3	große grüne Oliven, gehackt
170 g	mageres Rinderhack
90 g	Schafkäse, zerkleinert
12	Cannelloni, gekocht
250 ml	Tomatensauce
125 ml	Hühnerbrühe, erhitzt
Prise	Paprika
	Salz und Pfeffer
	Parmesan, frisch gerieben

Den Ofen auf 160°C vorheizen.

Das Öl erhitzen. Zwiebel, Pilze, Frühlingszwiebel und Zitronenschale hineingeben und gut abschmecken.

Alle Kräuter hinzufügen und 4-5 Minuten bei mittlerer Hitze braten.

Die Oliven und das Fleisch hineingeben; gut mischen, abschmecken und 4 Minuten braten.

Den Käse einrühren und weitere 3 Minuten braten.

Die Mischung im Mixer pürieren. Dann in einen Spritzbeutel mit einfacher Tülle geben.

Die Cannelloni füllen und in eine Auflaufform legen. Die Tomatensauce mit der Brühe mischen und über die Nudeln gießen.

Mit Folie abdecken und 1 Stunde backen. Mit Parmesan servieren.

Pro Portion   412 Kalorien   45 g Kohlenhydrate
22 g Eiweiß   16 g Fett   2,7 g Ballaststoffe

PREISWERTE GERICHTE

Lammeintopf mit Karotten
für 4 Personen

1,4 kg	entbeinte Lammschulter, entfettet
2	Schalotten, gehackt
250 ml	trockener Weißwein
1 EL	Olivenöl
2 EL	Erdnußöl
3 EL	Mehl
625 ml	Rinderbrühe, erhitzt
2 EL	Tomatenmark
1 TL	Olivenöl
1	Zwiebel, in 6 Stücken
1	Knoblauchzehe, gehackt
3	Karotten, geschält in dicken Stiften
1/2 TL	Oregano
1 EL	frische Petersilie, gehackt
1 TL	Sojasauce
	Salz und Pfeffer
Prise	Paprika

Das Fleisch würfeln. In eine Schüssel geben, salzen und pfeffern. Schalotten, Wein und 1 EL Olivenöl dazugeben, 1 Stunde marinieren.

Den Ofen auf 180°C vorheizen.

Das Erdnußöl in einer großen Pfanne erhitzen. Das Fleisch abtropfen, die Marinade aufheben, und bei großer Hitze 7-8 Minuten braten. Wenden, würzen und 2-3 Minuten braten.

Das Mehl gut einrühren. Bei reduzierter Hitze 5 Minuten anschwitzen, oder bis es braun ist und am Pfannenboden haftet. Gelegentlich rühren, damit es nicht anbrennt.

Brühe und Marinade aufgießen. Gut vermengen, zum Kochen bringen. Das Tomatenmark einrühren und alles beiseite stellen.

1 TL Olivenöl erhitzen. Zwiebel und Knoblauch darin 3-4 Minuten bei großer Hitze braten. Zum Lamm geben. Karotten, Kräuter und Sojasauce dazugeben; gut mischen. Zugedeckt zum Kochen bringen.

Den Eintopf zugedeckt 2 Stunden im Ofen schmoren. Falls nötig Rinderbrühe nachgießen.

Auf Eiernudeln servieren.

Pro Portion   669 Kalorien   15 g Kohlenhydrate
69 g Eiweiß   37 g Fett   2,5 g Ballaststoffe

PREISWERTE GERICHTE

Sautiertes Rindfleisch mit Feigen *für 4 Personen*

2 EL	Erdnußöl
500 g	Rindfleisch, schräg geschnitten
12	Feigen, halbiert
1	Apfel mit Schale, entkernt, in Spalten geschnitten
12	Eßkastanien, geschnitten
1	grüne Paprikaschote, in feinen Streifen
125 ml	Kichererbsen aus der Dose, abgetropft
1 1/2 EL	Stärkemehl
3 EL	kaltes Wasser
250 ml	Rinderbrühe, erhitzt
	Salz und Pfeffer
	einige Tropfen scharfe Pfeffersauce

1 EL Erdnußöl stark erhitzen. Das Fleisch darin 2 Minuten pro Seite anbraten. Würzen, herausnehmen und beiseite stellen.

Das restliche Öl in der Pfanne erhitzen. Feigen, Apfel, Kastanien, Paprika und Kichererbsen 3-4 Minuten bei großer Hitze darin braten. Während des Bratens pikant abschmecken.

Stärkemehl und Wasser verrühren. Die Brühe aufgießen, die Stärkemischung und die scharfe Pfeffersauce einrühren. Gut mischen und 2-3 Minuten kochen.

Das Fleisch in die Sauce geben, 30 Sekunden kochen und auf Butternudeln servieren.

Pro Portion 478 Kalorien 54 g Kohlenhydrate
34 g Eiweiß 14 g Fett 13,4 g Ballaststoffe

PREISWERTE GERICHTE

Curryklößchen
für 4 Personen

500 g	mageres Rinderhack
1/4 TL	Chili
2 EL	frische Petersilie, gehackt
1	Ei, geschlagen
2 EL	Olivenöl
1 1/2	große Zwiebeln, fein gehackt
1	Stange Staudensellerie, fein gewürfelt
1	roter Apfel, entkernt, geschält, gehackt
2 EL	Curry
1 EL	Butter
2 EL	Mehl
375 ml	Hühnerbrühe, erhitzt
	Salz und Pfeffer
	einige Tropfen scharfe Pfeffersauce

Fleisch, Chili, die Hälfte der Petersilie, Ei, etwas Salz und die Pfeffersauce im Mixer mischen. Kleine Klößchen formen und beiseite stellen.

Das Öl erhitzen. Zwiebel, Sellerie, Apfel und die restliche Petersilie 6-7 Minuten bei mittlerer Hitze dünsten.

Den Curry einstreuen und gut vermengen. 5-6 Minuten bei schwacher Hitze dünsten.

Die Butter dazugeben, 1 Minute dünsten.

Die Fleischklößchen in die Pfanne geben und 5-6 Minuten bei mittlerer Hitze anbraten, häufig wenden.

Das Mehl einstreuen, mischen und 2-3 Minuten anschwitzen.

Die Brühe aufgießen und abschmecken. Zum Kochen bringen, 15 Minuten köcheln.

Auf Reis servieren.

Pro Portion   377 Kalorien   18 g Kohlenhydrate
29 g Eiweiß   21 g Fett   2,8 g Ballaststoffe

PREISWERTE GERICHTE

1. Zwiebel, Sellerie, Apfel und die restliche Petersilie 6-7 Minuten im heißen Öl bei mittlerer Hitze braten.

2. Den Curry einstreuen und gut vermengen. 5-6 Minuten bei schwacher Hitze braten. Die Butter dazugeben und nochmals 1 Minute braten.

3. Die Fleischklößchen in die Pfanne geben und 5-6 Minuten bei mittlerer Hitze braten, häufig wenden.

4. Das Mehl einstreuen, mischen und 2-3 Minuten anschwitzen.

187

PREISWERTE GERICHTE

Grüne Fleischklößchen in würziger Tomatensauce *für 4 Personen*

375 g	mageres Rinderhack
1 1/2 TS	gekochter Spinat, gehackt
1	Ei
1/4 TS	gebratene Zwiebel, gehackt
1 EL	frische Petersilie, gehackt
2 EL	Pflanzenöl
1	Karotte, geschält, klein gewürfelt
1	Stange Staudensellerie, klein gewürfelt
2 EL	Mehl
800 ml	Tomaten aus der Dose, abgetropft, gehackt
2 EL	Tomatenmark
250 ml	Hühnerbrühe, erhitzt
	Salz und Pfeffer

Fleisch, Spinat, Ei, Zwiebeln und Petersilie in die Küchenmaschine geben. Würzen und 3 Minuten rühren. Herausnehmen und mittelgroße Klößchen formen.

Das Öl in einer großen Pfanne erhitzen. Die Klößchen hineingeben (Pfanne nicht überfüllen) und 6-7 Minuten auf allen Seiten bräunen. Herausnehmen und beiseite stellen.

Karotten und Sellerie in die Pfanne geben; 6 Minuten bei mittlerer Hitze dünsten. Das Mehl gut einrühren und 2 Minuten anschwitzen.

Die Tomaten, dann das Tomatenmark und die Brühe dazugeben; vermengen. Abschmecken und 3 Minuten kochen.

Die Klößchen in die Sauce geben und 6-7 Minuten bei mittlerer Hitze kochen. Servieren.

Pro Portion 328 Kalorien 20 g Kohlenhydrate
26 g Eiweiß 16 g Fett 7,4 g Ballaststoffe

PREISWERTE GERICHTE

Fleischklößchen à la Lyonnaise
für 4 Personen

1 EL	Erdnußöl
3	Zwiebeln, in dünnen Scheiben
1	Knoblauchzehe, gehackt
1 EL	frische Petersilie, gehackt
1/2 TL	Selleriesamen
1 TL	Kumin (Kreuzkümmel)
1 EL	Butter
2 EL	Mehl
500 ml	Hühnerbrühe, erhitzt
12	übriggebliebene Fleischklößchen, gekocht
1/4 TS	Mozzarella, fein geschabt
	Salz und Pfeffer

Das Öl erhitzen. Zwiebeln, Knoblauch und Petersilie dazugeben; zugedeckt 15 Minuten bei mittlerer Hitze braten.

Kräuter und Butter hinzufügen; gut vermengen. Das Mehl einrühren und 2 Minuten anschwitzen.

Die Brühe aufgießen, gut mischen und zum Kochen bringen. Pikant abschmecken.

Das Fleisch in die Sauce geben. Den Käse einrühren, zum Aufwärmen 2 Minuten ziehen lassen. Mit gekochten Gemüseresten garniert servieren.

Pro Portion 336 Kalorien 13 g Kohlenhydrate
26 g Eiweiß 20 g Fett 1,9 g Ballaststoffe

PREISWERTE GERICHTE

Würziger Currygulasch
für 4 Personen

1,1 kg	Rindergulasch, in 2,5 cm große Würfel geschnitten
1	Zwiebel, gerieben
1	grüne Chilischote, gehackt
2	Knoblauchzehen, gehackt
1 EL	Koriander
1 EL	Ingwer
1 TL	Kurkuma (Gelbwurz)
1/2 TL	Kumin (Kreuzkümmel)
1 EL	Curry
250 ml	Joghurt
2 EL	Pflanzenöl
1	Zwiebel, gehackt
3 EL	Mehl
1 l	Rinderbrühe, erhitzt
	Salz und Pfeffer

Fleischwürfel, geriebene Zwiebel, Chili, Knoblauch, Koriander, Ingwer, Kurkuma, Kumin, Curry und Joghurt in einer Schüssel vermengen. Würzen und 2 Stunden im Kühlschrank marinieren.

Den Ofen auf 180°C vorheizen.

Das Öl in einer großen Bratpfanne stark erhitzen. Die Hälfte des Fleisches darin 5-6 Minuten auf allen Seiten braun braten. Gut abschmecken und herausnehmen.

Das restliche Fleisch und die gehackte Zwiebel in die Pfanne geben; die gleiche Technik zum Braten anwenden.

Alles Fleisch in eine feuerfeste Kasserolle geben. Das Mehl einrühren und 4 Minuten bei mittlerer Hitze anschwitzen, häufig rühren. Die Brühe aufgießen, abschmecken und zudecken; 2 Stunden im Ofen schmoren, oder bis das Fleisch weich ist.

Nach Belieben mit Chutney oder Joghurt servieren.

Pro Portion 663 Kalorien 15 g Kohlenhydrate
72 g Eiweiß 35 g Fett 1,1 g Ballaststoffe

PREISWERTE GERICHTE

Reis mit Estragonpilzen
für 4 Personen

1 EL	Butter
2	Schalotten, gehackt
1	Knoblauchzehe, gehackt
1/2	Stange Staudensellerie, klein gewürfelt
1 EL	Zitronenschale, gehackt
1 TS	Langkornreis, abgespült, abgetropft
375 ml	Hühnerbrühe, erhitzt
1 EL	Erdnußöl
250 g	frische Champignons, geputzt, halbiert
1 TL	Estragon
	Salz und Pfeffer

Den Ofen auf 180°C vorheizen.

Die Butter in einer feuerfesten Kasserolle leicht erhitzen. Schalotten, Knoblauch, Sellerie und Zitronenschale darin 3 Minuten braten.

Den Reis dazugeben und abschmecken. 2-3 Minuten braten, oder bis der Reis am Boden haften bleibt.

Die Brühe aufgießen, mischen und zum Kochen bringen. Würzen, zudecken und 15 Minuten im Ofen garen.

5 Minuten vor Ende der Garzeit das Öl in einer Pfanne stark erhitzen.

Pilze und Estragon hineingeben; abschmecken. 2-3 Minuten sautieren. Unter den Reis mischen und 3 Minuten im Ofen fertig garen.

Pro Portion   255 Kalorien   43 g Kohlenhydrate
5 g Eiweiß   7 g Fett   1,7 g Ballaststoffe

PREISWERTE GERICHTE

Schneller Curryreis

für 4 Personen

2 EL	Butter
1/2	Stange Staudensellerie, gewürfelt
1	mittelgroße Zwiebel, gewürfelt
1 1/2 EL	Curry
1 TS	Langkornreis, abgespült, abgetropft
375 ml	Hühnerbrühe, erhitzt
	Salz und Pfeffer

Den Ofen auf 180°C vorheizen.

Butter, Sellerie und Zwiebel in eine feuerfeste Kasserolle geben. Pfeffern und 3 Minuten bei mittlerer Hitze braten.

Den Curry dazugeben und gut vermischen; 4-5 Minuten bei schwacher Hitze anschwitzen.

Den Reis einrühren; abschmecken. 2-3 Minuten dünsten, bis alles Wasser verdampft und der Reis gebräunt ist.

Wenn der Reis am Boden haftet, die Brühe aufgießen. Rühren und bei großer Hitze zum Kochen bringen.

Die Kasserolle zudecken und 18 Minuten im Ofen garen.

Pro Portion 242 Kalorien 43 g Kohlenhydrate
4 g Eiweiß 6 g Fett 0,7 g Ballaststoffe

PREISWERTE GERICHTE

1. Sellerie und Zwiebel mit der Butter in einer feuerfesten Kasserolle 3 Minuten bei mittlerer Hitze braten. Kräftig pfeffern.

2. Den Curry einstreuen und gut vermengen; 4-5 Minuten bei schwacher Hitze anschwitzen.

3. Den Reis dazugeben und gut abschmecken. 2-3 Minuten dünsten, bis das Wasser verdampft ist und der Reis braun wird.

4. Wenn der Reis am Boden haften bleibt, die heiße Hühnerbrühe aufgießen.

193

PREISWERTE GERICHTE

18-Minuten Reis

für 4 Personen

2 EL	Butter
1	Zwiebel, gehackt
1	Stange Staudensellerie, gehackt
1/2	Zucchini, gewürfelt
1 TS	Langkornreis, abgespült
1/4 TL	Selleriesalz
375 ml	Rinderbrühe, erhitzt
	Salz und Pfeffer

Den Ofen auf 180°C vorheizen.

Die Butter in einer feuerfesten Kasserolle zerlassen. Zwiebel, Sellerie und Zucchini darin zugedeckt 2 Minuten dünsten.

Den Reis dazugeben, würzen, das Selleriesalz einstreuen. 3 Minuten unbedeckt dünsten, oder bis der Reis am Boden haftet.

Die Brühe aufgießen und zum Kochen bringen, abschmecken. Zugedeckt 18 Minuten im Ofen fertig garen.

| Pro Portion | 218 Kalorien | 37 g Kohlenhydrate |
| 4 g Eiweiß | 6 g Fett | 1,8 g Ballaststoffe |

PREISWERTE GERICHTE

Rindfleisch China Art
für 4 Personen

2 EL	Erdnußöl
500 g	Rumpsteak, schräg geschnitten
1/2	gelbe Paprikaschote, in breiten Streifen
1	Zucchini, in Scheiben
2	Chinakohlblätter, in Streifen
2	Eiertomaten, geviertelt
1	Apfel mit Schale, entkernt, in Spalten geschnitten
2 EL	frischer Ingwer, gehackt
1 EL	frische Petersilie, gehackt
	Salz und Pfeffer

Das Öl in einer Pfanne stark erhitzen. Das Fleisch 2 Minuten pro Seite anbraten. Würzen, aus der Pfanne nehmen und beiseite stellen.

Gemüse, Apfel, Ingwer und Petersilie in die Pfanne geben. Abschmecken und bei großer Hitze 3 Minuten braten.

Das Fleisch dazugeben, mischen und weitere 30 Sekunden braten. Sofort servieren.

Pro Portion   289 Kalorien   12 g Kohlenhydrate
31 g Eiweiß   13 g Fett   3,5 g Ballaststoffe

PREISWERTE GERICHTE

Spinatfrikadellen mit Champignonsauce *für 4 Personen*

625 g	mageres Rinderhack
1/4 TS	gehackte Zwiebel, gebraten
1	Ei
1 EL	frische Petersilie, gehackt
1 TS	gekochter Spinat, gehackt
2 EL	Olivenöl
2	mittelgroße Zwiebeln, in Ringen
250 g	frische Champignons, geputzt, blättrig geschnitten
375 ml	Rinderbrühe, erhitzt
1 TL	Stärkemehl
2 EL	kaltes Wasser
	einige Tropfen Worcestershire-Sauce
	Salz und Pfeffer

Fleisch, die gehackte Zwiebel, Ei, Petersilie, Spinat und Worcestershire-Sauce in den Mixer geben. Würzen und 3 Minuten mixen. Wenn die Mischung einen Kloß bildet, herausnehmen und 4 Frikadellen formen.

Das Öl in einer großen Pfanne erhitzen. Die Frikadellen darin je nach Dicke 8-10 Minuten braten, 2-3mal wenden.

Dann herausnehmen, beiseite stellen und warm halten.

Die Zwiebelringe in der Pfanne bei mittlerer Hitze 6 Minuten dünsten. Die Champignons dazugeben, 4 Minuten braten.

Abschmecken und die Brühe aufgießen; gut vermengen. Das Stärkemehl mit Wasser verrühren und unter die Sauce mischen. Zum Kochen bringen; auf den Spinatfrikadellen servieren.

Pro Portion 386 Kalorien 11 g Kohlenhydrate
36 g Eiweiß 22 g Fett 5,5 g Ballaststoffe

PREISWERTE GERICHTE

1. Rinderhack, die gehackte und gebratene Zwiebel, Ei, Petersilie, Spinat und Worcestershire-Sauce in den Mixer geben. Gut abschmecken.

2. 3 Minuten mischen, bis die Masse einen Kloß bildet. Herausnehmen und Frikadellen formen.

3. Die Frikadellen im heißen Öl 8-10 Minuten braten, je nach Dicke 2-3mal wenden, um ein Anbrennen zu vermeiden.

4. Das Fleisch herausnehmen und die Pilze zu den gebratenen Zwiebelringen in die Pfanne geben. 4 Minuten braten.

PREISWERTE GERICHTE

Rinderhack-Reis-Kasserolle *für 4 Personen*

1 EL	Pflanzenöl
1/2	mittelgroße Zwiebel, grob gehackt
2	Knoblauchzehen, gehackt
1/2	grüne Paprikaschote, gewürfelt
1/2	Stange Staudensellerie, in feinen Scheiben
1	Chinakohlblatt, in feinen Streifen
1/4 TL	Basilikum
1/4 TL	Chili
250 g	mageres Rinderhack
2 EL	Orangenschale, gehackt
250 ml	Tomatensauce, erhitzt
2 TS	Reis, gekocht
1/2 TS	Mozzarella, fein geschabt
Prise	Thymian
Prise	Ingwer, gemahlen
	Salz und Pfeffer

Den Ofen auf 200°C vorheizen.

Das Öl in einer Pfanne bei großer Temperatur erhitzen.

Zwiebel und Knoblauch darin bei mittlerer Hitze 3 Minuten braten.

Paprika, Sellerie und Chinakohl dazugeben; alle Gewürze einstreuen. Gut vermengen, 5 Minuten braten.

Das Fleisch hinzufügen, mischen und 5-6 Minuten braten.

Orangenschale und Tomatensauce einrühren; abschmecken. Bei großer Hitze zum Kochen bringen.

Den Reis dazugeben, abschmecken, den Käse dazugeben und wieder mischen. Den Pfannenstiel mit Folie umwickeln (oder alles in ein anderes Geschirr geben) und 8-10 Minuten im Ofen fertig garen.

Je nach Belieben mit Orangenscheiben und Tomatenspalten garnieren.

Pro Portion   351 Kalorien   34 g Kohlenhydrate
20 g Eiweiß   15 g Fett   2,0 g Ballaststoffe

PREISWERTE GERICHTE

Gefüllter Rinderschlegel

für 4 Personen

625 g	Rinderschlegel
2 EL	Pflanzenöl
250 g	frische Champignons, geputzt, fein gehackt
2 EL	Zitronenschale, gehackt
2	Frühlingszwiebeln, gehackt
1/2 TL	Oregano
1 TS	Reis, gekocht
3 EL	Steaksauce
1	Zwiebel, geviertelt, zerteilt
250 ml	Bier
250 ml	Rinderfond
2 EL	Tomatenmark
	Salz und Pfeffer
	Paprika zum Abschmecken

Den Ofen auf 180°C vorheizen.

Das Fleisch mit einem scharfen Messer längs halbieren. Nur 3/4 durchschneiden, damit das Fleisch zu einem großen Stück aufgeklappt werden kann.

Die geöffnete Seite mit Pfeffer und Paprika würzen; mit einem Holzhammer flach und dünn klopfen. Beiseite stellen.

1 EL Öl in einer Pfanne erhitzen. Pilze, Zitronenschale und Frühlingszwiebel hineingeben; gut abschmecken.

Oregano hinzufügen und vermischen; bei mittlerer Hitze 3-4 Minuten braten.

Den Reis einrühren, 4-5 Minuten braten.

Die Mischung im Mixer pürieren. Steaksauce 2-3 Minuten untermixen. Die Füllung auf das Fleisch streichen. Rollen und mit Küchengarn zubinden.

Das restliche Öl stark erhitzen. Das Fleisch darin bei großer Hitze anbraten, bis es auf allen Seiten schön braun ist. Gut würzen.

Die Zwiebeln dazugeben, 3-4 Minuten braten. Das Fleisch herausnehmen und beiseite stellen.

Das Bier zu den Zwiebeln gießen. Rinderfond und Tomatenmark einrühren; pikant abschmecken. Das Fleisch in die Sauce legen. Zudecken und zum Kochen bringen. Im Ofen 1 1/2 Stunden schmoren.

Pro Portion 384 Kalorien 28 g Kohlenhydrate
41 g Eiweiß 12 g Fett 3,0 g Ballaststoffe

PREISWERTE GERICHTE

Rindfleisch-Gemüse-Stew
für 4 Personen

1,8 kg	Hüftsteak mit Knochen, entfettet
2½ EL	Erdnußöl
2	Knoblauchzehen, gehackt
½ TL	Basilikum
¼ TL	Oregano
¼ TL	Chili
1	Lorbeerblatt
4 EL	Mehl
750 ml	Rinderbrühe, erhitzt
2 EL	Tomatenmark
2	große Zwiebeln, gewürfelt
¼ TL	Worcestershire-Sauce
2	Stangen Staudensellerie, gewürfelt
2	Pastinaken, geschält, gewürfelt
2	große Karotten, geschält, gewürfelt
	Salz und Pfeffer
Prise	Thymian

Den Ofen auf 180°C vorheizen.

Das Fleisch entbeinen und würfeln. Die Knochen nach Belieben zum Zubereiten von Rinderbrühe aufheben.

2 EL Öl in einer großen, tiefen Pfanne stark erhitzen. Das Fleisch darin von allen Seiten anbraten.

Würzen, Knoblauch und alle Kräuter dazugeben; weitere 3-4 Minuten bei großer Hitze weiterbraten.

Das Mehl einrühren. Bei schwacher Hitze 5-6 Minuten anschwitzen.

Die Brühe aufgießen und zum Kochen bringen. Das Tomatenmark einrühren, wieder zum Kochen bringen. Dann 3-4 Minuten köcheln.

Das restliche Öl in einer Pfanne erhitzen. Die Zwiebeln mit der Worcestershire-Sauce 2-3 Minuten bei starker Hitze braten.

Die Zwiebeln zum Fleisch geben, zudecken und 1 Stunde im Ofen schmoren.

Alles Gemüse dazugeben, mischen, zudecken und 1 weitere Stunde im Ofen schmoren.

Pro Portion   892 Kalorien   41 g Kohlenhydrate
110 g Eiweiß   32 g Fett   6,4 g Ballaststoffe

PREISWERTE GERICHTE

1. Wenn das Öl heiß ist, die Fleischwürfel hineingeben und braten.

2. Alle Seiten der Fleischwürfel müssen angebraten sein, bevor das Fleisch gewürzt wird.

3. Knoblauch und alle Kräuter dazugeben; weitere 3-4 Minuten braten.

4. Das Mehl über das Fleisch streuen; gut vermischen.

PREISWERTE GERICHTE

Frikadellen in Sherrysauce
für 4 Personen

750 g	mageres Rinderhack
1	Ei, geschlagen
1 EL	frische Petersilie, gehackt
1	Zwiebel, gehackt, gebraten
1/4 TL	Chili
1 1/2 EL	Olivenöl
500 g	frische Champignons, geputzt, blättrig geschnitten
1/4 TL	Estragon
60 ml	Sherry
375 ml	Rinderfond, erhitzt
	Salz und Pfeffer

Fleisch, Ei, Petersilie, Zwiebel, Chili, Salz und Pfeffer mixen, bis die Masse einen Kloß bildet. Zu Frikadellen formen.

Beide Seiten der Frikadellen mit 1 TL Öl bepinseln. Eine Pfanne bei großer Hitze auf den Herd stellen. Wenn sie heiß ist, das Fleisch darin 3-4 Minuten braten.

Wenden, bei mittlerer Hitze 3-4 Minuten braten, oder länger, je nach Dicke und Ihrer Vorliebe. Während des Bratens gut würzen. Dann herausnehmen, beiseite stellen und warm halten.

Das restliche Öl in der Pfanne erhitzen. Champignons und Estragon dazugeben. Bei großer Hitze 2 Minuten braten.

Abschmecken, den Sherry dazugeben und 3 Minuten kochen.

Den Rinderfond aufgießen, verrühren, 2-3 Minuten kochen. Über die Frikadellen gießen und servieren.

Pro Portion 501 Kalorien 13 g Kohlenhydrate
47 g Eiweiß 29 g Fett 3,7 g Ballaststoffe

PREISWERTE GERICHTE

Rinderbraten

für 4-6 Personen

1,8 kg	Rinderrollbraten
2	Knoblauchzehen, geschält, gedrittelt
1½ EL	Senfpulver
3 EL	Speckfett
3	große Zwiebeln, grob gewürfelt
2 TS	Tomaten, gehackt
500 ml	Rinderbrühe, erhitzt
2 EL	Tomatenmark
2 EL	Meerrettich
1	Lorbeerblatt
	Salz und Pfeffer
Prise	Thymian

Den Ofen auf 150°C vorheizen.

Das Fleisch einschneiden, mit dem Knoblauch spicken. Das Senfpulver auf das Fleisch streuen und mit den Fingerspitzen andrücken. Gründlich pfeffern.

Das Speckfett in einer feuerfesten Kasserolle erhitzen. Das Fleisch hinzufügen und darin von allen Seiten anbraten. Die Zwiebeln dazugeben und weitere 8-10 Minuten bei mittlerer Hitze braten.

Gut abschmecken, zudecken und 1 Stunde im Ofen braten. Während des Bratens 2mal wenden.

Die Tomaten und alle restlichen Zutaten in die Kasserolle geben. Gut vermengen, zudecken und 1 ½ Stunden schmoren.

Wenn das Fleisch gar ist, herausnehmen und beiseite stellen. Die Kasserolle bei mittlerer Hitze auf den Herd stellen, die Sauce 8 Minuten zum Andicken kochen. Das Fleisch aufschneiden und servieren.

Pro Portion 629 Kalorien 11 g Kohlenhydrate
90 g Eiweiß 25 g Fett 1,7 g Ballaststoffe

PREISWERTE GERICHTE

Köstlicher Hüftbraten
für 4 Personen

1,4 kg	Hüftbraten, ohne Knochen
2	Knoblauchzehen, geschält, halbiert
1 EL	Speckfett
3	Zwiebeln, geviertelt
1	Lorbeerblatt
1/2 TL	Basilikum
375 ml	Bier
	Salz und Pfeffer
Prise	Thymian

Den Ofen auf 180°C vorheizen.

Das Fleisch mit einem kleinen Messer einschneiden und mit Knoblauch spicken.

Das Speckfett in einer feuerfesten Kasserolle erhitzen. Den Braten darin auf beiden Seiten braun braten. Gut salzen und pfeffern, wenn die zweite Seite zu bräunen beginnt.

Die Zwiebeln dazugeben, 4-5 Minuten braten.

Die Kräuter einstreuen, abschmecken, das Bier aufgießen. Zugedeckt 1 Stunde im Ofen schmoren.

Den Braten wenden, nochmals abschmecken. Zugedeckt 1 weitere Stunde schmoren.

Mit Gemüse servieren.

Pro Portion   569 Kalorien   13 g Kohlenhydrate
82 g Eiweiß   21 g Fett   1,7 g Ballaststoffe

PREISWERTE GERICHTE

Gekochtes Rindfleisch mit Kraut *für 4-6 Personen*

900 g	Bruststück vom Rind
1	großes Weißkraut, geviertelt
2	große Karotten, geschält, halbiert
1 TL	Basilikum
¼ TL	Thymian
2	Lorbeerblätter
2	Petersilienzweige
	einige schwarze Pfefferkörner
	Salz und frisch gemahlener Pfeffer

Das Fleisch in einem großen Topf mit soviel Wasser bedecken, daß es 5 cm über das Fleisch hinausgeht. Zudecken, zum Kochen bringen, 2-3 Minuten kochen.

Den Schaum abschöpfen, zudecken und 1 Stunde bei mittlerer Hitze kochen.

Gemüse, Basilikum, Thymian, Lorbeerblätter und Pfefferkörner dazugeben; gut abschmecken. Zudecken und nochmals 1 Stunde bei mittlerer Hitze kochen.

Das Gemüse herausnehmen, in eine Schüssel geben.

Den Topf zudecken, 30 Minuten fertigkochen, oder länger, je nach Größe.

Das Fleisch aus der Flüssigkeit nehmen, aufschneiden, mit dem gekochten Gemüse, Senf und Essiggurken servieren.

Pro Portion   614 Kalorien   13 g Kohlenhydrate
37 g Eiweiß   46 g Fett   6,8 g Ballaststoffe

PREISWERTE GERICHTE

Rindfleisch-Nieren-Pie
für 2 Personen

2 EL	Butter, geklärt
1 TL	Olivenöl
500 g	Rinderfilet, entfettet, mittelgroß gewürfelt
500 g	Rindernieren, entfettet, mittelgroß gewürfelt
2	kleine Zwiebeln, in 6 Stücke geschnitten
1/2 TL	Basilikum
1/2 TL	Chili
1	große Karotte, geschält, gewürfelt
2	kleine Kartoffeln, geschält, gewürfelt
3 EL	Mehl
750 ml	Rinderbrühe, erhitzt
	Salz und Pfeffer
je 1 Prise	Thymian und Paprika
	einige zerstoßene Chilischoten
	Kuchenteig (Fertigprodukt oder Reste)
	Milch

Den Ofen auf 180°C vorheizen.

Butter und Öl erhitzen. Das Filet bei mittlerer Hitze darin 4-5 Minuten braten. Würzen, wenden, damit es von allen Seiten bräunt. Aus der Pfanne nehmen und beiseite stellen.

Die Nieren in die Pfanne geben. 4-5 Minuten bei mittlerer Hitze braten, wenden und von allen Seiten bräunen. Würzen.

Das Filet zu den Nieren geben. Zwiebeln und Kräuter hinzufügen, gut vermischen.

Alles Gemüse dazugeben, das Mehl einstreuen. Mischen und bei schwacher Hitze 3-4 Minuten anschwitzen.

Die Brühe aufgießen, abschmecken und 2-3 Minuten bei mittlerer Hitze kochen.

Die Mischung in 2 Backförmchen füllen. Mit ausgerolltem Teig bedecken, die Seiten gegen die Form drücken.

An der Oberseite 4 kleine Löcher einschneiden, damit Dampf entweichen kann, dann mit etwas Milch bestreichen.

1 Stunde im Ofen backen.

Pro Portion 1312 Kalorien 65 g Kohlenhydrate
128 g Eiweiß 60 g Fett 5,9 g Ballaststoffe

PREISWERTE GERICHTE

1. Das Fleisch und das Gemüse vorbereiten, ehe mit dem Gericht begonnen wird.

2. Das Fleisch und die Nieren müssen in dem heißen Öl bei mittlerer Hitze auf allen Seiten angebraten werden.

3. Die Zwiebeln und alle Gewürze zum Fleisch in die Pfanne geben; gut vermischen.

4. Das restliche Gemüse dazugeben, mit Mehl bestreuen und gut abschmecken.

PREISWERTE GERICHTE

Rinderfiletstreifen auf Nudeln
für 4 Personen

500 g	Rinderfilet, in 0,5 cm dicken Streifen
2 EL	Pflanzenöl
1	rote Paprikaschote, in feinen Streifen
1/3	Gurke, geschält, entkernt, in Stiften
20	frische Champignons, geputzt, blättrig geschnitten
1 EL	frische Ingwerwurzel, gehackt
250 ml	Rinderbrühe, erhitzt
1 TL	Stärkemehl
2 EL	kaltes Wasser
4 TS	gekochte Muschelnudeln, heiß
	einige Tropfen Teriyaki Sauce
	Salz und Pfeffer

Das Fleisch mit der Teriyaki Sauce in einer Schüssel 15 Minuten marinieren.

Das Öl in einer Pfanne erhitzen. Das Fleisch darin 1 Minute pro Seite anbraten. Gut würzen, herausnehmen und beiseite stellen.

Alles Gemüse und den Ingwer in die Pfanne geben; abschmecken und 3 Minuten bei großer Hitze braten, 1mal rühren.

Die Brühe aufgießen und 1 Minute kochen. Das Stärkemehl mit Wasser verrühren und unter die Sauce mengen. 1 Minute kochen.

Das Fleisch in die Pfanne geben, 1 Minute aufwärmen. Auf heißen Nudeln servieren.

Pro Portion   434 Kalorien   41 g Kohlenhydrate
36 g Eiweiß   14 g Fett   2,8 g Ballaststoffe

PREISWERTE GERICHTE

Hühnchen-Kuchen
für 4 Personen

2	ganze Hühnerbrüstchen, ohne Haut und Knochen
2	Kartoffeln, geschält, klein gewürfelt
2	Karotten, geschält, in 0,5 cm dicken Scheiben
1	Zwiebel, geachtelt
1/4 TL	Estragon
1 EL	frische Petersilie, gehackt
4 EL	Butter
750 ml	kaltes Wasser
3 EL	Mehl
Prise	Paprika
	Salz und Pfeffer
	einige Tropfen Worcestershire-Sauce
	fertiger Kuchenteig

Die Hühnerbrüstchen halbieren, jede Hälfte vierteln, um 16 Stücke zu erhalten.
Hühnchen, Kartoffeln, Karotten, Zwiebel, Estragon, Petersilie, Paprika und 1 EL Butter in eine Pfanne geben. Abschmecken und das kalte Wasser aufgießen. Mit Worcestershire-Sauce beträufeln und zum Kochen bringen. Bei mittlerer Hitze kochen, bis das Hühnchen und das Gemüse vollständig weich sind. Das Fleisch sollte in der Mitte nicht mehr rosa, das Gemüse weich sein.

Mit einem Schaumlöffel Fleisch und Gemüse herausnehmen und gleichmäßig in 4 Auflaufförmchen verteilen; beiseite stellen. Die Kochflüssigkeit in der Pfanne lassen.

Die restliche Butter in einem Topf erhitzen, das Mehl dazugeben und gut vermischen; 2 Minuten anschwitzen, häufig rühren. Die Kochflüssigkeit aufgießen, mit dem Schneebesen gründlich rühren. 4-5 Minuten bei mittlerer Hitze kochen, bis die Sauce andickt.

Den Ofen auf 180°C vorheizen.

Die Sauce in die Förmchen geben und mit dem Fertigteig bedecken. Die Seiten mit den Fingern festdrücken, 3mal einstechen, damit Dampf entweichen kann.

Die Kuchen 30 Minuten im Ofen backen.

Pro Portion	*441 Kalorien*	*33 g Kohlenhydrate*
30 g Eiweiß	*21 g Fett*	*3,3 g Ballaststoffe*

PREISWERTE GERICHTE

Schäfer's Auflauf

für 4 Personen

4	Pellkartoffeln, heiß
2 EL	Butter
175 ml	Milch, heiß
1 EL	Erdnußöl
3	Zwiebeln, fein gehackt
2	Frühlingszwiebeln, fein gehackt
2	Stangen Staudensellerie, fein gehackt
1/4 TL	Chili
1/2 TL	Basilikum
500 g	mageres Rinderhack
350 ml	Mais aus der Dose, abgetropft
2 EL	Butter, zerlassen
	Salz und Pfeffer
Prise	Muskat
Prise	Thymian

Den Ofen auf 180°C vorheizen.

Eine Auflaufform buttern, beiseite stellen.

Die Kartoffeln schälen, aufschneiden und zerdrücken. 2 EL Butter dazugeben, salzen, pfeffern und mit Muskat bestreuen; gut vermengen.

Die heiße Milch in die Kartoffeln rühren und beiseite stellen.

Das Öl in einer tiefen Pfanne erhitzen. Zwiebeln, Paprika, Sellerie und alle Kräuter darin 3-4 Minuten bei großer Hitze braten.

Gut mischen, das Fleisch dazugeben. 4-5 Minuten braten, gut abschmecken.

Den Mais hinzufügen, 2-3 Minuten braten.

Die Hälfte des Kartoffelbreis in die Form streichen, mit der Fleischmischung bedecken.

Den restlichen Kartoffelbrei in einen Spritzbeutel mit großer, gezackter Tülle füllen und das Fleisch damit bedecken. Abschmecken und mit der zerlassenen Butter beträufeln.

20 Minuten im Ofen backen.

Pro Portion   713 Kalorien   77 g Kohlenhydrate
36 g Eiweiß   29 g Fett   6,3 g Ballaststoffe

PREISWERTE GERICHTE

Hühnerleber mit Mischgemüse
für 4 Personen

1 EL	Pflanzenöl
625 g	Hühnerleber, gut gesäubert
1 EL	Butter, zerlassen
3	Frühlingszwiebeln, in Ringen
1	große Zucchini, in dicken Scheiben
1	rote Paprikaschote, in feinen Streifen
6	Eßkastanien, in Scheiben
½ TL	Estragon
1 TL	frische Petersilie, gehackt
375 ml	Rinderbrühe, erhitzt
1 EL	Stärkemehl
2 EL	kaltes Wasser
	Salz und Pfeffer
Prise	Thymian
Prise	Paprika

Das Öl in einer Pfanne erhitzen. Die Leber hineingeben, wenn das Öl sehr heiß ist und 2 Minuten braten.

Wenden, würzen und 3 Minuten bei großer Hitze braten.

Wenden, wieder würzen und weitere 3 Minuten braten.

Herausnehmen und beiseite stellen.

Die zerlassene Butter in die Pfanne geben; Gemüse und die Kastanien dazugeben. Salzen, pfeffern und alle Kräuter hinzufügen. 4-5 Minuten bei großer Hitze braten.

Die Brühe aufgießen, rühren und aufkochen.

Das Stärkemehl mit Wasser verrühren; in die Sauce rühren und 1 Minute bei mittlerer Hitze kochen.

Die Leber in die Sauce geben, abschmecken, dann 1 Minute aufwärmen und servieren.

Pro Portion   290 Kalorien   9 g Kohlenhydrate
32 g Eiweiß   14 g Fett   2,1 g Ballaststoffe

PREISWERTE GERICHTE

Hühnerbrüstchen-Allerlei
für 4 Personen

2 EL	Butter
2	ganze Hühnerbrüstchen, ohne Haut und Knochen, halbiert
2	Schalotten, fein gehackt
1	Stange Staudensellerie, gewürfelt
500 g	frische Champignons, geputzt, gewürfelt
1	grüne Paprikaschote, in feinen Streifen
1	rote Paprikaschote, in feinen Streifen
1 EL	frische Petersilie, gehackt
1/2 TL	Estragon
375 ml	Hühnerbrühe, erhitzt
1 TL	Stärkemehl
2 EL	kaltes Wasser
	Salz und Pfeffer

Die Butter in einer Pfanne erhitzen. Das Hühnchen hineingeben, würzen und bei mittlerer Hitze 7-8 Minuten braten.

Wenden. Schalotten, Sellerie, Champignons, grüne und rote Paprika, Petersilie und Estragon dazugeben; würzen und 7-8 Minuten braten.

Die Hühnerbrüstchen auf eine Platte legen; warm halten.

Die Brühe in die Pfanne gießen, zum Kochen bringen. Das Stärkemehl mit Wasser verrühren; unter die Sauce mischen. 1 Minute kochen.

Die Sauce mit dem Gemüse über das Hühnchen geben und servieren.

Pro Portion   217 Kalorien   10 g Kohlenhydrate
24 g Eiweiß   9 g Fett   3,9 g Ballaststoffe

PREISWERTE GERICHTE

1. Die Hühnerbrüstchen in die heiße Butter geben und gut würzen; 7-8 Minuten bei mittlerer Hitze braten.

2. Die Hühnerbrüstchen wenden – die Unterseite sollte schön gebräunt sein.

3. Das Gemüse und die Kräuter dazugeben. Weitere 7-8 Minuten braten.

4. Wenn das Hühnchen herausgenommen wurde, die heiße Hühnerbrühe aufgießen und zum Kochen bringen. Die Sauce mit dem verrührten Stärkemehl andicken.

PREISWERTE GERICHTE

Hühnchen Vol-au-Vent
für 4 Personen

2	ganze Hühnerbrüstchen, ohne Haut, halbiert, grob gewürfelt
2 1/2 EL	Butter
1 TL	frische Petersilie, gehackt
500 ml	Hühnerbrühe, erhitzt
1/4 TL	Estragon
2	Zwiebeln, in 6 Teile geschnitten
250 g	frische Champignonköpfe, geputzt, halbiert
1 TS	grüne Erbsen, gefroren
2 EL	Mehl
4	große, gebackene Königinpasteten
	Saft von 1/4 Zitrone
	Salz und Pfeffer
Prise	Thymian
Prise	Muskat

Das Hühnchen in eine tiefe Pfanne geben. 1 EL Butter, Petersilie und Zitronensaft dazugeben. Bei sehr schwacher Hitze 2 Minuten dünsten.

Wenden und würzen. Die Brühe aufgießen, alle Kräuter und die Zwiebeln dazugeben. Mischen und zum Kochen bringen.

Zudecken und 10 Minuten köcheln.

Champignons und Erbsen dazugeben. Abschmekken, zudecken und 8 Minuten bei mittlerer Hitze kochen.

Vom Herd nehmen. Fleisch und Gemüse mit einem Schaumlöffel herausnehmen; beiseite stellen, die Kochflüssigkeit aufheben.

Die restliche Butter in einem Topf zerlassen. Das Mehl einstreuen und vermengen. 2 Minuten bei mittlerer Hitze anschwitzen.

Die Kochflüssigkeit aufgießen und mit einem Schneebesen gut verrühren. Abschmecken und 6-7 Minuten bei mittlerer Hitze kochen, nur 1mal umrühren.

Hühnchen und Gemüse ohne den ausgelaufenen Bratensaft in die Sauce geben. 3-4 Minuten kochen.

Die Pasteten mit der Mischung füllen und servieren.

Pro Portion 627 Kalorien 42 g Kohlenhydrate
36 g Eiweiß 35 g Fett 7,9 g Ballaststoffe

PREISWERTE GERICHTE

1. Das Hühnchen in eine tiefe Pfanne geben. 1 EL Butter, Petersilie und Zitronensaft hinzufügen. 2 Minuten bei sehr schwacher Hitze dünsten.

2. Das Fleisch wenden und würzen. Die Brühe aufgießen, alle Kräuter und die Zwiebeln hineingeben. Gut mischen und zum Kochen bringen. Zudecken und 10 Minuten bei schwacher Hitze köcheln.

3. Die Pilze und die Erbsen dazugeben. Abschmecken, zudecken und 8 Minuten bei mittlerer Hitze kochen.

4. Hühnchen und Gemüse herausnehmen und beiseite stellen.

PREISWERTE GERICHTE

Hühnerflügel Brière
für 4 Personen

24	Hühnerflügel
2 EL	frischer Ingwer, gehackt
1	Knoblauchzehe, gehackt
1 TL	Worcestershire-Sauce
1 TL	scharfe Pfeffersauce
2 EL	Olivenöl
50 ml	Ketchup
	Saft von 1 Zitrone
	Salz und Pfeffer

Die Spitzen der Flügel abschneiden und wegwerfen. Die Flügel 8-10 Minuten blanchieren.

Ingwer, Knoblauch, scharfe Pfeffersauce und Worcestershire-Sauce in einer Schüssel mischen. Zitronensaft, Öl und Ketchup dazugeben; pfeffern und vermengen.

Die Flügel in die Marinade geben und 15 Minuten ziehen lassen.

Dann in einen Bräter legen und im vorgeheizten Ofen 3-4 Minuten pro Seite grillen, währenddessen mit Marinade bestreichen.

Abschmecken und servieren.

Pro Portion 329 Kalorien 5 g Kohlenhydrate
39 g Eiweiß 17 g Fett 0 g Ballaststoffe

PREISWERTE GERICHTE

Paniertes Hühnerbrüstchen
für 4 Personen

2	ganze Hühnerbrüstchen, ohne Haut und Knochen, halbiert
1 TS	Mehl
2	Eier, geschlagen
1 TS	Semmelbrösel
2 EL	Erdnuß- oder Pflanzenöl
1 EL	Butter
	Salz und Pfeffer

Die Hühnerbrüstchen zwischen Pergamentpapier legen; mit einem Fleischklopfer dünn klopfen.

Salzen und pfeffern; in Mehl wenden. In das Ei tauchen, dann mit Semmelbröseln bedecken.

Öl und Butter in einer großen Bratpfanne erhitzen. Die Schnitzel darin 3-4 Minuten pro Seite bei mittlerer Hitze braten, oder bis sie gar sind.

Mit Ihrer Lieblingssauce servieren.

Pro Portion   465 Kalorien   32 g Kohlenhydrate
37 g Eiweiß   21 g Fett   2,1 g Ballaststoffe

PREISWERTE GERICHTE

Sautiertes Hühnchen mit Essig
für 4 Personen

1,6 kg	Hühnchen, gesäubert, gehäutet, in 8 Teile tranchiert
2 EL	Butter, zerlassen
2	Knoblauchzehen, gehackt
125 ml	trockener Weißwein
50 ml	Weinessig
1 EL	Tomatenmark
375 ml	Hühnerbrühe, erhitzt
1 EL	Stärkemehl
3 EL	kaltes Wasser
1 EL	frische Petersilie, gehackt
	Salz und Pfeffer

Den Ofen auf 180°C vorheizen.

Die Hühnerteile würzen. Die Butter erhitzen. Das Huhn darin von allen Seiten bräunen. Würzen, den Knoblauch dazugeben; 3 Minuten braten.

Wein und Essig aufgießen; rühren und 3-4 Minuten bei großer Hitze kochen. Tomatenmark und Brühe dazugeben; gut abschmecken.

Zudecken und – je nach Größe – 18-20 Minuten im Ofen schmoren.

Das Fleisch aus der Pfanne nehmen und beiseite stellen. Die Pfanne bei mittlerer Hitze auf den Herd stellen. Das Stärkemehl mit Wasser verrühren; unter die Sauce mischen. Abschmecken und 3 Minuten kochen.

Das Huhn in die Sauce geben, 2-3 Minuten sieden lassen. Mit Petersilie bestreuen und servieren.

Pro Portion   592 Kalorien   5 g Kohlenhydrate
98 g Eiweiß   20 g Fett   0,1 g Ballaststoffe

PREISWERTE GERICHTE

Hühnchen mit Mandeln und Rosinen *für 4 Personen*

2 EL	Butter
1	große Zwiebel, gehackt
1	Knoblauchzehe, gehackt
125 ml	trockener Weißwein
125 ml	Hühnerbrühe, erhitzt
500 ml	weiße Sauce, erhitzt
1/2 TS	kernlose Rosinen
1/2 TS	Mandelsplitter
2 1/2 TS	Hühnerfleisch, gebraten, gewürfelt
1	Eidotter
50 ml	Sahne
1/4 TL	Kumin (Kreuzkümmel)
1 EL	frische Petersilie, gehackt
	Salz und Pfeffer

Die Butter leicht erhitzen. Zwiebel und Knoblauch darin 3 Minuten bei mittlerer Hitze braten.

Den Wein aufgießen und 3 Minuten bei großer Hitze kochen. Mit Brühe auffüllen; weitere 3 Minuten kochen.

Die weiße Sauce einrühren. Rosinen, Mandeln und Hühnerfleisch dazugeben; mit einem Holzlöffel verrühren und abschmecken. 3 Minuten köcheln.

Den Eidotter mit Sahne und Kumin verrühren. In die Hühnermischung geben und gut vermengen. 3 Minuten ziehen lassen, die Sauce darf nicht mehr kochen.

Nach Belieben in ausgehöhlten, getoasteten Brötchen servieren. Mit Petersilie bestreuen.

Pro Portion 633 Kalorien 20 g Kohlenhydrate
37 g Eiweiß 45 g Fett 0,5 g Ballaststoffe

PREISWERTE GERICHTE

Hühnersalat in Melone
für 4 Personen

3 EL	Mayonnaise
3 EL	Joghurt
1 EL	Curry
1 EL	frische Petersilie, gehackt
1	ganzes, gebratenes Hühnerbrüstchen, enthäutet, gewürfelt
2	kleine Honigmelonen
	Salz und Pfeffer
	Saft von ½ Zitrone
	Paprika

Mayonnaise, Joghurt, Curry und Petersilie in eine Schüssel geben. Abschmecken und gut verrühren. Das Hühnerfleisch und den Zitronensaft dazugeben; vermengen.

Die Honigmelonen in Zickzackmuster halbieren. Die Kerne entfernen.

Die Melonen dann mit dem Hühnersalat füllen. Mit Paprika bestreuen und servieren.

Pro Portion   236 Kalorien   25 g Kohlenhydrate
16 g Eiweiß   8 g Fett   2,8 g Ballaststoffe

PREISWERTE GERICHTE

Kalbskroketten
für 4 Personen

2 EL	Butter
1	Zwiebel, fein gehackt
500 g	mageres Kalbshack
1 EL	Curry
375 ml	dicke weiße Sauce*, erhitzt
2	Eidotter
1 TS	Mehl
2	Eier, geschlagen
1 1/2 TS	gewürzte Semmelbrösel
	Salz und Pfeffer
	Erdnußöl zum Fritieren

Butter in einer Pfanne zerlassen und darin die Zwiebel bei schwacher Hitze 4-5 Minuten braten.

Das Fleisch dazugeben und gut würzen. Den Curry einstreuen und mit einem Holzlöffel gut vermischen. 7-8 Minuten bei großer Hitze braten, rühren, um grobe Stücke zu zerkleinern.

Die weiße Sauce in das gebratene Fleisch geben und 2 Minuten bei mittlerer Hitze kochen.

Die Pfanne vom Herd nehmen, die Eidotter einrühren. Wieder auf den Herd stellen und 2 Minuten unter ständigem Rühren bei mittlerer Hitze kochen.

Die Mischung auf eine Platte geben, mit einer Palette glatt streichen. 30 Minuten abkühlen lassen, dann mit Frischhaltefolie bedecken und mindestens 4 Stunden vor dem Weiterverarbeiten kalt stellen.

Reichlich Erdnußöl in einer Friteuse auf 190°C erhitzen.

Die kalte Krokettenmasse zu Rollen formen. In Mehl wenden, in Ei tauchen und dann mit Semmelbröseln bedecken.

Goldbraun fritieren.

Mit Ihrer Lieblingssauce servieren.

* Siehe Pochierter Lachs mit Eisauce, Seite 324.

Pro Portion 717 Kalorien 54 g Kohlenhydrate
42 g Eiweiß 37 g Fett 1,8 g Ballaststoffe

PREISWERTE GERICHTE

Kalbsfrikadellen

für 4 Personen

750 g	Kalbshack
1	Ei, geschlagen
2 EL	Pflanzenöl
1	große grüne Paprikaschote, in feinen Streifen
2	Äpfel, entkernt, mit Schale fein geschnitten
1 EL	Butter
1	große Zwiebel, halbiert, fein geschnitten
4	gekochte Kartoffeln, geschält, in 0,5 cm dicken Scheiben
Prise	Paprika
	einige Tropfen Worcestershire-Sauce
	Salz und Pfeffer

Fleisch, Ei, Paprika und Worcestershire-Sauce im Mixer rühren, bis ein Kloß entsteht. Zu 4 Frikadellen formen.

Das Öl erhitzen. Die Frikadellen darin bei mittlerer Hitze 3-4 Minuten braten. Wenden, würzen und, je nach Dicke und Ihrer Vorliebe, 3-4 Minuten braten.

Das Fleisch aus der Pfanne nehmen, beiseite stellen und warm halten.

Paprika und Äpfel in die Pfanne geben, würzen und 3 Minuten bei mittlerer Hitze dünsten.

Währenddessen die Butter in einer anderen Pfanne zerlassen. Zwiebel und Kartoffeln hineingeben; gut abschmecken. 3-4 Minuten bei mittlerer Hitze braten.

Paprika und Äpfel über den Frikadellen servieren. Kartoffel und Zwiebel daneben oder auf einem extra Teller.

Pro Portion 626 Kalorien 45 g Kohlenhydrate
44 g Eiweiß 30 g Fett 5,4 g Ballaststoffe

PREISWERTE GERICHTE

Kalbfleischeintopf
für 2 Personen

900 g	Kalbsschulter, entfettet, gewürfelt
1	Stange Staudensellerie, gewürfelt
1	Zwiebel, geviertelt
1	große Kartoffel, geschält, gewürfelt
3	Petersilienzweige
1/2 TL	Estragon
1	Lorbeerblatt
2 EL	Butter
2 EL	Mehl
2 EL	Sahne
	Salz und Pfeffer
Prise	Paprika

Das Fleisch in einem Topf mit kaltem Wasser begießen. Zum Kochen bringen, 3 Minuten kochen.

Das Fleisch abtropfen, unter kaltem Wasser abspülen und in einen sauberen Topf geben.

Sellerie, Zwiebel, Kartoffel, Salz und Pfeffer dazugeben. Kräuter und das Lorbeerblatt hinzufügen. Mit kaltem Wasser bedecken.

Zudecken und zum Kochen bringen. $1^{1}/4$ Stunden köcheln.

Das Gemüse herausnehmen, beiseite stellen. Das Fleisch weich kochen. Mit einem Schaumlöffel herausnehmen, die Flüssigkeit aufheben.

Die Butter in einem anderen Topf zerlassen. Das Mehl einrühren. 2 Minuten bei schwacher Hitze anschwitzen, ständig rühren.

Die Kochflüssigkeit aufgießen; mit einem Schneebesen rühren. Die Sahne dazugeben und gut abschmecken.

Gemüse und Fleisch in die Sauce geben, mischen und 1 Minute ziehen lassen, oder bis alles aufgewärmt ist.

Pro Portion   1049 Kalorien   27 g Kohlenhydrate
98 g Eiweiß   61 g Fett   2,8 g Ballaststoffe

PREISWERTE GERICHTE

Crêpes mit Kalbfleischfüllung

für 4 Personen

1½ TS	Mehl
3	große Eier
250 ml	Milch
50 ml	lauwarmes Wasser
3 EL	Butter, zerlassen
1 EL	frische Petersilie, gehackt
2 EL	Butter
1	Zwiebel, fein gehackt
1	Stange Staudensellerie, klein gewürfelt
250 g	frische Champignons, geputzt, blättrig geschnitten
½ TL	Estragon
¼ TL	Selleriesamen
375 g	mageres Kalbshack
500 ml	weiße Käsesauce*
¾ TS	Mozzarella, fein gehackt
	Salz und weißer Pfeffer
Prise	Paprika

Mehl und 1 Prise Salz in eine Schüssel geben. Die Eier darin glatt rühren. Milch und Wasser einrühren, dann den Teig durch ein Sieb in eine saubere Schüssel passieren.

Die zerlassene Butter, Petersilie und Paprika einrühren. Mit Frischhaltefolie, die die Oberfläche berührt, abdecken und 1 Stunde kalt stellen. Aus dem Crêpesteig Crêpes backen.

Den Ofen auf 200°C vorheizen.

2 EL Butter zerlassen. Zwiebel und Sellerie darin bei mittlerer Hitze 4 Minuten dünsten. Die Pilze dazugeben, würzen, gut vermengen. 3-4 Minuten braten. Das Fleisch hinzufügen und abschmecken, 3 Minuten bräunen. Zudecken und 3 Minuten braten.

Die weiße Käsesauce dazugeben, 2 Minuten kochen, dann vom Herd nehmen. Die Crêpes mit der Mischung füllen und in eine Auflaufform legen. Mit der restlichen Füllung und dem Käse bedecken. Im Ofen 7-8 Minuten überbacken.

* Siehe Broccoli mit traditioneller Cheddarsauce, Seite 376.

Pro Portion   845 Kalorien   48 g Kohlenhydrate
44 g Eiweiß   53 g Fett   3,5 g Ballaststoffe

PREISWERTE GERICHTE

1. Für den Crêpeteig nur sehr gutes, feines Mehl verwenden.

2. Die Eier zu dem Mehl und einer Prise Salz in die Schüssel geben. Mit einem Schneebesen verrühren, bis die Masse glatt und ohne Klumpen ist.

3. Nachdem alle Flüssigkeiten untergemengt wurden, den Teig durch ein Sieb in eine saubere Schüssel passieren.

4. Die Zubereitung von Crêpes geht am leichtesten mit einer Spezialpfanne. Falls nicht vorhanden, eine flache Pfanne mit niedrigem Rand verwenden.

PREISWERTE GERICHTE

Würziges Schweinegeschnetzeltes
für 4 Personen

2 EL	Erdnußöl
3	Schweineschnitzel, entfettet, in 1,2 cm breiten Streifen
1	Karotte, geschält, in Scheiben
6	große, frische Champignons, geputzt, blättrig geschnitten
1 EL	frischer Ingwer, gehackt
2	Mangoldblätter, in breiten Streifen
1 EL	Sojasauce
	Salz und Pfeffer

Das Öl stark erhitzen. Fleisch und Karotten darin 3 Minuten braten.

Das Fleisch wenden, würzen und weitere 2 Minuten braten.

Champignons und Ingwer dazugeben, 2 Minuten braten.

Den Mangold dazugeben und abschmecken; mit Sojasauce beträufeln, umrühren und 2 Minuten braten.

Sofort servieren.

Pro Portion 282 Kalorien 4 g Kohlenhydrate
26 g Eiweiß 18 g Fett 1,9 g Ballaststoffe

PREISWERTE GERICHTE

Geschmorte Schweineschulter
für 4 Personen

1 EL	Erdnußöl
1,4 kg	dicke Schweineschulter, entbeint
2	Knoblauchzehen, geschält, halbiert
2	Zwiebeln, halbiert
250 ml	trockener Weißwein
800 ml	Tomaten aus der Dose
1 TL	Basilikum
1/4 TL	Thymian
1/2 TL	Oregano
1	Lorbeerblatt
1/2	Steckrübe, in großen Würfeln
2 EL	Stärkemehl
4 EL	kaltes Wasser
	Salz und Pfeffer
	einige Tropfen Worcestershire-Sauce
	einige Tropfen scharfe Pfeffersauce

Das Öl in einem großen Topf erhitzen. Das Fleisch einschneiden und mit Knoblauch spicken.

Dann 8 Minuten bei mittlerer Hitze anbraten. Von allen Seiten bräunen und zuletzt würzen.

Die Zwiebeln dazugeben und weitere 7-8 Minuten bei mittlerer Hitze braten.

Den Wein aufgießen, 3 Minuten kochen.

Tomaten und ihren Saft, alle Gewürze und das Lorbeerblatt dazugeben und zudecken. $1^{1}/_{4}$ Stunden köcheln, gelegentlich rühren.

Die Steckrübe dazugeben, abschmecken, zudecken und $1^{1}/_{4}$ Stunden schmoren, oder abhängig von der Dicke der Schulter.

Das Fleisch herausnehmen und beiseite stellen.

Das Stärkemehl mit Wasser verrühren; unter die Sauce mischen. Worcestershire-Sauce und scharfe Pfeffersauce dazugeben, zum Kochen bringen. 2-3 Minuten kochen.

Das Fleisch aufschneiden und mit Gemüse und der Sauce servieren. Mit grünen Erbsen garnieren.

Pro Portion	709 *Kalorien*	22 g *Kohlenhydrate*
72 g *Eiweiß*	37 g *Fett*	3,4 g *Ballaststoffe*

PREISWERTE GERICHTE

Auberginen mit Schafkäsefüllung
für 2 Personen

1	große Aubergine
1 EL	Olivenöl
1 EL	Erdnußöl
1/2	Zwiebel, gehackt
250 g	mageres Rinderhack
1/2	rote Paprikaschote, gehackt
1/2 TL	Basilikum
1/2 TL	Chili
90 g	Schafkäse, zerkleinert
4	Scheiben Mozzarella, in 2,5 cm dicken Scheiben
	Salz und Pfeffer

Den Ofen auf 200°C vorheizen.

Die Aubergine gleichmäßig längs halbieren. Das Fruchtfleisch kreuzweise einschneiden und mit Olivenöl bepinseln. In einer Auflaufform 30 Minuten im Ofen backen.

Das meiste Fleisch herauslöffeln, die Schale intakt lassen, beiseite stellen.

Das Erdnußöl in einer Pfanne erhitzen. Zwiebel, Fleisch und Paprika hineingeben; würzen.

Basilikum und Chili einstreuen, gut vermengen. 5-6 Minuten bei mittlerer Hitze braten.

Das Auberginenfleisch hacken und dazugeben. 3-4 Minuten braten.

Den Schafkäse hinzufügen, 2 Minuten, oder bis er geschmolzen ist, garen.

Die Auberginenhälften damit füllen, mit Mozzarellascheiben belegen. Grillen, bis er geschmolzen ist und sofort servieren.

Pro Portion 703 Kalorien 14 g Kohlenhydrate
47 g Eiweiß 51 g Fett 3,5 g Ballaststoffe

PREISWERTE GERICHTE

Schweineschnitzel in Senfsauce *für 4 Personen*

2 EL	Pflanzenöl
4	Schweineschnitzel, entfettet
500 g	frische Champignons, geputzt, blättrig geschnitten
1	Apfel, entkernt, geschält, in dicken Spalten
375 ml	Hühnerbrühe, erhitzt
1 EL	Stärkemehl
2 EL	kaltes Wasser
1 EL	Dijon-Senf
	Salz und Pfeffer

Die Hälfte des Öls in einer Pfanne erhitzen. Die Schnitzel darin 3-4 Minuten bei mittlerer Hitze braten.

Wenden, würzen und je nach Dicke der Schnitzel weitere 3-4 Minuten braten.

Herausnehmen und warm halten.

Das restliche Öl, Pilze und Apfel in die Pfanne geben. Abschmecken und 3 Minuten bei großer Hitze braten.

Die Brühe aufgießen und zum Kochen bringen. Das Stärkemehl mit Wasser verrühren; unter die Sauce mischen und 3-4 Minuten köcheln.

Die Pfanne vom Herd nehmen, den Senf einrühren. Die Schnitzel in die Sauce geben und servieren.

Pro Portion   394 Kalorien   13 g Kohlenhydrate
36 g Eiweiß   22 g Fett   3,8 g Ballaststoffe

PREISWERTE GERICHTE

Italienische Würstchen mit Aubergine *für 4 Personen*

3 EL	Erdnußöl
1	Aubergine, geschält, gewürfelt
1	Zwiebel, gewürfelt
2	Knoblauchzehen, gehackt
3	Frühlingszwiebeln, gehackt
625 g	italienische Würstchen, heiß
	Salz und Pfeffer
	frische Petersilie, gehackt

2 EL Öl in einer großen Pfanne erhitzen. Aubergine, Zwiebel, Knoblauch und Frühlingszwiebel hineingeben; würzen. Zudecken und 20 Minuten bei mittlerer Hitze dünsten, gelegentlich rühren.

Die Würstchen und das restliche Öl dazugeben. Halb zugedeckt 15 Minuten braten.

Die Hitze reduzieren und 7-8 Minuten fertig garen. Mit Petersilie bestreuen und servieren.

Pro Portion 501 Kalorien 8 g Kohlenhydrate
25 g Eiweiß 41 g Fett 1,9 g Ballaststoffe

PREISWERTE GERICHTE

Würstchen mit Knoblauch
für 4 Personen

2 EL	Erdnußöl
3	Kartoffeln, geschält, halbiert, in dünnen Scheiben
625 g	milde italienische Würstchen
2	Knoblauchzehen, gehackt
1	Zwiebel, in dünnen Scheiben
175 ml	Hühnerbrühe, erhitzt
	Salz und Pfeffer

Die Hälfte des Öls erhitzen. Die Kartoffeln hineingeben und würzen; halb zugedeckt bei großer Hitze 15 Minuten braten. Häufig rühren.

Die Würstchen und das restliche Öl dazugeben; gut abschmecken. Halb zugedeckt nochmals 10-12 Minuten bei mittlerer Hitze braten. Die Würstchen 2 mal wenden.

Knoblauch und Zwiebel dazugeben. 10 Minuten halb zugedeckt braten, einige Male rühren.

Die Brühe aufgießen und zum Kochen bringen. Richtig abschmecken und 5 Minuten unbedeckt köcheln. Servieren.

Pro Portion   537 Kalorien   25 g Kohlenhydrate
26 g Eiweiß   37 g Fett   2,6 g Ballaststoffe

Pfefferwürstchen in Tomatensauce   *für 4 Personen*

1 EL	Olivenöl
1	Zwiebel, gehackt
1	Stange Staudensellerie, gewürfelt
½	Peperoni, gehackt
2	Knoblauchzehen, gehackt
800 ml	Tomaten aus der Dose, abgetropft, gehackt
½ TL	Oregano
1 EL	frische Petersilie, gehackt
150 ml	Tomatenmark
125 ml	Rinderbrühe, erhitzt
1 EL	Erdnußöl
625 g	scharfe italienische Würstchen, 7 Minuten blanchiert
	Salz und Pfeffer
Prise	Zucker

Das Öl in einer großen, tiefen Pfanne erhitzen. Zwiebel, Sellerie, Peperoni und Knoblauch darin 5-6 Minuten bei mittlerer Hitze braten.

Die Tomaten einrühren und abschmecken. Zucker, Oregano, Petersilie, Tomatenmark und Brühe dazugeben. Gut vermengen und zum Kochen bringen. 20 Minuten bei mittlerer Hitze kochen.

Das Erdnußöl erhitzen. Die Würstchen darin bei mittlerer Hitze 15 Minuten braten, häufig wenden.

Mit der Tomatensauce servieren.

Pro Portion   538 Kalorien   22 g Kohlenhydrate
27 g Eiweiß   38 g Fett   3,1 g Ballaststoffe

PREISWERTE GERICHTE

Würstchen mit Tomaten
für 4 Personen

2 EL	Erdnußöl
625 g	milde italienische Würstchen
½ TL	Basilikum
1	Zwiebel, halbiert, in Scheiben
6	Eiertomaten, geviertelt
1	kleine gelbe Chilischote, gehackt
1	großer Apfel, entkernt, geschält, dünn geschnitten
375 ml	Rinderbrühe, erhitzt
1 EL	Stärkemehl
3 EL	kaltes Wasser
	Salz und Pfeffer
	einige Tropfen Sojasauce

Das Öl in einer großen, tiefen Pfanne erhitzen. Die Würstchen bei mittlerer Hitze hineingeben. Halb zugedeckt 10 Minuten braten; 2-3 mal wenden.

Das Basilikum einstreuen und würzen. Gemüse und Apfel dazugeben; halb zugedeckt weitere 10 Minuten braten.

Die Würstchen herausnehmen und beiseite stellen.

Das Gemüse bei großer Hitze 2 Minuten weiterbraten.

Die Brühe aufgießen, abschmecken und zum Kochen bringen.

Das Stärkemehl mit Wasser verrühren; unter die Sauce mischen. Die Sojasauce dazugeben, 2 Minuten kochen.

Sofort mit den Würstchen servieren.

Pro Portion 526 Kalorien 20 g Kohlenhydrate
26 g Eiweiß 38 g Fett 4,0 g Ballaststoffe

PREISWERTE GERICHTE

Chili con Carne
für 4 Personen

2 EL	Pflanzenöl
2	Zwiebeln, gehackt
2	Knoblauchzehen, gehackt
1	gelbe Paprikaschote, gehackt
750 g	mageres Rinderhack
1/2 TL	Kümmel
1/2 TL	Selleriesamen
540 ml	Kidneybohnen aus der Dose, abgetropft
1 1/2 TS	gehackte Tomaten
300 ml	Rinderbrühe, erhitzt
4 EL	Tomatenmark
Prise	Cayennepfeffer
Prise	Paprika
	einige zerstoßene rote Chilischoten
	Salz und Pfeffer
Prise	Zucker

Den Ofen auf 180°C vorheizen.

Das Öl in einer großen, tiefen Pfanne erhitzen. Zwiebeln, Knoblauch und Paprika 7-8 Minuten bei mittlerer Hitze darin anbraten.

Das Fleisch dazugeben und würzen. Alle Gewürze gut einrühren. 5-6 Minuten bei mittlerer Hitze braten.

Die Bohnen dazugeben, 4-5 Minuten dünsten.

Tomaten und Zucker hinzufügen; 2-3 Minuten dünsten. Die Brühe aufgießen, das Tomatenmark einrühren; abschmecken und zum Kochen bringen.

Zugedeckt 45 Minuten im Ofen schmoren. Das Chili nach Belieben mit frischem Brot servieren.

Pro Portion 547 Kalorien 36 g Kohlenhydrate
49 g Eiweiß 23 g Fett 10,8 g Ballaststoffe

PREISWERTE GERICHTE

1. Das Öl in einer großen, tiefen Pfanne erhitzen. Zwiebeln, Knoblauch und Paprika darin 7-8 Minuten bei mittlerer Hitze braten.

2. Das Fleisch einrühren und abschmecken. Alle Gewürze einstreuen und sehr gut vermischen. 5-6 Minuten bei mittlerer Hitze braten.

3. Die Bohnen dazugeben und weitere 4-5 Minuten dünsten.

4. Die Tomaten und den Zucker dazugeben; 2-3 Minuten kochen.

PREISWERTE GERICHTE

Gefüllte Paprikaschoten

für 4 Personen

1 EL	Pflanzenöl
3	Feigen, fein gehackt
1	Zwiebel, fein gehackt
1	Stange Staudensellerie, fein gehackt
1 TS	Reis, gekocht
1 TS	Maiskörner
½ TL	Estragon
2	grüne Paprikaschoten, quer halbiert, entkernt, 6 Minuten blanchiert
1 EL	Olivenöl
2	Schalotten, gehackt
250 g	frische Champignons, geputzt, gehackt
800 ml	Tomaten aus der Dose, abgetropft, gehackt
1 TL	Tomatenmark
125 ml	Hühnerbrühe, erhitzt
	Salz und Pfeffer
Prise	Zucker

Den Ofen auf 180°C vorheizen.

Das Pflanzenöl in einer großen Pfanne erhitzen. Feigen, Zwiebel und Sellerie hineingeben; würzen und 4-5 Minuten bei mittlerer Hitze braten.

Reis und Mais einrühren, den Estragon dazugeben und gut vermischen. 4-5 Minuten braten.

Die Mischung im Mixer 2 Minuten pürieren; beiseite stellen.

Die blanchierten Paprika in eine tiefe Pfanne setzen und mit der Mischung füllen, beiseite stellen.

Das Olivenöl erhitzen. Schalotten und Pilze darin 3-4 Minuten bei großer Hitze braten.

Tomaten, Zucker, Tomatenmark und Brühe dazugeben und umrühren. Zum Kochen bringen. Abschmecken und 2-3 Minuten bei mittlerer Hitze kochen.

Die Sauce über die gefüllten Paprika gießen und unbedeckt 45 Minuten im Ofen backen.

Mit Ihrem geriebenen Lieblingskäse servieren.

Pro Portion 318 Kalorien 48 g Kohlenhydrate
9 g Eiweiß 10 g Fett 8,6 g Ballaststoffe

PREISWERTE GERICHTE

Krautrouladen in Tomatensauce
für 4 Personen

8	große Weißkrautblätter, gut gewaschen und abgetropft
2 EL	Erdnußöl
1	grüne Paprikaschote, gehackt
2	Frühlingszwiebeln, gehackt
250 g	frische Champignons, gehackt
1/2	Zwiebel, gehackt
2	Knoblauchzehen, gehackt
1/4 TL	Chili
1/2 TL	Basilikum
1/4 TL	Thymian
1 EL	frische Petersilie, gehackt
500 g	mageres Rinderhack
2 EL	Tomatenmark
50 ml	Hühnerbrühe, erhitzt
90 g	Schafkäse, gehackt
2 EL	Butter
400 ml	Tomatensauce aus der Dose, erhitzt
	Salz und Pfeffer

Den Ofen auf 180°C vorheizen.
Den harten Strunk der Krautblätter abschneiden. Die Blätter in kochendem Salzwasser 4-5 Minuten blanchieren.
Gut abtropfen und mit Küchenpapier trockentupfen. Auf eine Platte legen, beiseite stellen.
Das Öl in einer großen, tiefen Pfanne erhitzen. Paprika, Frühlingszwiebeln, Pilze, Zwiebel und Knoblauch hineingeben. Mit den Gewürzen und Petersilie abschmecken, vermengen und 8 Minuten zugedeckt bei mittlerer Hitze dünsten.
Das Fleisch einrühren und würzen. Zugedeckt weitere 7-8 Minuten braten. Tomatenmark und Brühe dazugeben; gut vermengen. 4-5 Minuten unbedeckt kochen.
Den Käse einrühren, 2 Minuten kochen.
Die Füllung auf die Krautblätter verteilen. Die Seiten über das Fleisch falten und rollen. Die Butter in einer Bratpfanne zerlassen. Die Rouladen darin 6-7 Minuten pro Seite bei großer Hitze braten. In eine Auflaufform geben, die Tomatensauce dazugießen. Mit Folie bedecken und Löcher einstechen, damit Dampf entweichen kann.
1 Stunde im Ofen garen. Die Portionen je nach Belieben mit Gemüse garnieren.

Pro Portion   499 Kalorien   21 g Kohlenhydrate
34 g Eiweiß   31 g Fett   6,4 g Ballaststoffe

PREISWERTE GERICHTE

Herzhafte Hamburger mit Schinken und Pilzen *für 2 Personen*

250 g	mageres Rinderhack
2 EL	gehackte Zwiebeln, gebraten
1/2	Ei, geschlagen
1 EL	frische Petersilie, gehackt
1 TL	Butter
1	Schalotte, gehackt
4	große, frische Champignons, geputzt, gehackt
1 EL	Sahne
1 EL	Pflanzenöl
2	dicke Scheiben getoastetes Brot, ohne Kruste
2	Scheiben Schwarzwälder Schinken
1/4 TS	Gruyère, gerieben
	einige Tropfen Worcestershire-Sauce
	Salz und Pfeffer

Fleisch, Zwiebel, Ei, die Hälfte der Petersilie und die Worcestershire-Sauce 2 Minuten im Mixer vermengen. Sobald sich ein Kloß bildet herausnehmen und 2 Hamburger formen. Beiseite stellen.

Die Butter erhitzen. Die Schalotten darin 2 Minuten bei mittlerer Hitze braten. Die Pilze und die restliche Petersilie dazugeben; würzen und 3-4 Minuten braten.

Die Sahne einrühren, 1 Minute braten; beiseite stellen.

Das Öl erhitzen. Die Hamburger darin 8-10 Minuten braten, anhängig von der Dicke, 2-3mal wenden, um ein Anbrennen zu vermeiden.

Wenn das Fleisch gar ist, auf das Brot legen und mit der Pilzmischung bestreichen. Den Schinken obenauf legen, mit Käse bestreuen. Im Ofen 3 Minuten überbacken, bis der Käse schmilzt. Servieren.

Pro Portion   477 Kalorien   15 g Kohlenhydrate
39 g Eiweiß   29 g Fett   2,2 g Ballaststoffe

PREISWERTE GERICHTE

Rindfleisch-Gemüse-Eintopf
für 4 Personen

2 EL	Pflanzenöl
750 g	Hüftsteak, entfettet, in 2,5 cm großen Würfeln
2	Zwiebeln, geviertelt
1	Knoblauchzehe, gehackt
5 EL	Mehl
1,2 l	Rinderbrühe, erhitzt
½ TL	Basilikum
1	Lorbeerblatt
2 EL	Tomatenmark
1	Stange Staudensellerie, grob gewürfelt
2	Karotten, geschält, gewürfelt
2	Kartoffeln, geschält, gewürfelt
½	Steckrübe, geschält, gewürfelt
	Salz und Pfeffer
Prise	Thymian

Den Ofen auf 180°C vorheizen.

Das Öl in einer feuerfesten Kasserolle erhitzen. Die Fleischwürfel darin 5-6 Minuten anbraten, bei großer Hitze von allen Seiten bräunen.

Das Fleisch gut würzen, Zwiebeln und Knoblauch hinzufügen; 4-5 Minuten braten. Abschmecken, zudecken und 1 Stunde im Ofen braten.

Das Mehl gut einrühren, 3 Minuten bei mittlerer Hitze auf dem Herd anschwitzen. Gut abschmecken.

Die Brühe, alle Gewürze und das Lorbeerblatt hineingeben; gut vermengen. 5-6 Minuten bei mittlerer Hitze kochen. Dann das Tomatenmark einrühren.

Zudecken und 30 Minuten im Ofen schmoren.

Das Gemüse in die Kasserolle geben. Zudecken und weitere 45 Minuten im Ofen fertig schmoren.

Servieren.

Pro Portion 515 Kalorien 32 g Kohlenhydrate
45 g Eiweiß 23 g Fett 4,4 g Ballaststoffe

PREISWERTE GERICHTE

Pol's Lieblingshackbraten
für 4-6 Personen

1 EL	Butter
1	Zwiebel, gehackt
2	Knoblauchzehen, gehackt
1 EL	frische Petersilie, gehackt
2	Frühlingszwiebeln, in Scheiben
750 g	mageres Rinderhack
250 g	mageres Kalbshack
50 ml	Sahne
1	Eidotter
3	Scheiben Weißbrot, ohne Kruste
125 ml	Milch
1/2 TL	Kümmel
1/4 TL	Muskat
1/4 TL	Thymian
1/2 TL	Bohnenkraut
1	Eiklar, leicht geschlagen
3	Stangen Staudensellerie, geschält
3	Lorbeerblätter
	Salz und Pfeffer
	Paprika zum Abschmecken
	einige zerstoßene Chilischoten

Den Ofen auf 180°C vorheizen.
Die Butter in einer großen Pfanne erhitzen. Zwiebel, Knoblauch, Petersilie und Frühlingszwiebeln darin 3-4 Minuten bei schwacher Hitze braten. Das Fleisch in eine Rührschüssel geben und würzen. Die gebratene Zwiebelmischung dazugeben und gut vermengen. Die Sahne eingießen, gut vermischen. Den Eidotter unterrühren.
Das Brot in einer Schüssel mit der Milch übergießen. Einige Minuten einweichen; dann die überschüssige Milch auspressen und das Brot zum Fleisch geben. Gut einmischen, alle Gewürze dazugeben und vermengen, bis alles gut gebunden ist.
Das Eiklar gründlich unterrühren. Die Hälfte der Mischung in eine 14 x 24 cm große Brotform pressen. Den Staudensellerie darauflegen (falls nötig zurechtschneiden) und leicht andrücken.
Mit der restlichen Fleischmischung bedecken und in die Form pressen. Die Lorbeerblätter obenauf legen. Mit einer Schicht gelochter Folie abdecken und in ein Backblech, das 2,5 cm hoch mit heißem Wasser gefüllt ist, stellen. $1^{1}/_{4}$ Stunden im Ofen backen. Nach der Hälfte der Garzeit die Folie entfernen.
Den Hackbraten mit würzigen Beilagen und pikanten Saucen, wie Zwiebelsauce, servieren.

Pro Portion 403 Kalorien 11 g Kohlenhydrate
38 g Eiweiß 23 g Fett 1,4 g Ballaststoffe

PREISWERTE GERICHTE

1. Das Fleisch in eine Rührschüssel geben und gut würzen. Die gebratene Zwiebelmischung dazugeben und gut vermengen.

2. Zuerst die Sahne unterrühren, dann den Eidotter dazugeben und gut vermengen.

3. Die eingeweichten Brotstücke zum Fleisch in die Schüssel geben und gut vermischen.

4. Um den Hackbraten zuzubereiten, die Hälfte der Fleischmischung in die Form pressen. Die geschälten Stangen Staudensellerie darauflegen und leicht andrücken.

241

PREISWERTE GERICHTE

Gebackenes Rotkraut
für 4 Personen

1	Rotkraut, in 6 Stücke geschnitten
2 EL	Speckfett
1	Knoblauchzehe, gehackt
1 EL	Weinessig
4	dicke Scheiben Kasseler, in Stärkemehl gewendet, gegrillt
	Salz und Pfeffer

Den Ofen auf 200°C vorheizen.

Das Kraut in kochendem Salzwasser zugedeckt 45 Minuten vorkochen.

Gut abtropfen und beiseite stellen.

Das Speckfett in einer großen, tiefen Pfanne erhitzen. Knoblauch und Kraut hineingeben; gut würzen.

Die Pfanne zudecken und im Ofen 45 Minuten backen.

Das Kraut mit Essig beträufeln und einige Minuten ziehen lassen. Mit gegrilltem Schinken servieren.

Pro Portion   190 Kalorien   14 g Kohlenhydrate
11 g Eiweiß   10 g Fett   8,5 g Ballaststoffe

LÄNDLICHE GENÜSSE

Gerichte für heute, morgen und alle Gelegenheiten.

LÄNDLICHE GENÜSSE

Coq au Vin

für 4 Personen

3 EL	Butter, zerlassen
2,3 kg	Poularde, gesäubert, enthäutet, in 8 Teilen
2	mittelgroße Zwiebeln, in schmalen Spalten
3	Knoblauchzehen, gehackt
1 EL	frischer Schnittlauch, gehackt
1 EL	frische Petersilie, gehackt
500 ml	trockener Rotwein
500 ml	leichter Rinderfond, erhitzt
1	Lorbeerblatt
250 g	frische Champignons, geputzt, halbiert
	Salz und Pfeffer

Den Ofen auf 180°C vorheizen.

1 EL Butter in einer großen, feuerfesten Kasserolle erhitzen. Die Hälfte der Poularde darin 5-6 Minuten von allen Seiten bei mittlerer Hitze bräunen. Herausnehmen und beiseite stellen.

1 EL Butter erhitzen, das restliche Fleisch genauso darin anbraten. Zwiebeln, Knoblauch, Schnittlauch und Petersilie hineingeben; 2 Minuten braten.

Alles Fleisch in die Kasserolle geben, den Wein aufgießen; zum Kochen bringen.

Den Fond dazugeben und gut abschmecken. Das Lorbeerblatt hineingeben, zudecken und 45 Minuten im Ofen schmoren.

10 Minuten bevor das Fleisch gar ist, die Pilze in der restlichen Butter sautieren. In die Kasserolle geben und fertig schmoren.

Mit Reis, Kartoffeln oder anderem Gemüse servieren.

Pro Portion   978 Kalorien   15 g Kohlenhydrate
90 g Eiweiß   62 g Fett   2,7 g Ballaststoffe

LÄNDLICHE GENÜSSE

Gebackenes Hühnchen mit Gemüse *für 4 Personen*

2 EL	Butter
2	ganze Hühnerbrüstchen, enthäutet, halbiert, entbeint
1/2	Stange Staudensellerie, gewürfelt
2	Tomaten, grob gewürfelt
1/2	Gurke, geschält, entkernt, gewürfelt
1	Schalotte, gehackt
1/2 TL	Herbes de Provence
	Salz und Pfeffer

Den Ofen auf 180°C vorheizen.

Die Butter in einer feuerfesten Kasserolle oder Pfanne leicht erhitzen. Das Hühnchen darin 3 Minuten pro Seite anbraten, gut würzen.

Die restlichen Zutaten hinzufügen und abschmecken. 2 Minuten braten.

Die Pfanne zudecken und 10-12 Minuten im Ofen fertig braten.

Nach Belieben mit frischem Spargel servieren.

Pro Portion   213 Kalorien   5 g Kohlenhydrate
28 g Eiweiß   9 g Fett   1,6 g Ballaststoffe

LÄNDLICHE GENÜSSE

Hühnchen Jägerart

für 4 Personen

1,6 kg	Hühnchen, gesäubert, gehäutet, in 8 Teilen
2 EL	Butter
3	Schalotten, fein gehackt
500 g	frische Champignons, geputzt, halbiert
250 ml	trockener Weißwein
375 ml	Rinderbrühe, erhitzt
2 EL	Tomatenmark
1 EL	Stärkemehl
3 EL	kaltes Wasser
1 TL	Schnittlauch
1 TL	Petersilie
1 TL	Estragon
	Salz und Pfeffer

Das Hühnchen würzen. Die Butter in einer Pfanne erhitzen. Das Fleisch darin 18-20 Minuten braten, 2mal wenden.

Aus der Pfanne nehmen, beiseite stellen und warm halten.

Schalotten und Champignons in die Pfanne geben; würzen und 4 Minuten bei mittlerer Hitze braten.

Den Wein aufgießen, bei großer Hitze 3 Minuten kochen. Brühe und Tomatenmark dazugeben; gut vermengen.

Das Stärkemehl mit kaltem Wasser verrühren, unter die Sauce mischen. Abschmecken, Schnittlauch, Petersilie und Estragon hineingeben; 4-5 Minuten kochen.

Das Hühnchen in die Sauce legen, vor dem Servieren 3 Minuten köcheln.

Pro Portion   653 Kalorien   12 g Kohlenhydrate
104 g Eiweiß   21 g Fett   4,0 g Ballaststoffe

LÄNDLICHE GENÜSSE

Hühnchen mit Madeira

für 4 Personen

1,6 kg	Hühnchen, gesäubert, gehäutet, in 8 Teilen
2 EL	Butter
2	Schalotten, fein gehackt
125 ml	Madeira
500 ml	weiße Sauce (nicht zu dick), erhitzt
1 EL	frische Petersilie, gehackt
	Salz und Pfeffer

Das Hühnchen gut würzen. Die Butter in einer großen Pfanne erhitzen. Das Fleisch darin 18-20 Minuten braten, 2mal wenden.

Die Schalotten hinzufügen, gut vermengen und weitere 2 Minuten braten. Den Wein aufgießen, 1 Minute kochen.

Die weiße Sauce einrühren und 3-4 Minuten köcheln. Mit Petersilie bestreuen und mit Kartoffeln servieren.

Pro Portion   784 Kalorien   12 g Kohlenhydrate
103 g Eiweiß   36 g Fett   0,3 g Ballaststoffe

LÄNDLICHE GENÜSSE

Hühnchen Kiew

für 4 Personen

2	ganze Hühnerbrüstchen, gehäutet, entbeint, halbiert
4 EL	gefrorene Knoblauchbutter*
1/2 TS	gewürztes Mehl
2	Eier, geschlagen
1 TS	Semmelbrösel
2 EL	Erdnußöl

Den Ofen auf 180°C vorheizen.

Mit einem kleinen Messer schmale Taschen in die Brüstchen schneiden. Nicht mit dem Messer auf der anderen Seite des Fleisches durchstechen. Etwas Knoblauchbutter hineingeben, das Fleisch wieder in Form drücken.

Dann in Mehl wenden, in Ei tauchen und gründlich mit Semmelbrösel bedecken. Mit den Fingerspitzen anpressen.

Das Öl in einer großen Pfanne erhitzen. Das Fleisch in die heiße Butter geben und 3 Minuten pro Seite bräunen.

Auf eine feuerfeste Platte legen und 10-12 Minuten im Ofen fertig braten.

Mit Honigmelonenspalten garniert servieren.

* Siehe Schnecken mit Knoblauchbutter, Seite 66.

Pro Portion 478 Kalorien 27 g Kohlenhydrate
34 g Eiweiß 26 g Fett 0,8 g Ballaststoffe

LÄNDLICHE GENÜSSE

Paniertes Hühnchen mit Papaya

für 4 Personen

1	reife Papaya, geschält, in Scheiben
	Saft von 1/4 Zitrone
2	kleine, ganze Hühnerbrüstchen, gehäutet, entbeint, halbiert
1/2 TS	gewürztes Mehl
2	Eier, geschlagen
50 ml	gewürzte Milch
1 TS	gewürzte Semmelbrösel
2 EL	Sonnenblumenöl

Den Ofen auf 190°C vorheizen.

Die Papayascheiben mit dem Zitronensaft marinieren.

Die Hühnerbrüstchen zwischen Pergamentpapier legen und auf 1 cm Dicke flachklopfen.

Dann in Mehl wenden, überschüssiges abklopfen. Die Eier mit Milch mischen, das Fleisch hineintauchen; gründlich mit Semmelbrösel bedecken.

Das Öl in einer feuerfesten Pfanne erhitzen. Die Hühnerbrüstchen darin 3 Minuten pro Seite braten.

Im Ofen, je nach der Stärke des Fleisches, 3-4 Minuten fertig braten.

Mit den Papayascheiben servieren.

Pro Portion   410 Kalorien   36 g Kohlenhydrate
35 g Eiweiß   14 g Fett   1,2 g Ballaststoffe

LÄNDLICHE GENÜSSE

Hühnchen mit Wermut und grünen Trauben *für 4 Personen*

2 EL	Butter
2 EL	Zwiebel, gehackt
2	ganze Hühnerbrüstchen, gehäutet, halbiert
1/2 TL	Estragon
1 TS	kernlose grüne Trauben
1	grüne Paprikaschote, in feinen Streifen
2 EL	trockener Wermut
300 ml	Hühnerbrühe, erhitzt
1 EL	Stärkemehl
3 EL	kaltes Wasser
	einige Tropfen Tabasco
	Salz und Pfeffer

Die Butter in einer Pfanne erhitzen. Zwiebel und Tabasco darin zugedeckt 3 Minuten bei schwacher Hitze dünsten.

Das Hühnchen in die Pfanne geben und gut würzen. Den Estragon einstreuen, zudecken und 16-18 Minuten bei mittelschwacher Hitze braten. Nach der Hälfte der Garzeit 1mal wenden.

Trauben und Paprika dazugeben; 4 Minuten braten.

Wenn das Fleisch gar ist, aus der Pfanne nehmen und beiseite stellen.

Die Hitze auf Hoch stellen, den Wermut dazugeben, 2 Minuten kochen.

Die Brühe aufgießen, 2 Minuten kochen; abschmecken. Das Stärkemehl mit Wasser verrühren; unter die Sauce mischen.

Das Hühnchen in die Pfanne geben und 2 bis 3 Minuten aufwärmen.

Mit Reis, Kartoffeln und Gemüse servieren.

Pro Portion 229 Kalorien 10 g Kohlenhydrate
27 g Eiweiß 9 g Fett 0,7 g Ballaststoffe

LÄNDLICHE GENÜSSE

Hühnchen in cremiger Rotweinsauce *für 4 Personen*

1,6 kg	Hühnchen, gesäubert, gehäutet, in 8 Teilen
1 EL	Butter
1 EL	Öl
2	Schalotten, fein gehackt
1	Zwiebel, geviertelt
500 g	frische Champignons, geputzt, halbiert
500 ml	trockener Rotwein
125 ml	Sahne
1 TL	Stärkemehl
3 EL	kaltes Wasser
1 EL	frische Petersilie, gehackt
	Salz und Pfeffer
	Tabasco

Die Hühnchenteile würzen. Butter und Öl in einer Pfanne erhitzen. Das Fleisch darin 15 Minuten braten, 1mal wenden.

Schalotten, Zwiebel und Pilze dazugeben und gut abschmecken. Weitere 6-7 Minuten braten, das Fleisch herausnehmen und warm halten.

Den Wein aufgießen und zum Kochen bringen; 5-6 Minuten kochen. Die Sahne dazugeben, die Hitze reduzieren; 4-5 Minuten kochen.

Das Stärkemehl mit Wasser verrühren; gut unter die Sauce mischen. 1 Minute köcheln. Mit Tabasco abschmecken und mit Petersilie bestreuen; über das Hühnchen gießen und servieren.

Pro Portion   732 Kalorien   10 g Kohlenhydrate
101 g Eiweiß   32 g Fett   3,7 g Ballaststoffe

LÄNDLICHE GENÜSSE

Hühnchen mit Zitronenglasur
für 4 Personen

2 EL	Butter
2	ganze Hühnerbrüstchen, gehäutet, entbeint, halbiert
50 ml	Hühnerbrühe, erhitzt
1 EL	frische Petersilie, gehackt
	Salz und Pfeffer
	Saft von 1 Zitrone

Den Ofen auf 180°C vorheizen.

Die Butter in einer feuerfesten Pfanne erhitzen. Die Hühnerbrüstchen darin 3 Minuten braten. Wenden, würzen und weitere 3 Minuten braten.

Im Ofen 10-12 Minuten fertig braten.

Wenn das Fleisch gar ist, herausnehmen und beiseite stellen.

Die Pfanne bei großer Hitze auf den Herd stellen; den Zitronensaft darin 1 Minute kochen.

Brühe und Petersilie dazugeben; mischen und 2 Minuten kochen. Abschmecken.

Die Sauce über das Hühnchen geben und mit Gemüse, wie Spargel, servieren.

Pro Portion 166 Kalorien 1 g Kohlenhydrate
27 g Eiweiß 6 g Fett 0,1 g Ballaststoffe

LÄNDLICHE GENÜSSE

Teufels-Hühnerbrüstchen
für 4 Personen

2	ganze Hühnerbrüstchen, gehäutet, entbeint, halbiert
2 EL	Butter, zerlassen
3 EL	Dijon-Senf
1 EL	Wasser
3 EL	Semmelbrösel
	Salz und Pfeffer

Den Ofen auf 190°C vorheizen.

Das Fleisch in einen Bräter legen und gut würzen. Mit etwas zerlassener Butter bestreichen und auf die Mittelschiene in den Ofen stellen. Die Grillfunktion einschalten, 8-10 Minuten grillen, nach der Hälfte der Garzeit wenden.

Den Senf mit Wasser vermischen. Auf die Hühnerbrüstchen streichen, mit den Bröseln bestreuen. Mit zerlassener Butter beträufeln. Im Ofen 3-4 Minuten grillen. Servieren.

Pro Portion 245 Kalorien 4 g Kohlenhydrate
28 g Eiweiß 13 g Fett 0,2 g Ballaststoffe

LÄNDLICHE GENÜSSE

Hühnerschlegel Supreme

für 4 Personen

2 EL	Butter, zerlassen
4	mittelgroße Hühnerschlegel, gehäutet, halbiert
2	Schalotten, gehackt
1/2	Aubergine, geschält, gewürfelt
3 EL	Mehl
250 ml	trockener Rotwein
300 ml	Rinderbrühe, erhitzt
1/4 TL	Thymian
1/2 TL	Majoran
1 EL	Orangenschale, gerieben
	Salz und Pfeffer
	einige Tropfen Tabasco

Den Ofen auf 180°C vorheizen.

Die zerlassene Butter in einer großen Pfanne erhitzen. Hühnerteile und Schalotten hineingeben; gut würzen. 6 Minuten braten, nach 3 Minuten wenden.

Die Aubergine dazugeben und vermischen. Zugedeckt 10 Minuten dünsten.

Das Mehl einstreuen, bei mittlerer Hitze unbedeckt 2 Minuten anschwitzen.

Den Wein aufgießen, verrühren, die Brühe dazugeben. Wieder mischen. Die Gewürze, Orangenschale und Tabasco hinzufügen. Zum Kochen bringen.

Die Pfanne zudecken und im Ofen 30 Minuten schmoren. Den Pfannenstiel mit Folie umwickeln, damit er nicht so heiß wird.

Abschmecken und servieren.

Pro Portion 258 Kalorien 6 g Kohlenhydrate
27 g Eiweiß 14 g Fett 0,6 g Ballaststoffe

LÄNDLICHE GENÜSSE

Hühnerbrüstchen Florence auf Reis
für 4 Personen

2 EL	Butter
2	ganze Hühnerbrüstchen, gehäutet, entbeint, halbiert
1	grüne Paprikaschote, in Streifen
250 g	frische Champignons, geputzt, blättrig geschnitten
1	Stange Staudensellerie, grob geschnitten
375 ml	Hühnerbrühe, erhitzt
2 EL	Teriyaki Sauce
1 EL	Stärkemehl
3 EL	kaltes Wasser
	Salz und Pfeffer
	Zitronenspalten

Die Butter leicht erhitzen. Die Hühnerbrüstchen darin 4 Minuten braten. Wenden und gut würzen; weitere 4 Minuten braten.

Weitere 7 Minuten braten, oder abhängig von der Dicke des Fleisches, 1mal wenden. Kräftig würzen.

Wenn das Hühnchen gar ist, auf einer Platte im Ofen warm halten.

Paprika, Pilze und Sellerie in die Pfanne geben. Bei mittlerer Hitze 3-4 Minuten dünsten.

Würzen, Brühe und Teriyaki Sauce dazugießen; zum Kochen bringen. Bei mittlerer Hitze 3-4 Minuten kochen.

Das Stärkemehl mit Wasser mengen und in die Sauce einrühren. 1 Minute kochen.

Die Brüstchen in die Sauce geben, 2 Minuten zum Aufwärmen sieden lassen.

Auf einem Reisbett, mit Zitronenspalten garniert, servieren.

Pro Portion 229 Kalorien 8 g Kohlenhydrate
29 g Eiweiß 9 g Fett 1,9 g Ballaststoffe

LÄNDLICHE GENÜSSE

Sautiertes Kalbsschnitzel mit Austernpilzsauce *für 4 Personen*

4	0,5 cm dicke Kalbsschnitzel, entfettet
1 TS	leicht gewürztes Mehl
1 1/2 EL	Butter
1 1/2 TS	frische Austernpilze, geputzt, halbiert
3	Frühlingszwiebeln, gehackt
1 EL	frische Petersilie, gehackt
125 ml	leichter Rinderfond, erhitzt
	Saft von 1/2 Zitrone
	Salz und Pfeffer

Die Schnitzel in Mehl wenden, überschüssiges abklopfen. Die Butter in einer Bratpfanne erhitzen. Das Fleisch darin bei mittlerer Hitze 3 Minuten braten.

Wenden, würzen und nochmals 2 Minuten braten, abhängig von der Dicke. Das Fleisch herausnehmen, im Ofen warm halten.

Pilze, Frühlingszwiebeln und Petersilie in die Pfanne geben; 3-4 Minuten bei großer Hitze braten.

Den Rinderfond aufgießen, zum Kochen bringen. Den Zitronensaft einträufeln, abschmecken und sofort mit dem Kalbfleisch servieren. Als Beilage gegrillte Tomatenscheiben reichen.

Pro Portion   325 Kalorien   16 g Kohlenhydrate
27 g Eiweiß   17 g Fett   1,9 g Ballaststoffe

LÄNDLICHE GENÜSSE

Kalbsscallopini

für 4 Personen

900 g	Kalbsscallopini*, in 5 cm große Quadrate geschnitten
2 EL	Butter
2	rote Paprikaschoten, in breiten Streifen
125 g	frische Champignons, geputzt, blättrig geschnitten
2	Schalotten, gehackt
	Salz und Pfeffer
	einige Tropfen Zitronensaft

Das Kalbfleisch** in der heißen Butter bei großer Hitze 1 Minute sautieren. Wenden, leicht würzen und 1 Minute braten. Herausnehmen und beiseite stellen.

Dann Pilze, Paprika und Schalotten in die heiße Pfanne geben. 3-4 Minuten bei mittelgroßer Hitze braten.

Gut würzen, mit Zitronensaft beträufeln und sofort mit dem Kalbfleisch servieren. Nach Belieben mehr Zitronensaft dazugeben. Als Beilage dazu Nudeln reichen.

* Scallopinis sind flachgeklopfte, 0,5 cm dicke Stücke Kalbsschnitzel.

** Das Fleisch in mehreren Portionen ausbraten (die Butter aufteilen), damit die Pfanne nicht überfüllt wird und das Fleisch gründlich anbraten kann.

Pro Portion   470 Kalorien   3 g Kohlenhydrate
47 g Eiweiß   30 g Fett   1,1 g Ballaststoffe

LÄNDLICHE GENÜSSE

Kalbsrouladen mit Wurstfüllung

für 4 Personen

2 EL	Butter
12	frische Champignons, geputzt, gehackt
2	Schalotten, gehackt
1 EL	frische Petersilie, gehackt
1 TS	Wurstbrät
50 ml	Sahne
4	große Kalbsscallopini
	Salz und Pfeffer

Den Ofen auf 180°C vorheizen.

Die Hälfte der Butter erhitzen. Champignons, Schalotten und Petersilie darin bei mittlerer Hitze 3 Minuten braten.

Das Wurstbrät dazugeben, bei schwacher Hitze 4-5 Minuten braten.

Die Sahne dazugießen, die Hitze erhöhen und abschmecken. Die Sahne 3-4 Minuten einreduzieren.

Die Mischung im Mixer pürieren. Zum Abkühlen beiseite stellen.

Die kalte Füllung auf das Kalbfleisch streichen, längs rollen, die Seiten einschlagen und mit Küchengarn zubinden.

Die restliche Butter erhitzen. Das Fleisch darin bei mittelgroßer Hitze 2-3 Minuten auf allen Seiten bräunen. Gut würzen.

In eine feuerfeste Kasserolle geben, zudecken und 10-12 Minuten im Ofen braten.

Mit Kartoffeln und einer Sauce Ihrer Wahl servieren.

Pro Portion   454 Kalorien   3 g Kohlenhydrate
34 g Eiweiß   34 g Fett   1,6 g Ballaststoffe

LÄNDLICHE GENÜSSE

1. Pilze, Schalotten und Petersilie 3 Minuten in der heißen Butter braten.

2. Das Wurstbrät einrühren und bei schwacher Hitze 3-4 Minuten braten.

3. Die Sahne dazugießen, die Hitze erhöhen und gut abschmecken. Die Sahne 3-4 Minuten einreduzieren.

4. Zuerst die Mischung pürieren und abkühlen lassen, dann auf die gesamte Oberfläche der Scallopinis streichen.

LÄNDLICHE GENÜSSE

Kalbsfilet Royal
für 4 Personen

1 EL	Pflanzenöl
2	Kalbsfilets,* à 500 g, entfettet
1/2	Stange Staudensellerie, gewürfelt
1	mittelgroße Zwiebel, fein gewürfelt
1	Karotte, geschält, gewürfelt
1	Schalotte, gehackt
1 EL	frischer Schnittlauch, gehackt
1/2 TL	Oregano
1/2 TL	Basilikum
125 ml	trockener Weißwein
300 ml	leichter Rinderfond, erhitzt
1 EL	Stärkemehl
3 EL	kaltes Wasser
	Salz und Pfeffer

Den Ofen auf 190°C vorheizen.

Das Öl in einer großen, feuerfesten Pfanne erhitzen. Das Fleisch darin bei mittlerer Hitze von allen Seiten schön braun braten.

Die Hitze reduzieren. Alles Gemüse, Schalotten, Schnittlauch und Kräuter dazugeben; 2 Minuten braten.

Gut abschmecken, den Wein aufgießen; 2 Minuten kochen.

Den Fond einrühren und die Pfanne in den Ofen stellen; unbedeckt 16 Minuten schmoren.

Das Fleisch herausnehmen, beiseite stellen.

Die Pfanne bei schwacher Hitze auf den Herd stellen. Das Stärkemehl mit Wasser verrühren; unter die Sauce mischen; 30 Sekunden kochen, oder bis sie leicht andickt.

Das Fleisch aufschneiden und mit der Sauce servieren. Als Beilage frische Karotten und Erbsen reichen.

* Es ist möglich, daß Sie im örtlichen Supermarkt kein Kalbsfilet erhalten. Versuchen Sie es bei Ihrem Metzger, der Ihnen dieses spezielle und außergewöhnlich zarte Stück Fleisch liefern kann.

Pro Portion   423 Kalorien   7 g Kohlenhydrate
47 g Eiweiß   23 g Fett   1,2 g Ballaststoffe

LÄNDLICHE GENÜSSE

Festlicher Kalbsrollbraten

für 4 Personen

1,4 kg	Kalbsrollbraten, gebunden
1 TS	gewürztes Mehl
2 EL	Öl
2	Zwiebeln, in 4 oder 6 Teile geschnitten
2	Karotten, geschält, in groben Stücken
2	kleine Stangen Staudensellerie, in groben Stücken
1 EL	frische Petersilie, gehackt
1/2 TL	Oregano
1/4 TL	Selleriesalz
250 ml	trockener Weißwein
250 ml	Hühnerbrühe, erhitzt
1 EL	Stärkemehl
3 El	kaltes Wasser
	Salz und Pfeffer
Prise	Thymian
Prise	zerstoßene Chili

Den Ofen auf 180°C vorheizen. Das Fleisch in Mehl wenden.

Das Öl in einer großen, feuerfesten Pfanne erhitzen. Das Fleisch darin bei mittlerer Hitze auf allen Seiten schön braun braten.

Das Gemüse dazugeben und gut abschmecken; 2 Minuten braten.

Petersilie, Oregano, Selleriesalz, Thymian und Chili einstreuen; gut vermengen.

Den Wein aufgießen, 3-4 Minuten bei großer Hitze kochen. Die Brühe hinzufügen und zum Kochen bringen. Zugedeckt 1 Stunde im Ofen schmoren.

Das Fleisch herausnehmen und auf eine Platte legen; beiseite stellen.

Das Stärkemehl mit Wasser verrühren; und die Sauce damit andicken. 1-2 Minuten kochen.

Das Fleisch aufschneiden, mit der Sauce und dem Gemüse servieren. Als Beilage frische Baguettescheiben reichen.

Pro Portion 743 Kalorien 25 g Kohlenhydrate
73 g Eiweiß 39 g Fett 3,2 g Ballaststoffe

LÄNDLICHE GENÜSSE

Kalbsschulter mit Gemüsefüllung
für 4 Personen

1,4 kg	entbeinte Kalbschulterbraten*
2 EL	Butter
1	Zwiebel, fein gehackt
2	Knoblauchzehen, gehackt
1/2 TL	Estragon
1/2 TL	Thymian
1/4 TL	Salbei
3 1/2 TL	frische Petersilie, gehackt
3	Scheiben Weißbrot, ohne Kruste
50 ml	Sahne
12	große, frische Champignons, geputzt, gehackt
2 EL	Olivenöl
2	Zwiebeln, in 6 Teile geschnitten
1/2 TL	Rosmarin
1	rote Paprikaschote, gewürfelt
2	Zucchini, schräg geschnitten
250 ml	trockener Weißwein
250 ml	Hühnerbrühe, erhitzt
	Salz und Pfeffer

Die Butter in einem kleinen Topf erhitzen. Zwiebel, Knoblauch, Estragon, je 1/4 TL Thymian und Salbei sowie 1/2 TL Petersilie hineingeben; 2 Minuten bei mittlerer Hitze braten. Währenddessen das Brot in der Sahne einweichen. Die Pilze in den Topf geben und würzen. Die Hitze reduzieren, zudecken und 6 Minuten dünsten. Unbedeckt weitere 4-6 Minuten dünsten. Das Brot ausdrücken und unter die Füllung mischen, beiseite stellen und abkühlen lassen.

Den Ofen auf 180°C vorheizen. Das Fleisch füllen. Verschließen und mit Küchengarn befestigen. Das Öl in einer feuerfesten Kasserolle erhitzen. Das Fleisch darin bei großer Hitze von allen Seiten anbraten. Zwiebeln, Rosmarin, die restliche Petersilie und den Thymian dazugeben. 2-3 Minuten bei mittlerer Hitze braten. Paprika und Zucchini hinzufügen; abschmecken. 2 Minuten braten. Den Wein aufgießen und 4-5 Minuten stark kochen. Die Brühe dazugeben und zum Kochen bringen. Zugedeckt 1 Stunde im Ofen schmoren.

Das Fleisch aufschneiden und mit Paprika und Zucchini servieren.

* Den Metzger bitten, das Fleisch aufzuschneiden und flachzudrücken, damit es gefüllt werden kann.

Pro Portion	865 Kalorien	29 g Kohlenhydrate
77 g Eiweiß	49 g Fett	6,8 g Ballaststoffe

LÄNDLICHE GENÜSSE

Kalbsfiletbraten

für 4 Personen

1,2 kg	Kalbsfilet
1 EL	Butter
2	Zwiebeln, geviertelt
	Salz und Pfeffer
	frische Petersilie, gehackt

Den Ofen auf 220°C vorheizen. Das Fleisch gründlich pfeffern.

Die Butter in einem Bräter erhitzen. Das Fleisch darin 8-10 Minuten von allen Seiten anbraten. Dann erst salzen.

Die Zwiebeln in den Bräter geben und vermengen; weitere 2 Minuten braten.

Den Bräter in den Ofen stellen, das Fleisch 40 Minuten braten.

Mit Petersilie bestreuen und mit den Zwiebeln, Bratensaft und Rosenkohl servieren.

Pro Portion 561 Kalorien 6 g Kohlenhydrate
60 g Eiweiß 33 g Fett 1,3 g Ballaststoffe

LÄNDLICHE GENÜSSE

Gefülltes Schweinefilet in Gemüsesauce *für 4 Personen*

1 EL	Butter
1/2	Stange Staudensellerie, gehackt
2	Frühlingszwiebeln, gehackt
125 g	frische Champignons, geputzt, gehackt
1/2 TL	Oregano
1/2 TL	Basilikum
1/2 TS	Reis, gekocht
2	Schweinefilets, entfettet
1 EL	Öl
2	Stangen Lauch, gesäubert*, geschnitten
2	Frühlingszwiebeln, in Ringen
1	Knoblauchzehe, gehackt
1/2 TL	Herbes de Provence
125 ml	trockener Rotwein
375 ml	leichte Rinderbrühe, erhitzt
1 TL	frische Petersilie, gehackt
	Salz und Pfeffer

Den Ofen auf 180°C vorheizen.

Die Butter für die Füllung erhitzen. Sellerie, Frühlingszwiebeln, Pilze, Oregano und Basilikum darin 5-6 Minuten bei mittlerer Hitze braten. Den Reis einrühren, 2 Minuten braten; würzen. Im Mixer pürieren; zum Abkühlen beiseite stellen.

Die Filets längs aufschneiden, aber nicht ganz durchschneiden. Dann aufklappen, zwischen 2 Stück Pergamentpapier legen und auf die doppelte Größe klopfen. Die Füllung daraufstreichen, rollen und mit Küchengarn zubinden.

Das Öl in einer großen, feuerfesten Pfanne erhitzen. Die Filets darin 6-8 Minuten bei mittlerer Hitze von allen Seiten bräunen. Lauch, Frühlingszwiebeln, Knoblauch und Herbes de Provence dazugeben; gut abschmecken, 2-3 Minuten braten. Wein und Brühe aufgießen; umrühren, zudecken und im Ofen 35 Minuten schmoren, oder je nach Dicke der Filets. Das Garn zum Servieren entfernen, das Fleisch aufschneiden und die Sauce dazugeben. Mit Petersilie bestreuen.

* Um den Lauch gründlich zu waschen, siehe Technik Seite 375.

Pro Portion 616 Kalorien 18 g Kohlenhydrate
64 g Eiweiß 32 g Fett 2,3 g Ballaststoffe

Schweinefilet in Gemüsesuppe

für 4 Personen

1 EL	Pflanzenöl
2	Schweinefilets à 500 g, entfettet
1	Stange Staudensellerie, gewürfelt
2	Karotten, geschält, gewürfelt
1	Zucchini, in 1 cm dicken Scheiben
1	Knoblauchzehe, gehackt
1 EL	Oregano
50 ml	trockener Weißwein
375 ml	leichte Hühnerbrühe, erhitzt
1 EL	Stärkemehl
3 EL	kaltes Wasser
	Salz und Pfeffer

Den Ofen auf 180°C vorheizen.

Das Öl in einer großen, feuerfesten Pfanne erhitzen. Wenn es sehr heiß ist die Filets von allen Seiten anbraten.

Gemüse, Knoblauch und Oregano dazugeben; mischen und bei großer Hitze weitere 2 Minuten braten.

Den Wein aufgießen, 2 Minuten kochen.

Die Brühe dazugeben und abschmecken. Zugedeckt 30-35 Minuten im Ofen schmoren.

Wenn das Fleisch gar ist, herausnehmen und beiseite stellen. Das Stärkemehl mit Wasser vermengen, unter die Suppe rühren. Zum Andicken 1 Minute kochen.

Das Fleisch aufschneiden und mit der Gemüsesuppe servieren.

Pro Portion 510 Kalorien 9 g Kohlenhydrate
60 g Eiweiß 26 g Fett 2,5 g Ballaststoffe

LÄNDLICHE GENÜSSE

Schweinekoteletts mit Apfel
für 4 Personen

2 EL	Pflanzenöl
4	Schweinekoteletts à 2 cm Dicke, ohne Knochen, entfettet
1	Zwiebel, gehackt
1	Stange Staudensellerie, in Scheiben
3	Äpfel, entkernt, geschält, halbiert, in 1 cm dicken Spalten
1/2 TL	Zimt
250 ml	Hühnerbrühe, erhitzt
	Salz und Pfeffer
Prise	Nelke, gemahlen

Das Öl in einer Pfanne erhitzen. Die Koteletts darin 5-6 Minuten bei mittlerer Hitze braten. Wenden, gut würzen und 5-6 Minuten braten, oder je nach Dicke des Fleisches. Aus der Pfanne nehmen und warm halten.

Zwiebel und Sellerie in die Pfanne geben; 3-4 Minuten bei mittlerer Hitze braten.

Äpfel und Kräuter dazugeben, 5 Minuten braten. Die Brühe aufgießen und abschmecken; 3 Minuten kochen.

Die Äpfel und die Sauce über die Koteletts geben und servieren.

Pro Portion 470 Kalorien 18 g Kohlenhydrate
23 g Eiweiß 34 g Fett 2,6 g Ballaststoffe

LÄNDLICHE GENÜSSE

Schweinekoteletts mit Picklessauce *für 4 Personen*

1 EL	Butter
1	Schalotte, fein gehackt
2	Frühlingszwiebeln, längs in 2,5 cm lange Stücke geschnitten
1	rote Paprikaschote, Julienne geschnitten
1	große Gewürzgurke, Julienne geschnitten
3 EL	Rotweinessig
50 ml	trockener Weißwein
375 ml	leichte Rinderbrühe, erhitzt
1 EL	Pflanzenöl
4	entbeinte Schweinekoteletts, à 2 cm Dicke
	Salz und Pfeffer

Zuerst die Sauce vorbereiten. Die Butter erhitzen. Schalotten, Gemüse und Essiggurke 2 Minuten bei mittlerer Hitze sautieren.

Essig und Wein einrühren; 2 Minuten bei großer Hitze kochen.

Die Brühe dazugießen und gut abschmecken. Die Hitze verringern, die Sauce 4-6 Minuten köcheln.

Währenddessen das Fleisch zubereiten. Das Öl in einer großen Pfanne erhitzen*. Das Fleisch darin bei großer Hitze 3 Minuten anbraten.

Wenden, gut würzen, die Hitze reduzieren und weitere 3 Minuten braten. Wieder wenden und 2 Minuten fertig braten, oder je nach der Dicke etwas länger.

Die Koteletts auf einer Platte anrichten, die Sauce darübergeben. Gebackene Kartoffeln schmecken zu diesem Gericht wunderbar.

* Falls die Pfanne nicht groß genug ist, um die Koteletts zu braten, ohne daß sie übereinander liegen, 2 Pfannen verwenden oder in Portionen braten.

Pro Portion   383 Kalorien   7 g Kohlenhydrate
37 g Eiweiß   23 g Fett   1,4 g Ballaststoffe

267

LÄNDLICHE GENÜSSE

Schweinefleischeintopf mit Gemüse *für 4 Personen*

2 EL	Speckfett
1,4 kg	Schweineschulter, entfettet, in 2,5 cm großen Würfeln
1	Knoblauchzehe, gehackt
1	Zwiebel, gehackt
1 EL	Sojasauce
3 EL	Mehl
625 ml	Rinderbrühe, erhitzt
1 EL	Tomatenmark
1	Lorbeerblatt
1/2 TL	Rosmarin
1 EL	Butter
2	Karotten, geschält, groß gewürfelt
2	Zwiebeln, geviertelt
2	Kartoffeln, geschält, groß gewürfelt
1 TL	brauner Zucker
	Salz und Pfeffer

Den Ofen auf 180°C vorheizen.

Die Hälfte des Speckfettes in einer großen, feuerfesten Kasserolle erhitzen. Die Hälfte des Fleisches darin bei großer Hitze 8-10 Minuten auf allen Seiten anbraten. Herausnehmen und beiseite stellen.

Das restliche Fett erhitzen, das restliche Fleisch darin anbraten.

Alles Fleisch in die Kasserolle geben, Knoblauch und gehackte Zwiebel hinzufügen. Mischen und würzen; 3 Minuten bei mittlerer Hitze braten.

Die Sojasauce hineingeben und verrühren. Das Mehl mit einem Holzlöffel gut einrühren; 3 Minuten bei mittlerer Hitze anschwitzen.

Die Brühe aufgießen, gut verrühren; Tomatenmark, Lorbeerblatt und Rosmarin dazugeben; zum Kochen bringen. Zugedeckt 1 Stunde im Ofen schmoren.

Kurz vor Ende der Garzeit die Butter in einer Pfanne zerlassen. Gemüse und Zucker darin 5 Minuten braten.

Das Gemüse zum Fleisch geben, gut mischen und 1 Stunde, oder bis das Fleisch weich ist, im Ofen fertig schmoren.

Pro Portion   845 Kalorien   34 g Kohlenhydrate
85 g Eiweiß   41 g Fett   4,3 g Ballaststoffe

LÄNDLICHE GENÜSSE

Schweinekoteletts mit Paprika

für 4 Personen

2 EL	Pflanzenöl
4	Schweinekoteletts, à 2 cm Dicke, entbeint, entfettet
2	Frühlingszwiebeln, gehackt
1	Stange Staudensellerie, in Scheiben
1 EL	frischer Ingwer, gehackt
1	grüne Paprikaschote, grob gewürfelt
1	rote Paprikaschote, grob gewürfelt
375 ml	Hühnerbrühe, erhitzt
1 EL	Stärkemehl
3 EL	kaltes Wasser
	Salz und Pfeffer
	einige Tropfen Tabasco

Das Öl in einer Pfanne erhitzen. Die Koteletts darin 4-5 Minuten braten. Wenden, gut würzen und je nach Stärke weitere 4-5 Minuten braten. Herausnehmen und warm halten.

Frühlingszwiebeln, Sellerie und Ingwer dazugeben. Bei mittlerer Hitze 3 Minuten braten. Paprika hineingeben, nochmals 2 Minuten braten.

Die Brühe aufgießen, abschmecken und 3 Minuten kochen. Das Stärkemehl mit Wasser verrühren; und die Sauce damit andicken. Tabasco dazugeben und zum Kochen bringen; 1 Minute kochen. Zusammen mit den Koteletts servieren.

Pro Portion   430 Kalorien   7 g Kohlenhydrate
24 g Eiweiß   34 g Fett   0,9 g Ballaststoffe

LÄNDLICHE GENÜSSE

Nierchen in Rotweinsauce

für 4 Personen

2	Kalbsnieren, gut gesäubert
3 EL	Butter
250 g	frische Champignons, geputzt, geviertelt
2	Schalotten, gehackt
50 ml	trockener Rotwein
250 ml	Rinderbrühe, erhitzt
1 EL	Stärkemehl
2 EL	kaltes Wasser
3 EL	Sahne
	Salz und Pfeffer

Das Fett an den Nieren abschneiden und wegwerfen. Die Nieren in 0,5 cm dicke Streifen schneiden.

1 EL Butter zerlassen. Die Hitze auf Hoch stellen und die Hälfte der Nieren 2 Minuten darin anbraten.

Wenden, würzen und weitere 2 Minuten braten. Herausnehmen und beiseite stellen. 1 EL Butter in die Pfanne geben und die restlichen Nieren genauso anbraten.

Alle Nieren beiseite stellen, die restliche Butter in die Pfanne geben. Pilze und Schalotten hinzufügen; bei großer Hitze 4 Minuten braten. Den Wein aufgießen, 3 Minuten kochen.

Die Brühe hineingeben, gut abschmecken. Das Stärkemehl mit Wasser verrühren; unter die Sauce mischen und 3-4 Minuten bei mittlerer Hitze kochen.

Die Sahne einrühren, 2 Minuten kochen.

Die Nieren in die Sauce geben, 2 Minuten ziehen lassen. Nach Belieben mit Croûtons servieren.

Pro Portion   212 Kalorien   5 g Kohlenhydrate
12 g Eiweiß   16 g Fett   1,6 g Ballaststoffe

LÄNDLICHE GENÜSSE

1. Für dieses Gericht nur sehr frische Kalbsnieren auswählen. Sicherstellen, daß sie gründlich gesäubert sind.

2. Das Fett von den Nieren abschneiden und wegwerfen. In 0,5 cm dicke Scheiben schneiden.

3. Es ist am besten, wenn die Nieren in 2 Portionen gebraten werden. Wenn die Pfanne überfüllt ist, kocht das Fett mehr, als es die Nieren richtig anbrät.

4. Zuerst die Nieren braten, dann beiseite stellen. Die restliche Butter in die Pfanne geben; Schalotten und Pilze darin 4 Minuten bei großer Hitze braten.

LÄNDLICHE GENÜSSE

Lammkeule Lorenz

für 4 Personen

1,6 kg	Lammkeule, vom Metzger entbeint
2	Knoblauchzehen, geschält, gedrittelt
2 EL	Butter, zerlassen
1 TL	Basilikum
1/2 TL	Oregano
3	kleine Zwiebeln, geviertelt
2	Stangen Staudensellerie, gewürfelt
3 EL	Mehl
500 ml	Rinderbrühe, erhitzt
1 EL	Tomatenmark
Prise	Thymian
	Pfeffer

Den Ofen auf 220°C vorheizen. Garzeit 16 Minuten für 500 g Fleisch rechnen.

Die dünne Haut an der Keule abschneiden, falls der Metzger diese nicht vollständig entfernt hat.

Das Fleisch mit Knoblauch spicken und mit der zerlassenen Butter bestreichen.

Das Fleisch in einen Bräter legen und mit den Kräutern einreiben. Im Ofen 1 Stunde braten, dann ist das Fleisch innen rosa. Nach Belieben mehr Zeit zugeben.

Nach der Hälfte der Garzeit das Fleisch mit Zwiebeln und Sellerie umlegen; fertig braten.

Das fertige Fleisch aus dem Bräter nehmen, auf einer Servierplatte im Ofen warm halten.

Den Bräter bei mittlerer Hitze auf den Herd stellen, den Bratensaft 4 Minuten kochen.

Das Mehl mit einem Holzlöffel gut einrühren. Bei geringer Hitze 5-6 Minuten anschwitzen, bis es leicht braun ist.

Die Brühe aufgießen, das Tomatenmark einrühren; gut vermischen. Nur pfeffern und zum Kochen bringen. 5-6 Minuten bei mittlerer Hitze kochen.

Die Sauce durch ein Sieb in eine Schüssel passieren und mit dem Lammfleisch servieren.

Als Beilage eine Gemüseauswahl reichen.

Pro Portion 794 Kalorien 12 g Kohlenhydrate
65 g Eiweiß 54 g Fett 1,7 g Ballaststoffe

LÄNDLICHE GENÜSSE

Lammlende 5th Avenue
für 4 Personen

1,5 kg	Lammlende*
½ TL	Oregano
¼ TL	Thymian
¼ TL	Bohnenkraut
2 EL	Butter, zerlassen
125 ml	trockener Weißwein
½	Zwiebel, fein gehackt
1 EL	frische Petersilie, gehackt
250 ml	Rinderbrühe, erhitzt
	Salz und Pfeffer

Den Ofen auf 240°C vorheizen.

Das Fleisch auf einem Brett mit Oregano, Thymian und Bohnenkraut bestreuen, gut pfeffern. Die Lenden rollen und zubinden.

Das Fleisch und die Knochen in einen Bräter legen und mit der zerlassenen Butter bestreichen. Den Wein über das Fleisch gießen. 12 Minuten im Ofen anbraten.

Die Hitze auf 180°C reduzieren, 25 Minuten im Ofen braten, dann ist das Fleisch innen rosa. Falls Sie medium gebratenes Fleisch bevorzugen, etwas Zeit zugeben.

Das fertige Fleisch herausnehmen, beiseite stellen und zum Warmhalten mit Folie bedecken.

Die Knochen in der Pfanne lassen, Zwiebel und Petersilie dazugeben, bei großer Hitze 3 Minuten braten.

Die Brühe aufgießen und zum Kochen bringen. 3-4 Minuten bei mittlerer Hitze kochen.

Das Fleisch aufschneiden und mit der Zwiebelsauce servieren. Dazu frischen Spargel reichen.

* Bitten Sie den Metzger, das Lendenstück auszulösen und das Fett zu entfernen. Die Knochen mit nach Hause nehmen!

Pro Portion	741 Kalorien	2 g Kohlenhydrate
64 g Eiweiß	53 g Fett	0,4 g Ballaststoffe

LÄNDLICHE GENÜSSE

Lammkoteletts mit gegrillten Auberginenscheiben *für 4 Personen*

3 EL	Olivenöl
3 EL	Teriyaki Sauce
1	Knoblauchzehe, gehackt
1/2 TL	Rosmarin
1	Aubergine, in 1 cm dicke Scheiben geschnitten
8	Lammkoteletts, entfettet
	Saft von 1/2 Zitrone
	Salz und frisch gemahlener Pfeffer

Den Ofen auf 200°C vorheizen.

Öl, Teriyaki Sauce, Knoblauch, Rosmarin, Zitronensaft und Pfeffer mischen. Auf die Auberginenscheiben und die Koteletts streichen.

Die Auberginenscheiben in einen Bräter legen, die Grillfunktion des Ofens anstellen. Den Bräter 15 cm unter die Hitzequelle stellen. Bei leicht geöffneter Ofentür die Auberginen 5-6 Minute pro Seite grillen.

Währenddessen die Lammkoteletts in einer heißen Bratpfanne bei großer Hitze 3-4 Minuten pro Seite braten, abhängig von der Dicke. Das Fleisch beim Wenden würzen.

Pro Portion 317 Kalorien 4 g Kohlenhydrate
28 g Eiweiß 21 g Fett 0,7 g Ballaststoffe

LÄNDLICHE GENÜSSE

Lammkoteletts in Weißweinsauce

für 4 Personen

8	Lammkoteletts
3 EL	Olivenöl
1	mittelgroße Zwiebel, in dünnen Ringen
50 ml	trockener Weißwein
375 ml	Rinderbrühe, erhitzt
1 TL	Tomatenmark
1 EL	Stärkemehl
3 EL	kaltes Wasser
1 EL	Dijon-Senf
1 EL	frischer Schnittlauch, gehackt

Den Ofen auf 190°C vorheizen.

Die Koteletts entfetten, 2,5 cm Knochen abschaben. Zwischen Pergamentpapier legen und mit einem Holzhammer flachklopfen.

2 EL Öl in einer Pfanne erhitzen. Die Koteletts darin 3 Minuten braten. Wenden, würzen und weitere 2 Minuten braten. Die Pfanne in den Ofen stellen und je nach Dicke und Ihrer Vorliebe weitere 6-7 Minuten braten.

Dann die Koteletts herausnehmen, beiseite stellen und warm halten.

Das restliche Öl in die Pfanne geben und erhitzen. Die Zwiebeln darin bei großer Hitze 3 Minuten braten. Den Wein aufgießen, 2 Minuten kochen.

Brühe und Tomatenmark dazugeben und verrühren; zum Kochen bringen. Das Stärkemehl mit Wasser verrühren und die Sauce andicken. 2 Minuten bei mittlerer Hitze kochen.

Die Pfanne vom Herd nehmen, den Senf einrühren. Die Koteletts dazugeben und 2 Minuten ziehen lassen. Servieren.

Pro Portion 532 Kalorien 5 g Kohlenhydrate
56 g Eiweiß 32 g Fett 0,3 g Ballaststoffe

LÄNDLICHE GENÜSSE

Lammschultereintopf

für 4 Personen

2 EL	Öl
1,6 kg	Lammschulter, entfettet, gewürfelt
2	Zwiebeln, gehackt
1	Knoblauchzehe, gehackt
1 EL	frischer Ingwer, gehackt
3 EL	Mehl
750 ml	leichte Hühnerbrühe, erhitzt
1	Lorbeerblatt
1	kleiner Blumenkohl, in Röschen geteilt
1	kleine Zucchini, gewürfelt
	Salz und Pfeffer

Das Öl in einer Kasserolle erhitzen. Das Fleisch darin 5-6 Minuten anbraten, wenden und von allen Seiten bräunen.

Zwiebeln, Knoblauch und Ingwer dazugeben; gut mischen und 5 Minuten braten.

Das Mehl einrühren, bei mittlerer Hitze 1 Minute anschwitzen.

Die Brühe aufgießen, das Lorbeerblatt hineingeben und abschmecken. Zum Kochen bringen.

Halb zugedeckt 1 Stunde im Ofen bei schwacher Hitze schmoren.

Das Gemüse dazugeben und weitere 30 Minuten schmoren.

Pro Portion 831 Kalorien 17 g Kohlenhydrate
67 g Eiweiß 55 g Fett 3,9 g Ballaststoffe

LÄNDLICHE GENÜSSE

Hüftsteakeintopf mit Curry

für 4 Personen

2 EL	Speckfett
1,6 kg	Hüftsteak, entfettet, in 2,5 cm großen Würfeln
2	Zwiebeln, fein gehackt
3 EL	Curry
1 EL	Kumin (Kreuzkümmel)
3 EL	Mehl
750 ml	Rinderbrühe, erhitzt
2 EL	Tomatenmark
1	Lorbeerblatt
1 TL	Rosmarin, gemahlen
	Salz und Pfeffer

Den Ofen auf 180°C vorheizen.

Die Hälfte des Fettes in einer Pfanne erhitzen. Die Hälfte des Fleisches bei großer Hitze von allen Seiten anbraten.

Wenn es schön braun ist herausnehmen und beiseite stellen. Das restliche Fleisch mit dem restlichen Fett genauso anbraten.

Alles Fleisch in eine feuerfeste Kasserolle geben und gut würzen.

Die Zwiebeln in der gleichen Pfanne wie das Fleisch 3-4 Minuten bei großer Hitze braten, dann in die Kasserolle geben.

Curry und Kumin einstreuen; mischen, das Mehl dazugeben. Mit einem Holzlöffel gut verrühren.

Die Kasserolle auf den Herd stellen und solange braten, bis das Mehl am Boden kleben bleibt. 1-2mal umrühren.

Die Brühe aufgießen, gut vermengen, Tomatenmark und alle restlichen Gewürze dazugeben. Mischen und zudecken. $2^{1}/_{2}$ Stunden im Ofen schmoren.

Auf Eiernudeln servieren.

Pro Portion 621 Kalorien 12 g Kohlenhydrate
87 g Eiweiß 25 g Fett 1,4 g Ballaststoffe

LÄNDLICHE GENÜSSE

Ländliches Boeuf Bourguignon
für 4 Personen

2 EL	Öl
1,8 kg	Hüftbraten, entbeint, entfettet
4	Knoblauchzehen, blanchiert
1	Lorbeerblatt
¼ TL	Thymian
½ TL	Basilikum
1 EL	frische Petersilie, gehackt
3	Zwiebeln, in Spalten geschnitten
⅓ TS	Mehl
500 ml	trockener Rotwein
250 ml	Rinderbrühe, erhitzt
1 EL	Stärkemehl
3 EL	kaltes Wasser
	Salz und Pfeffer

Den Ofen auf 180°C vorheizen.

Das Öl in einer feuerfesten Kasserolle erhitzen. Das Fleisch darin 8-10 Minuten von allen Seiten anbraten.

Knoblauch, Lorbeerblatt, Thymian, Basilikum und Petersilie dazugeben, würzen. Die Zwiebeln hinzufügen und 4-5 Minuten bei großer Hitze braten.

Nach und nach das Mehl einrühren, das Fleisch dabei wenden. 4-5 Minuten bei mittlerer Hitze anschwitzen.

Das Fleisch gut würzen, Wein und Brühe aufgießen; zum Kochen bringen. Zugedeckt 3 Stunden im Ofen schmoren. Während des Bratens einige Male wenden.

Das gegarte Fleisch zum Schneiden auf eine Platte legen. Falls die Sauce zu dünn ist, mit in Wasser verrührtem Stärkemehl andicken. Gut verrühren.

Zu diesem Gericht Kartoffeln oder gegrillte, halbe Tomaten servieren.

Pro Portion 720 Kalorien 19 g Kohlenhydrate
98 g Eiweiß 28 g Fett 2,1 g Ballaststoffe

LÄNDLICHE GENÜSSE

1. Das Fleisch im heißen Öl 8-10 Minuten von allen Seiten bräunen.

2. Knoblauch, Lorbeerblatt, Thymian, Basilikum und Petersilie dazugeben; gut würzen. Die Zwiebeln hinzufügen und 4-5 Minuten bei großer Hitze braten.

3. Das Mehl nach und nach dazugeben, währenddessen das Fleisch wenden. Das Mehl dickt die Sauce während des Schmorens an. 4-5 Minuten bei mittlerer Hitze anschwitzen, um den rauhen Geschmack des Mehls wegzunehmen.

4. Das Fleisch gut würzen, Wein und Brühe aufgießen; zum Kochen bringen und zum Fertig garen im Ofen vorbereiten.

LÄNDLICHE GENÜSSE

Klassisches Pfeffersteak

für 4 Personen

4 EL	schwarze Pfefferkörner, grob gemahlen
4	Lendensteaks, à 250 g, entfettet
1 EL	Olivenöl
2	Schalotten, fein gehackt
50 ml	Cognac
250 ml	trockener Rotwein
375 ml	Rinderbrühe, erhitzt
50 ml	Sahne
1 TL	Stärkemehl
2 EL	kaltes Wasser
	Salz

Den Pfeffer in das Fleisch auf beiden Seiten der Steaks drücken.

Die Hälfte des Öls erhitzen. Wenn es sehr heiß ist, 2 Steaks hineingeben und 3 Minuten anbraten. Wenden, gründlich würzen und bei mittlerer Hitze weitere 3-4 Minuten braten.

Wieder wenden und 3-4 Minuten fertig braten, oder je nach Geschmack. Auf einer Platte im Ofen warm halten, während die anderen Steaks genauso zubereitet werden.

Alle Steaks auf die Platte legen. Die Schalotten in die Pfanne geben; 1 Minute braten.

Die Hitze erhöhen, den Cognac dazugeben. Flambieren und 2 Minuten kochen lassen.

Den Wein aufgießen, 2 Minuten kochen, dann die Brühe dazugeben. 3 Minuten kochen. Die Sahne einrühren, 2 Minuten kochen.

Das Stärkemehl mit Wasser verrühren; unter die Sauce mischen. 1 Minute kochen, dann auf die Steaks gießen und servieren.

Pro Portion 451 Kalorien 2 g Kohlenhydrate
59 g Eiweiß 23 g Fett 0,1 g Ballaststoffe

LÄNDLICHE GENÜSSE

Geschmorter Rippenbraten Americana *für 4 Personen*

2 EL	Speckfett
2,2 kg	Querrippe, gebunden
2	Stangen Staudensellerie, geviertelt
2	Karotten, geschält, geviertelt
4	Zwiebeln, geviertelt
1	Knoblauchzehe, geschält
3	Petersilienzweige
2	Lorbeerblätter
1/2 TL	Thymian
1 TL	Schnittlauch
1/2 TL	Basilikum
250 ml	trockener Weißwein
750 ml	Rinderfond, erhitzt
1 EL	frische Petersilie, gehackt
	Salz und Pfeffer

Den Ofen auf 160°C vorheizen.

Das Speckfett in einer feuerfesten Kasserolle erhitzen. Das Fleisch darin bei großer Hitze von allen Seiten anbraten.

Das Fleisch würzen, alles Gemüse, Knoblauch, Petersilienzweige, Lorbeerblatt und alle Kräuter hineingeben. 2 Minuten bei mittlerer Hitze braten.

Den Wein aufgießen, bei großer Hitze 2 Minuten kochen.

Den Fond aufgießen, gut abschmecken und zum Kochen bringen.

Zugedeckt 3 Stunden im Ofen schmoren. Das Fleisch nach der Hälfte der Garzeit wenden.

Das Fleisch aus der Kasserolle nehmen und zum Servieren aufschneiden. Die Sauce dazu reichen und, nach Belieben, mit Honig glasierten Karotten servieren. Die Portionen mit gehackter Petersilie bestreuen.

Pro Portion   962 Kalorien   9 g Kohlenhydrate
119 g Eiweiß   50 g Fett   0 g Ballaststoffe

LÄNDLICHE GENÜSSE

Filetsteak mit Paprikasauce

für 4 Personen

1 EL	Öl
1	grüne Paprikaschote, gewürfelt
250 g	frische Champignons, geputzt, gewürfelt
1/2 TL	Oregano
1/2 TL	frischer Schnittlauch, gehackt
1	Knoblauchzehe, gehackt
1	Tomate, gewürfelt
125 ml	Hühnerbrühe, erhitzt
1 EL	Tomatenmark
4	Filetsteaks, à 170 g
	Salz und Pfeffer

Die Hälfte des Öls in einer Pfanne erhitzen. Paprika darin 1 Minute bei großer Hitze braten.

Champignons, Oregano, Schnittlauch und Knoblauch dazugeben und 2 Minuten braten.

Tomate, Hühnerbrühe und Tomatenmark hinzufügen; gut abschmecken. Mischen und 6 Minuten bei mittlerer Hitze kochen.

Währenddessen das restliche Öl auf beide Seiten der Steaks streichen. In einer heißen Pfanne bei großer Hitze 3 Minuten braten.

Wenden, würzen und nochmals 2 Minuten braten. Das Fleisch ist innen dann noch rot. Mit der Sauce servieren. Nach Belieben Kartoffeln dazu reichen.

Pro Portion 305 Kalorien 6 g Kohlenhydrate
41 g Eiweiß 13 g Fett 2,2 g Ballaststoffe

LÄNDLICHE GENÜSSE

1. Die Hälfte des Öls erhitzen, die grüne Paprika 1 Minute bei großer Hitze braten.

2. Pilze, Oregano, Schnittlauch und Knoblauch hineingeben; weitere 2 Minuten braten.

3. Die Tomaten sowie ...

4. Brühe und Tomatenmark dazugeben; gut abschmecken und umrühren. 6-8 Minuten bei mittelschwacher Hitze kochen, während Sie die Steaks zubereiten.

LÄNDLICHE GENÜSSE

Lendensteaks mit texanischer Knoblauchsauce *für 4 Personen*

7	Knoblauchzehen
1	Eidotter
125 ml	Olivenöl
1 EL	Pflanzenöl
4	Lendensteaks, à 250 g, entfettet
	Salz und Pfeffer

Die Knoblauchzehen schälen und in einen kleinen Topf mit 250 ml Wasser geben. Zum Kochen bringen. 4-5 Minuten blanchieren.

Dann gut abtropfen und in einem Mörser zerdrücken. Den Eidotter mit dem Stösel unterrühren.

Das Olivenöl in dünnem Strahl dazugießen, ständig schlagen. Rühren, bis die Sauce sehr dick ist. Durch ein Sieb streichen und beiseite stellen.

Die Hälfte des Pflanzenöls in einer großen Pfanne stark erhitzen. 2 Steaks 2 Minuten darin braten.

Wenden und gründlich würzen. Bei mittlerer Hitze weitere 3-4 Minuten braten, das Fleisch ist innen dann noch rot. Für medium gebratenes Fleisch die Steaks wieder wenden und 3-4 Minuten bei mittlerer Hitze braten.

Herausnehmen und im Ofen warm halten, während die anderen Steaks gebraten werden.

Zum Servieren die Knoblauchsauce über das Fleisch geben, als Beilage gedämpfte Zuckererbsenschoten reichen.

Pro Portion   653 Kalorien   2 g Kohlenhydrate
51 g Eiweiß   49 g Fett   0 g Ballaststoffe

LÄNDLICHE GENÜSSE

Lendensteak Luise

für 4 Personen

2 EL	Pflanzenöl
4	Lendensteaks à 250 g, entfettet
1 EL	Butter
250 g	frische Austernpilze, geputzt, halbiert
2	Frühlingszwiebeln, schräg geschnitten
1	grüne Paprikaschote, halbiert, schräg geschnitten
175 ml	Rindfleischbrühe, aus Fleischextrakt zubereitet
Spritzer	Worcestershire-Sauce
	Salz und Pfeffer

1 EL Öl mit der Worcestershire-Sauce mischen und auf die Steaks streichen; gut pfeffern.

Die Steaks in 2 Portionen ausbraten, damit die Pfanne nicht überfüllt wird. Nach Belieben 2 Pfannen verwenden.

Das restliche Öl in einer großen, tiefen Pfanne erhitzen. 2 Steaks darin 3 Minuten anbraten, währenddessen nicht berühren.

Wenden und gründlich würzen. Die Hitze auf mittel stellen und weitere 3-4 Minuten braten, das Fleisch ist dann innen noch rot. Für medium gebratenes Fleisch nochmals wenden und bei mittlerer Hitze 3-4 Minuten braten.

Die nach Geschmack gebratenen Steaks herausnehmen und im Ofen warm halten. Das restliche Öl erhitzen und die anderen Steaks ebenso anbraten.

Währenddessen die Butter in einer anderen Pfanne erhitzen. Das Gemüse darin bei mittelgroßer Hitze 4-5 Minuten braten.

Gut abschmecken, die Rindfleischbrühe dazugeben; vermengen und schnell zum Kochen bringen. Das Gemüse mit den Steaks servieren.

Pro Portion   475 Kalorien   6 g Kohlenhydrate
52 g Eiweiß   27 g Fett   2,1 g Ballaststoffe

LÄNDLICHE GENÜSSE

Lendenbraten

für 4 Personen

900 g	Lendenbraten vom Rind
2 EL	Öl
1 EL	Teriyaki Sauce
1/2 TL	Herbes de Provence
2 EL	grüne Pfefferkörner, zerstoßen
	Salz und Pfeffer

Das Fleisch auf eine Platte legen. Öl mit Teriyaki Sauce mischen und auf das Fleisch streichen. Herbes de Provence und Pfefferkörner obenauf geben.

Das Fleisch mit einer Zange wenden, um beide Seiten mit der Mischung zu bedecken; 30 Minuten marinieren.

Den Ofen auf 220°C vorheizen.

Das Fleisch in eine heiße, schwere Pfanne geben und bei großer Hitze 3 Minuten pro Seite braten. Für medium gebratenes Fleisch etwas länger braten. Beim Wenden gut würzen.

Im Ofen 10-12 Minuten fertig braten.

Aufschneiden wie in der Anleitung gezeigt und mit frischem Gemüse, wie grünen Bohnen und Kartoffeln servieren. Nach Belieben eine Sauce dazu reichen.

Pro Portion 411 Kalorien 1 g Kohlenhydrate
50 g Eiweiß 23 g Fett 0 g Ballaststoffe

LÄNDLICHE GENÜSSE

1. Wenn die Butter in der Schüssel zerlassen ist, den weißlichen Schaum abschöpfen.

2. Petersilie, Schalotte, grob gemahlener Pfeffer, Essig und Wein in einen Topf geben. Bei mittlerer Hitze kochen, bis die Flüssigkeit verdampft ist.

3. Die Petersilienmischung in die Schüssel geben, die Eidotter hinzufügen und mit einem Schneebesen gut verrühren.

4. Die Butter in einem dünnen stetigen Strahl einfließen lassen. Zuerst $1/4$ der Butter dazugießen. Dann das Tomatenmark hinzufügen. Zuletzt die restliche Butter mit der gleichen Technik einrühren.

LÄNDLICHE GENÜSSE

Lendensteaks mit Choronsauce

für 4 Personen

375 g	ungesalzene Butter
1 EL	frische Petersilie, gehackt
1 EL	Schalotten, gehackt
1 EL	Pfeffer, grob gemahlen
3 EL	Rotweinessig
2 EL	trockener Rotwein
2	Eidotter
1 EL	Tomatenmark
1 EL	Pflanzenöl
4	Lendensteaks, à 250 g, entfettet
	Salz und Pfeffer

Die Butter in eine Stahlschüssel geben und über einen halbvollen Topf mit heißem Wasser stellen. Die Butter darin zerlassen.

Den weißen Schaum abschöpfen und wegwerfen. Die Schüssel beiseite stellen.

Petersilie, Schalotte, gemahlener Pfeffer, Essig und Wein in einen sauberen Topf geben. Bei mittlerer Hitze kochen, bis die Flüssigkeit verdampft ist. In eine saubere Stahlschüssel geben, die Eidotter hinzufügen und gut verrühren. Auf den Topf mit heißem Wasser stellen. Bei sehr schwacher Hitze $1/4$ der geklärten Butter dazugeben und ständig rühren.

Das Tomatenmark dazugeben. Die restliche Butter wie oben beschrieben hinzufügen; durch ein Sieb streichen. Abschmecken und beiseite stellen.

Das Fleisch in 2 Portionen braten. Das Öl in einer schweren Pfanne stark erhitzen. Das Fleisch darin 3 Minuten anbraten. Wenden, würzen und 3-4 Minuten bei mittelgroßer Hitze braten; das Fleisch ist dann innen noch rot. Den Vorgang wiederholen. Mit der Sauce servieren.

Pro Portion 1058 Kalorien 1 g Kohlenhydrate
52 g Eiweiß 94 g Fett 0,1 g Ballaststoffe

LÄNDLICHE GENÜSSE

1. Wenn die Butter in der Schüssel zerlassen ist, den weißlichen Schaum abschöpfen.

2. Petersilie, Schalotte, grob gemahlener Pfeffer, Essig und Wein in einen Topf geben. Bei mittlerer Hitze kochen, bis die Flüssigkeit verdampft ist.

3. Die Petersilienmischung in die Schüssel geben, die Eidotter hinzufügen und mit einem Schneebesen gut verrühren.

4. Die Butter in einem dünnen stetigen Strahl einfließen lassen. Zuerst $1/4$ der Butter dazugießen. Dann das Tomatenmark hinzufügen. Zuletzt die restliche Butter mit der gleichen Technik einrühren.

LÄNDLICHE GENÜSSE

Filetbraten im eigenen Saft
für 4 Personen

4 EL	Senfpulver
1,4 kg	Rinderfilet, gebunden
2	Knoblauchzehen, geschält, halbiert
2 EL	Butter, zerlassen
3	Zwiebeln, in 6 Teile geschnitten
250 ml	Rinderbrühe, erhitzt
1 TL	frische Petersilie, gehackt
	Salz und Pfeffer

Den Ofen auf 180°C vorheizen. 30 Minuten pro 500 g Fleisch rechnen, dann ist es "medium" gebraten.

Das Senfpulver mit soviel Wasser verrühren, daß eine Paste entsteht; mit einem kleinen Löffel solange mischen, bis die Masse glatt ist.

Einige Schnitte in das Fleisch machen und mit Knoblauch spicken. Leicht salzen und mit der Senfpaste bestreichen.

Die Butter in einem Bräter erhitzen. Das Fleisch hineingeben und $1^1/_2$ Stunden im Ofen braten, oder bis das Fleisch Ihrem Geschmack entspricht.

Aus dem Bräter nehmen und beiseite stellen.

Die Zwiebeln im Bräter bei mittelhoher Hitze 4 Minuten braten. Brühe und Petersilie dazugeben; abschmecken und 3 Minuten kochen.

Das Fleisch aufschneiden und mit dem Bratensaft servieren. Als Beilage frische grüne Bohnen reichen.

Pro Portion 554 Kalorien 9 g Kohlenhydrate
80 g Eiweiß 22 g Fett 1,7 g Ballaststoffe

LÄNDLICHE GENÜSSE

Rinderbraten

für 4 Personen

1,4 kg	Rinderbraten (Schulterstück)
2	Knoblauchzehen, geschält, gedrittelt
10	Scheiben Speck, dünn geschnitten
1 TL	Rosmarin
1	Zwiebel, geviertelt
1 EL	frische Petersilie, gehackt
	Salz und frisch gemahlener Pfeffer

Den Ofen auf 180°C vorheizen. 30 Minuten pro 500 g medium gebratenes Fleisch rechnen.

Einschnitte in das Fleisch machen und mit Knoblauch spicken. Mit den Speckstreifen umwickeln und mit Küchengarn festbinden.

Das Fleisch in einen kleinen Bräter legen und 1 Stunde im Ofen braten. Gut würzen und mit Rosmarin bestreuen; 30 Minuten, oder je nach Geschmack, fertig braten.

Das gebratene Fleisch herausnehmen, den Speck entfernen. Das Fleisch wieder zum Bratensaft in den Bräter geben und 15 Minuten ziehen lassen; dann auf einem Schneidebrett beiseite stellen.

Den Bräter bei großer Hitze auf den Herd stellen, die Zwiebeln dazugeben und 2 Minuten braten.

Gut pfeffern und weitere 3-4 Minuten braten. Die Sauce durch ein Sieb passieren, mit dem Braten, den Zwiebeln und verschiedenem Gemüse servieren. Mit Petersilie bestreuen.

Pro Portion 508 Kalorien 3 g Kohlenhydrate
79 g Eiweiß 20 g Fett 0,6 g Ballaststoffe

LÄNDLICHE GENÜSSE

Filet Mignon mit Jägersauce

für 4 Personen

1 EL	Butter
3	Frühlingszwiebeln, gewürfelt
250 g	frische Champignons, geputzt, gewürfelt
1	Knoblauchzehe, gehackt
1	Schalotte, gehackt
2	Tomaten, grob gewürfelt
½ TL	Oregano
125 ml	trockener Weißwein
250 ml	Rinderfond, erhitzt
4	Filets Mignon, à 200 g
1 TL	Öl
	Salz und Pfeffer

Die Butter in einer großen Pfanne erhitzen. Frühlingszwiebeln, Champignons, Knoblauch und Schalotten 3-4 Minuten braten.

Tomaten und Oregano dazugeben; würzen. Mischen und bei großer Hitze 3-4 Minuten braten.

Den Wein aufgießen, 2-3 Minuten kochen.

Gut abschmecken, den Fond aufgießen. Köcheln lassen, bis die Steaks gebraten sind.

Die Filetstücke auf beiden Seiten mit dem Öl bepinseln. In der heißen Pfanne bei großer Hitze 3 Minuten braten. Wenden, würzen und weitere 3-4 Minuten braten. Das Fleisch ist dann innen rot.

Mit der Jägersauce servieren.

Pro Portion 359 Kalorien 7 g Kohlenhydrate
49 g Eiweiß 15 g Fett 1,5 g Ballaststoffe

LÄNDLICHE GENÜSSE

1. Die Butter in einer großen Pfanne erhitzen. Frühlingszwiebeln, Pilze, Knoblauch und Schalotten darin bei mittelgroßer Hitze 3-4 Minuten braten.

2. Tomaten und Oregano hinzufügen; gut abschmecken. Mischen und 3-4 Minuten bei großer Hitze dünsten.

3. Den Wein aufgießen und 2-3 Minuten kochen.

4. Pikant abschmecken und den Rinderfond einrühren. Die Sauce bei schwacher Hitze sieden lassen.

LÄNDLICHE GENÜSSE

Hüftsteakbraten à la Provençale
für 4 Personen

1	großes Hüftstück, entfettet
2 EL	Pflanzenöl
4 EL	Teriyaki Sauce
3	Knoblauchzehen, blanchiert, zerdrückt
1 EL	Olivenöl
3	Zwiebeln, in Spalten geschnitten
3	Tomaten, gehäutet, in Spalten geschnitten
2 EL	Tomatenmark
1/2 TL	Oregano
	Salz und Pfeffer
Prise	Thymian

Das Fleisch auf beiden Seiten einschneiden und in eine flache Form legen. Pflanzenöl, Teriyaki Sauce und die Hälfte des Knoblauchs verrühren. Über das Fleisch geben und $1^1/_2$ Stunden im Kühlschrank marinieren. Gelegentlich wenden.

Das Olivenöl in einer Pfanne erhitzen. Die Zwiebeln und den restlichen Knoblauch darin 3-4 Minuten bei mittlerer Hitze braten.

Gut umrühren, zudecken und weitere 6-7 Minuten bei mittlerer Hitze garen.

Tomaten, Tomatenmark und Kräuter dazugeben; 8-10 Minuten unbedeckt dünsten.

Währenddessen wenig Öl in einer schweren Pfanne, möglichst Stahl, verreiben. Erhitzen und das Fleisch hineingeben; bei großer Hitze 6 Minuten anbraten.

Wenden, gründlich würzen und 6 Minuten braten, abhängig von der Dicke. Das Fleisch sollte innen rosa sein, damit es zart bleibt.

Das Fleisch schräg dünn schneiden und mit den Tomaten servieren.

Pro Portion 634 Kalorien 18 g Kohlenhydrate
82 g Eiweiß 26 g Fett 3,1 g Ballaststoffe

KÖSTLICHKEITEN AUS DEM MEER

Träume aus Meerestiefen.

KÖSTLICHKEITEN AUS DEM MEER

Herrlicher Fischsalat

für 4 Personen

½ TS	gefüllte grüne Oliven
400 ml	Partymaiskolben aus der Dose, halbiert
2	Eier, hartgekocht, in Scheiben
1 TS	grüne Bohnen, gekocht
1 TS	Zuckererbsenschoten, gekocht
½	rote Paprikaschote, in feinen Streifen
1	Kartoffel, gekocht, geschält, in Scheiben
2 TS	übriggebliebener gekochter Fisch, in mundgerechten Stücken
1 EL	Dijon-Senf
2 EL	Weinessig
1 EL	Zitronensaft
90 ml	Olivenöl
	Salz und Pfeffer

Oliven, Mais, Eier, Bohnen, Erbsen, Paprika und Kartoffel in eine Schüssel geben; gut würzen.

Den Fisch dazugeben, behutsam vermengen, abschmecken. Beiseite stellen.

Den Senf in eine andere Schüssel geben. Essig, Zitronensaft und Öl hinzufügen. Sehr gut verrühren und abschmecken.

Das Dressing über die Salatzutaten geben, wenden, um alles gleichmäßig zu bedecken und auf knackigen Salatblättern servieren. Die Platte mit Früchten garnieren.

Pro Portion 469 Kalorien 25 g Kohlenhydrate
27 g Eiweiß 32 g Fett 6,6 g Ballaststoffe

KÖSTLICHKEITEN AUS DEM MEER

Elegantes Heilbuttsteak mit Curry
für 2 Personen

1	Heilbuttsteak, halbiert
2 EL	Curry
1	Karotte, geschält, in Scheiben
1	Dillzweig
1 TL	Butter
1/2	Zwiebel, in Scheiben
125 g	frische Champignons, geputzt, blättrig geschnitten
2 EL	Mehl
2 EL	Sahne
	Salz und Pfeffer

Den Fisch in eine gebutterte Auflaufform legen und mit der Hälfte des Curry bestreuen. Karotten und Dill dazugeben; alles mit kaltem Wasser bedecken, würzen. Bei mittlerer Hitze zum Kochen bringen.

Den Fisch wenden, 5-6 Minuten ziehen lassen, oder bis sich die Mittelgräte leicht entfernen läßt. Den Fisch herausnehmen und beiseite stellen; 375 ml Kochflüssigkeit aufheben.

Butter in einem Topf zerlassen. Die Zwiebel darin zugedeckt 3-4 Minuten bei mittlerer Hitze braten.

Die Pilze dazugeben; weitere 3-4 Minuten braten.

Den restlichen Curry dazugeben und gut verrühren. Unbedeckt 1 Minute dünsten.

Das Mehl einrühren, 1 Minute anschwitzen.

Die Kochflüssigkeit aufgießen und sehr gut rühren. Die Sahne hineingeben, 7-8 Minuten kochen, 2-3mal rühren.

Den Fisch auf Tellern anrichten, die Sauce darübergeben. Garnieren Sie den Fisch mit roten Trauben.

Pro Portion	390 Kalorien	16 g Kohlenhydrate
41 g Eiweiß	18 g Fett	3,4 g Ballaststoffe

KÖSTLICHKEITEN AUS DEM MEER

Pochierter Heilbutt mit Pernod

für 2 Personen

1	großes Heilbuttsteak, quer halbiert
1 EL	frische Petersilie, gehackt
1 EL	Pernod
1	Schalotte, gehackt
	Salz und Pfeffer
	Saft von ½ Zitrone

Eine Bratpfanne buttern, den Fisch hineinlegen; salzen und pfeffern. Petersilie, Zitronensaft, Pernod und Schalotte dazugeben.

Mit Pergamentpapier so bedecken, daß es die Oberfläche des Fisches berührt. 4-5 Minuten bei mittlerer Hitze pochieren.

Den Fisch wenden, zudecken und 4-5 Minuten kochen. Wenn die Gräten leicht herausgehen, ist der Fisch gar.

Mit Gemüse servieren.

Pro Portion 262 Kalorien 5 g Kohlenhydrate
38 g Eiweiß 10 g Fett 0,1 g Ballaststoffe

KÖSTLICHKEITEN AUS DEM MEER

Heilbuttsteak mit Knoblauchbutter *für 2 Personen*

250 g	ungesalzene Butter
1 EL	frische Petersilie, gehackt
1	Schalotte, gehackt
2	Knoblauchzehen, gehackt
1	großes Heilbuttsteak, halbiert
	Pfeffer
	Zitronensaft
	Tabasco

Ofen auf 180°C vorheizen.

Butter und Petersilie mischen; Schalotte und Knoblauch dazugeben. Mit einem Holzlöffel sehr gut vermengen. Mit Pfeffer, Zitronensaft und Tabasco abschmecken. Rühren, bis alles gut gebunden ist.

Eine Auflaufform mit etwas Knoblauchbutter einstreichen. Den Fisch hineinlegen, mit Knoblauchbutter bestreichen. Gut pfeffern.

Im vorgeheizten Ofen 7 Minuten grillen.

Wenden, mit Knoblauchbutter einstreichen, weitere 7-8 Minuten grillen, je nach Dicke des Fisches.

Mit Kartoffeln und Zwiebeln servieren.

Pro Portion   413 Kalorien   0 g Kohlenhydrate
38 g Eiweiß   29 g Fett   0 g Ballaststoffe

KÖSTLICHKEITEN AUS DEM MEER

Sautierter Heilbutt mit Mandeln
für 4 Personen

2 EL	Butter
1 TL	Öl
2	große Heilbuttsteaks, der Breite nach halbiert
2 EL	Mandelblättchen
	Mehl
	Salz und Pfeffer

1 EL Butter und das Öl in einer Pfanne erhitzen.

Währenddessen den Fisch in Mehl wenden und gut würzen. In der heißen Pfanne 3 Minuten bei mittlerer Hitze braten.

Wenden, würzen und bei mittelgroßer Hitze 4 Minuten braten, oder je nach Dicke. Wenn die Gräten leicht herausgehen, ist der Fisch gar.

Auf eine heiße Platte legen und beiseite stellen.

Die restliche Butter in die noch heiße Pfanne geben. Die Mandeln darin 2 Minuten bei mittelgroßer Hitze rösten.

Mandeln und Bratensaft über den Fisch geben und servieren. Nach Belieben dazu Spinat reichen.

| Pro Portion | 368 Kalorien | 7 g Kohlenhydrate |
| 40 g Eiweiß | 20 g Fett | 0,4 g Ballaststoffe |

KÖSTLICHKEITEN AUS DEM MEER

Gebratene Seezunge und Kürbis *für 4 Personen*

4	große Seezungenfilets
2 EL	Butter
1 EL	Öl
1	Schalotte, gehackt
2	gelbe Sommerkürbis, in Scheiben
	Mehl
	Salz und Pfeffer
	Saft von 1 Zitrone

Den Fisch in Mehl wenden, salzen und pfeffern.

Butter und Öl in einer Pfanne erhitzen. Den Fisch darin bei mittelgroßer Hitze 3 Minuten braten.

Die Filets wenden, 3 Minuten braten. Aus der Pfanne nehmen und beiseite stellen.

Schnell Schalotten und Kürbis in die Pfanne geben; mit Zitronensaft beträufeln. 2 Minuten sautieren und sofort mit dem Fisch servieren.

Pro Portion   231 Kalorien   14 g Kohlenhydrate
19 g Eiweiß   11 g Fett   2,8 g Ballaststoffe

KÖSTLICHKEITEN AUS DEM MEER

Panierte Seezunge mit Sesam

für 4 Personen

4	Seezungenfilets
2 EL	Sesam
1 TS	Semmelbrösel
2	Eier, geschlagen
1 EL	Pflanzenöl
1 EL	Butter
	gewürztes Mehl
	Salz und Pfeffer
	Zitronenscheiben

Den Fisch in Mehl wenden. Sesam und Semmelbrösel mischen und auf eine Platte geben.

Den Fisch dann in die Eier tauchen und mit Semmelbrösel bedecken, mit den Fingerspitzen leicht anpressen.

Butter und Öl in einer großen Pfanne erhitzen. Die Filets darin 2 Minuten bei mittlerer Hitze anbraten.

Wenden, würzen und 2-3 Minuten weiterbraten, je nach der Dicke der Filets.

Mit Zitronenscheiben servieren und, nach Belieben, Sommerkürbis dazu reichen.

Pro Portion   317 Kalorien   26 g Kohlenhydrate
24 g Eiweiß   13 g Fett   0,8 g Ballaststoffe

KÖSTLICHKEITEN AUS DEM MEER

Seezungenröllchen in Cremesauce *für 4 Personen*

4	große Seezungenfilets
1	Karotte, geschält, schräg geschnitten
12	große, frische Champignons, geputzt, blättrig geschnitten
1	Stange Staudensellerie, in Scheiben
1	Schalotte, in Scheiben
2	frische Liebstöckelblätter
250 ml	trockener Weißwein
125 ml	Wasser
1 EL	frische Petersilie, gehackt
2 EL	Butter
2 1/2 EL	Mehl
2 EL	Sahne (nach Belieben)
	Salz und Pfeffer

Die Filets flach auf ein Brett legen, rollen und mit Zahnstochern feststecken. In die Pfanne legen.

Karotten, Pilze, Sellerie, Schalotten, Liebstöckel, Wein, Wasser und Petersilie dazugeben; gut abschmecken. Mit Pergamentpapier, das die Oberfläche berührt, abdecken. Bei mittlerer Hitze zum Kochen bringen.

Die Röllchen wenden, sobald die Flüssigkeit kocht. Bei schwacher Hitze zugedeckt 2-3 Minuten ziehen lassen.

Die Fischröllchen herausnehmen und warm stellen.

Die Flüssigkeit 5 Minuten bei großer Hitze unbedeckt reduzieren.

Währenddessen die Butter zerlassen. Das Mehl gut einrühren und 1 Minute bei schwacher Hitze anschwitzen.

Nach und nach die Kochflüssigkeit mit dem Gemüse dazugeben, ständig rühren. Die Sauce 2-3 Minuten köcheln.

Nach Belieben die Sahne unterrühren, die Fischröllchen (ohne Zahnstocher) hineingeben. 2 Minuten aufwärmen. Servieren.

Pro Portion	202 Kalorien	10 g Kohlenhydrate
18 g Eiweiß	10 g Fett	2,8 g Ballaststoffe

KÖSTLICHKEITEN AUS DEM MEER

Seezungenfilets mit Knoblauchbutter und Champignons *für 2 Personen*

2	Seezungenfilets
1 EL	Butter
125 g	frische Champignons, geputzt, blättrig geschnitten
1 EL	Knoblauchbutter
1 EL	frische Petersilie, gehackt
	gewürztes Mehl
	Salz und Pfeffer

Den Fisch in Mehl wenden. Die Butter in einer Bratpfanne zerlassen. Den Fisch darin bei mittlerer Hitze 2 Minuten braten.

Wenden, würzen und 1-2 Minuten weiter braten, je nach Dicke. Den Fisch dann auf heiße Teller legen.

Die Pfanne wieder auf den Herd stellen, Champignons und Knoblauchbutter hineingeben. Mit Petersilie bestreuen und 3-4 Minuten bei mittlerer Hitze braten.

Die Pilze zum Fisch servieren.

Pro Portion   225 Kalorien   9 g Kohlenhydrate
18 g Eiweiß   13 g Fett   2,0 g Ballaststoffe

Pickerelfilets Forestière

für 4 Personen

1 EL	Butter
1 EL	Pflanzenöl
4	Pickerelfilets
1	Schalotte, gehackt
125 g	frische Champignons, geputzt, gewürfelt
2	gekochte Kartoffeln, geschält, gewürfelt
1	Zitrone, geschält, das Fruchtfleisch gehackt
	Salz und Pfeffer

Butter und Öl erhitzen. Den Fisch (mit der Hautseite nach unten) bei mittlerer Hitze 2 Minuten braten.

Wenden, würzen und – je nach Dicke – nochmals 2 Minuten braten. Den Fisch auf eine heiße Platte legen und beiseite stellen.

Die Pfanne wieder auf den Herd stellen. Schalotte und Gemüse hineingeben; gut abschmecken. Bei mittlerer Hitze 3-4 Minuten braten.

Die Zitrone einrühren und 1 Minute braten. Dann über die Filets geben. Je nach Belieben dazu Babykarotten reichen.

Pro Portion   244 Kalorien   17 g Kohlenhydrate
26 g Eiweiß   8 g Fett   3,2 g Ballaststoffe

KÖSTLICHKEITEN AUS DEM MEER

Steinbutt mit Kapern und Pilzen   *für 2 Personen*

2	Steinbuttfilets
2 EL	Butter
1 TL	Öl
1 EL	Kapern
1	Apfel, entkernt, geschält, in Scheiben
12	große, frische Champignons, geputzt, blättrig geschnitten
1 TL	frische Petersilie, gehackt
	gewürztes Mehl
	Salz und Pfeffer

Den Fisch in Mehl wenden. Butter und Öl in einer Pfanne erhitzen. Den Fisch darin bei mittlerer Hitze 2 Minuten braten.

Wenden, würzen und weitere 2 Minuten braten, oder je nach Dicke. Auf eine heiße Platte legen, beiseite stellen.

Kapern, Apfel und Pilze in die Pfanne geben. Bei mittlerer Hitze 3 Minuten sautieren.

Mit Petersilie bestreuen und sofort servieren.

Pro Portion   340 Kalorien   23 g Kohlenhydrate
26 g Eiweiß   16 g Fett   5,5 g Ballaststoffe

KÖSTLICHKEITEN AUS DEM MEER

Schellfisch-Tomaten-Sauté

für 2 Personen

280 g	Schellfischfilet, in 2,5 cm großen Stücken
1 EL	Pflanzenöl
2 EL	Zwiebel, gehackt
1/3 TS	Sellerie, in Scheiben
1	Knoblauchzehe, gehackt
1 TS	Tomaten, grob gehackt
1 TL	Oregano
	Salz und Pfeffer
	gewürztes Mehl

Den Fisch in Mehl wenden. Das Öl in einer großen Pfanne erhitzen. Fisch, Zwiebel, Sellerie und Knoblauch darin 3 Minuten bei mittlerer Hitze braten.

Die Fischstücke wenden, würzen und nochmals 3-4 Minuten braten.

Tomaten und Oregano dazugeben; abschmecken. 3-4 Minuten köcheln.

Auf Nudeln servieren.

Pro Portion   216 Kalorien   13 g Kohlenhydrate
23 g Eiweiß   8 g Fett   2,6 g Ballaststoffe

KÖSTLICHKEITEN AUS DEM MEER

Barschfilet mit Tomatenfondue   *für 2 Personen*

3 EL	Olivenöl
1 EL	Schalotte, gehackt
1/4 TS	rote Zwiebel, gehackt
3	Knoblauchzehen, blanchiert, gehackt
1 EL	frischer Liebstöckel, gehackt
1 EL	frische Petersilie, gehackt
800 ml	Tomaten aus der Dose, abgetropft, gehackt
2 EL	Tomatenmark
2 EL	Teriyaki Sauce
1 EL	frischer Ingwer, gehackt
2	Barschfilets
	Salz und Pfeffer
	Saft von 1/2 Zitrone

Zuerst das Tomatenfondue zubereiten. 1 EL Öl und die Schalotten in eine Pfanne geben. Zwiebel, 1 Knoblauchzehe, Liebstöckel und Petersilie dazugeben, 4-5 Minuten bei mittlerer Hitze dünsten.

Die Tomaten einrühren und gut würzen. Zum Kochen bringen, bei mittlerer Hitze 10 Minuten kochen.

Das Tomatenmark dazugeben, abschmecken, mischen und 3-4 Minuten kochen.

Währenddessen Teriyaki Sauce, Zitronensaft, restlichen Knoblauch und Ingwer in eine kleine Schüssel geben. Das restliche Öl hinzufügen und alles gut verrühren.

Die Mischung auf beide Seiten der Fischfilets streichen und auf einen Fischgrill aus Metall legen. Ungefähr 7 Minuten braten, 2-3mal wenden und gelegentlich bepinseln. Folgende Geräte können verwendet werden: Den Grill auf mittlere Hitze vorgeheizt, die Grillfunktion des Ofens oder den vorgeheizten Herd-Grill.

Falls nötig das Tomatenfondue aufwärmen und mit dem fertigen Fisch servieren.

Pro Portion   435 Kalorien   25 g Kohlenhydrate
23 g Eiweiß   27 g Fett   4,0 g Ballaststoffe

KÖSTLICHKEITEN AUS DEM MEER

1. Ein Fischgrillrost aus Metall ist eine wertvolle Investition, die die Zubereitung einiger Gerichte leichter macht. Der Fisch klebt dadurch an der unteren Seite weniger an.

2. Schalotten, rote Zwiebel, ein Teil des Knoblauchs, Liebstöckel und Petersilie in Öl 4-5 Minuten bei mittlerer Hitze sautieren.

3. Die Tomaten einrühren und gut abschmecken. Zum Kochen bringen und 10 Minuten bei mittlerer Hitze kochen lassen.

4. Das Tomatenmark unterrühren, würzen und wieder rühren. Weitere 3-4 Minuten kochen.

309

KÖSTLICHKEITEN AUS DEM MEER

In Milch pochierter Kabeljau
für 4 Personen

2	Kabeljaufilets, à 340 g, halbiert
2	Schalotten, gehackt
1 EL	frische Petersilie, gehackt
1 l	heiße Milch
	Salz und Pfeffer

Den Fisch in eine gebutterte Auflaufform oder Bratpfanne legen. Schalotten und Petersilie dazugeben; würzen.

Die Milch aufgießen und den Fisch 3-4 Minuten bei schwacher Hitze ziehen lassen. Die Flüssigkeit darf nicht kochen.

Den Fisch wenden, weitere 4-5 Minuten kochen, abhängig von der Dicke. Die Hitze überwachen.

Mit Gemüse servieren.

Pro Portion   207 Kalorien   0 g Kohlenhydrate
36 g Eiweiß   7 g Fett   0 g Ballaststoffe

KÖSTLICHKEITEN AUS DEM MEER

Sautiertes Kabeljaufilet mit Gurke
für 2 Personen

1	Kabeljaufilet à 340 g, halbiert
1 EL	Butter
1 TL	Olivenöl
1/2	Gurke, geschält, entkernt, in Scheiben
1	Knoblauchzehe, gehackt
1	Dillzweig, gehackt
	gewürztes Mehl
	Salz und Pfeffer
	Saft von 1/2 Zitrone

Den Fisch in Mehl wenden. Butter und Öl in einer großen Pfanne erhitzen. Den Kabeljau darin bei mittlerer Hitze 3 Minuten braten.

Wenden und würzen. Gurke, Knoblauch und Dill dazugeben. Je nach Dicke weitere 3 Minuten braten.

Herausnehmen und auf eine heiße Servierplatte legen. Die Gurken 2 Minuten bei großer Hitze weiter braten.

Den Zitronensaft über die Gurken träufeln und mit dem Fisch servieren.

Pro Portion   355 Kalorien   17 g Kohlenhydrate
38 g Eiweiß   15 g Fett   0,9 g Ballaststoffe

KÖSTLICHKEITEN AUS DEM MEER

Schnäpper mit Kräuterfüllung

für 2 Personen

1	mittelgroßer roter Schnäpper, gesäubert
3	große Petersilienzweige
1	Frühlingszwiebel, gedrittelt
1	Estragonzweig
1 TL	Herbes de Provence
	Salz und Pfeffer
	Öl

Den Ofen auf 220°C vorheizen. Die Fischhaut einige Male einschneiden, das Innere gut würzen. Petersilie, Frühlingszwiebel, Estragon und Herbes de Provence in den Fisch geben. In einen eingeölten Bräter legen.

Die Haut würzen und mit Öl bepinseln. Im Ofen 15 Minuten, oder je nach Größe, braten. Der Fisch ist gar, wenn das Rückgrat weiß wird.

Den Fisch aus dem Bräter nehmen, zum Servieren Kopf und Schwanzflosse entfernen und den Fisch filetieren.

Pro Portion 196 Kalorien 1 g Kohlenhydrate
30 g Eiweiß 8 g Fett 0,8 g Ballaststoffe

KÖSTLICHKEITEN AUS DEM MEER

Gegrillter Schnäpper mit Paprika *für 4 Personen*

2 EL	Öl
1	Knoblauchzehe, gehackt
1 TL	Teriyaki Sauce
4	rote Schnäpperfilets, die Hautseite eingeschnitten
1	grüne Paprikaschote, geviertelt
	Saft von ½ Zitrone
	Salz und Pfeffer

Öl, Zitronensaft, Knoblauch, Teriyaki Sauce und Pfeffer in einer Schüssel gut vermengen.

Beide Seiten der Filets damit einstreichen und 1 Stunde marinieren.

Ofen auf 180°C vorheizen.

Fisch und Paprika in eine Auflaufform geben; die Paprika mit der restlichen Marinade bestreichen. Je nach Dicke der Filets 10-12 Minuten im vorgeheizten Ofen grillen.

Sofort servieren.

Pro Portion   232 Kalorien   2 g Kohlenhydrate
29 g Eiweiß   12 g Fett   0,2 g Ballaststoffe

KÖSTLICHKEITEN AUS DEM MEER

Gebratenes Schnäpperfilet

für 2 Personen

1	großes rotes Schnäpperfilet, halbiert
1 EL	Butter
125 g	frische Champignons, geputzt, blättrig geschnitten
1	Zucchini, in Scheiben
1	kleine Zwiebel, in Scheiben
1	Karotte, geschält, in dünnen Scheiben
1	Dillzweig, gehackt
	gewürztes Mehl
	Salz und Pfeffer
	Saft von 1/2 Zitrone

Die Haut der Filets einschneiden, den Fisch in Mehl wenden. Die Butter in einer Pfanne erhitzen. Den Fisch (mit der Hautseite nach unten) hineinlegen und würzen. 3-4 Minuten teilweise zugedeckt braten.

Wenden, alles Gemüse und den Dill dazugeben. Gut abschmecken. Weitere 3-4 Minuten braten.

Wieder wenden und 2 Minuten fertig braten. Den Fisch auf eine heiße Servierplatte legen.

Das Gemüse noch 5 Minuten zugedeckt braten. Mit Zitronensaft beträufeln und mit dem roten Schnäpper servieren.

Pro Portion   380 Kalorien   33 g Kohlenhydrate
35 g Eiweiß   12 g Fett   6,8 g Ballaststoffe

KÖSTLICHKEITEN AUS DEM MEER

Gebackener Bostoner Bluefish

für 4 Personen

800 g	Bostoner Bluefish am Stück, entgrätet, aufgeklappt
5	große Petersilienzweige
1	Frühlingszwiebel, längs halbiert
½ TL	Herbes de Provence
1	kleine Stange Staudensellerie
	Salz und Pfeffer
	Saft von 1 Zitrone

Den Ofen auf 220°C vorheizen.

Eine Auflaufform einölen und beiseite stellen.

Petersilie, Frühlingszwiebel, Herbes de Provence und Sellerie in den geöffneten Fisch geben und gut würzen. Zuklappen, aber nicht zubinden.

In die Form legen, mit Zitronensaft und Öl beträufeln. 14 Minuten im Ofen backen. Servieren.

Pro Portion   234 Kalorien   3 g Kohlenhydrate
33 g Eiweiß   10 g Fett   0,7 g Ballaststoffe

KÖSTLICHKEITEN AUS DEM MEER

Cremige Lachskasserolle

für 4 Personen

1 EL	Butter
4	kleine Zwiebeln, geviertelt
1 EL	frischer Dill, gehackt
250 g	frische Champignons, geputzt, geviertelt
50 ml	trockener Weißwein
375 ml	weiße Sauce, erhitzt
3 TS	übriggebliebener, gekochter Lachs, zerteilt
1/2 TS	geriebener Käse Ihrer Wahl
	Salz und Pfeffer

Butter, Zwiebeln und Dill in einen Topf geben. Halb zugedeckt 3-4 Minuten bei schwacher Hitze anbraten.

Die Champignons dazugeben und 3-4 Minuten halb zugedeckt bei mittlerer Hitze braten.

Den Wein aufgießen; 2-3 Minuten unbedeckt bei großer Hitze kochen; gut abschmecken.

Die weiße Sauce einrühren und 3-4 Minuten köcheln; nochmals abschmecken.

Den Lachs dazugeben, mischen und alles in eine Auflaufform geben; mit Käse bestreuen. 4-5 Minuten im vorgeheizten Ofen überbacken, bis alles leicht braun ist; dann servieren.

Pro Portion 449 Kalorien 17 g Kohlenhydrate
39 g Eiweiß 25 g Fett 2,8 g Ballaststoffe

KÖSTLICHKEITEN AUS DEM MEER

1. Butter, Zwiebeln und Dill in einen Topf geben. Bei schwacher Hitze halb zugedeckt 3-4 Minuen anbraten.

2. Die Pilze dazugeben und weitere 3-4 Minuten halb zugedeckt bei mittlerer Hitze braten.

3. Die Hitze auf Hoch stellen, den Wein aufgießen. 2-3 Minuten unbedeckt kochen.

4. Die weiße Sauce einrühren und 3-4 Minuten bei schwacher Hitze köcheln; gut abschmecken.

KÖSTLICHKEITEN AUS DEM MEER

Lachssteaks mit Dill

für 4 Personen

1 EL	Öl
4	Lachssteaks, à 2 cm Dicke
1 EL	Butter
2	Schalotten, fein gehackt
1	großer Dill- oder Fenchelkrautzweig, fein gehackt
	Salz und Pfeffer
	Saft von 1/2 Zitrone

Den Ofen auf 200°C vorheizen.

Das Öl in einer großen Pfanne erhitzen. Den Lachs darin bei mittelgroßer Hitze 2 Minuten braten.

Wenden, würzen und weitere 2 Minuten braten. Im Ofen 12-14 Minuten fertig braten. Nach der Hälfte der Garzeit wenden.

Den Fisch aus der Pfanne nehmen und warm halten.

Die Pfanne auswischen, die Butter hineingeben. Bei mittlerer Hitze auf den Herd stellen. Schalotten und Dill darin ungefähr 2 Minuten dünsten.

Den Zitronensaft dazugeben und alles über den Lachs gießen. Mit Kartoffeln und mit frischem, grünen Gemüse servieren.

Pro Portion   330 Kalorien   1 g Kohlenhydrate
41 g Eiweiß   18 g Fett   0 g Ballaststoffe

KÖSTLICHKEITEN AUS DEM MEER

Gebackener Lachs italienische Art *für 4 Personen*

1 EL	Olivenöl
4	Lachssteaks, à 2 cm Dicke
1	Schalotte, gehackt
1	Knoblauchzehe, gehackt
800 ml	Tomaten aus der Dose, abgetropft, gehackt
1 TL	Oregano
	Salz und Pfeffer
	Zitronensaft

Den Ofen auf 200°C vorheizen.

Das Öl in einer großen Pfanne erhitzen. Den Lachs darin 3 Minuten bei mittelgroßer Hitze braten. Wenden, würzen und weitere 2 Minuten braten.

Schalotte und Knoblauch dazugeben; 1 Minute braten.

Tomaten und Oregano hinzufügen; gut abschmecken. Im Ofen 12-14 Minuten fertig braten. Nach der Hälfte der Garzeit den Fisch wenden.

Den Lachs herausnehmen und auf eine heiße Platte legen; beiseite stellen.

Die Pfanne bei großer Hitze auf den Herd stellen. Den Zitronensaft dazugeben, 1 Minute kochen, über den Lachs gießen und servieren.

Pro Portion 339 Kalorien 9 g Kohlenhydrate
42 g Eiweiß 15 g Fett 1,7 g Ballaststoffe

KÖSTLICHKEITEN AUS DEM MEER

Lachsforelle Teriyaki

für 2 Personen

2	Lachsforellenfilets
2	Frühlingszwiebeln, schräg geschnitten
1 EL	Butter
1 EL	Teriyaki Sauce
1/2 TL	Herbes de Provence
	Saft von 1 Limone
	Salz und Pfeffer

Den Fisch in eine gebutterte Auflaufform legen. Mit den Zwiebeln und allen anderen Zutaten bedecken.

Im vorgeheizten Ofen 6 Minuten grillen.

Nach Belieben mit etwas Tomatenfondue* servieren.

* Siehe Barschfilet mit Tomatenfondue, Seite 308.

Pro Portion 432 Kalorien 5 g Kohlenhydrate
22 g Eiweiß 36 g Fett 0,8 g Ballaststoffe

KÖSTLICHKEITEN AUS DEM MEER

Lachsforelle mit Mischgemüse

für 2 Personen

1	großes Lachsforellenfilet
1 EL	Olivenöl
1	Knoblauchzehe, blanchiert, gehackt
1 TL	Fenchelsamen
1 TL	Teriyaki Sauce
1 EL	Erdnußöl
1	Frühlingszwiebel, schräg geschnitten
1/2	gelber Sommerkürbis, in Stifte geschnitten
1/2	grüne Paprikaschote, in Streifen
1/2	Zucchini, in Stifte geschnitten
8	frische Champignons, geputzt, blättrig geschnitten
	Saft von 1/2 Limone
	einige Tropfen Tabasco
	Salz und Pfeffer
	Saft von 1 Zitrone

Den Fisch häuten (falls er noch Haut hat), indem man mit dem Messer zwischen Haut und Fleisch schneidet. Schräg in 1 cm dicke Stücke schneiden.

Die Stücke mit Olivenöl, Knoblauch, Fenchelsamen, Teriyaki Sauce, Limonensaft und Tabasco in eine Schüssel geben; gut abschmecken und 15 Minuten marinieren.

Das Erdnußöl in einer Pfanne erhitzen. Den Fisch darin bei großer Hitze 3 Minuten sautieren.

Herausnehmen und beiseite stellen.

Alles Gemüse in die Pfanne geben, abschmecken und 4-5 Minuten bei großer Hitze braten.

Den Fisch in die Pfanne zum Gemüse geben; mit Zitronensaft beträufeln. Vor dem Servieren 1 Minute ziehen lassen.

Pro Portion   569 Kalorien   16 g Kohlenhydrate
25 g Eiweiß   45 g Fett   5,1 g Ballaststoffe

KÖSTLICHKEITEN AUS DEM MEER

Kurzgebratener Lachs

für 4 Personen

4	Lachsfilets, à 130 g
1 EL	Öl
250 g	Kichererbsenschoten, geputzt
2 TS	Bambussprossen, gewaschen
1	Zucchini, in Stifte geschnitten
2 EL	frischer Ingwer, gehackt
	Zitronensaft
	Sojasauce
	Salz und Pfeffer

Den Ofen auf 200°C vorheizen.

Den Fisch auf eine Platte legen, mit Zitronensaft und Sojasauce beträufeln; 10 Minuten marinieren.

Das Öl in einer großen Pfanne erhitzen. Den Fisch darin bei mittlerer Hitze 3 Minuten braten. Wenden, würzen und weitere 6-7 Minuten braten.

Den Fisch auf eine heiße Servierplatte legen.

Gemüse und Ingwer in die Pfanne geben, mit etwas mehr Sojasauce beträufeln. 3-4 Minuten bei großer Hitze braten.

Das Gemüse nur pfeffern und mit dem Fisch servieren.

Pro Portion   359 Kalorien   11 g Kohlenhydrate
45 g Eiweiß   15 g Fett   5,2 g Ballaststoffe

KÖSTLICHKEITEN AUS DEM MEER

Frischer Lachs Amandine
für 2 Personen

2	Lachssteaks, à 1 cm dick
1 EL	Öl
1 EL	Butter
1 EL	frische Petersilie, gehackt
1 EL	Mandelblättchen
	Mehl
	Salz und Pfeffer
	Saft von 1/2 Zitrone

Den Ofen auf 200°C vorheizen.

Den Lachs in Mehl wenden, würzen und beiseite stellen.

Das Öl erhitzen. Den Fisch darin bei mittlerer Hitze 3 Minuten braten. Wenden, und weiter 3 Minuten braten.

Den Pfannenstiel mit Folie umwickeln und in den Ofen stellen; 4-5 Minuten braten.

Den Fisch herausnehmen und auf eine heiße Servierplatte legen; beiseite stellen.

Butter, Petersilie und Mandeln in die Fischpfanne geben; 2 Minuten bei mittlerer Hitze braten.

Den Zitronensaft dazugeben, mischen und sofort über den Fisch geben. Mit Spinat servieren.

Pro Portion 446 Kalorien 12 g Kohlenhydrate
41 g Eiweiß 26 g Fett 0,7 g Ballaststoffe

KÖSTLICHKEITEN AUS DEM MEER

Pochierter Lachs mit Eisauce

für 4 Personen

WEISSE SAUCE:*

3 EL	Butter
3 EL	Mehl
500 ml	Milch
Prise	Muskat
Prise	Nelke
	weißer Pfeffer

POCHIERTER LACHS:

4	Lachssteaks, à 2 cm Dicke
2	Schalotten, in Scheiben
2	Dillzweige
2	kleine Karotten, geschält, in Scheiben
2	Eier, hartgekocht, gehackt
	Saft von 1 Zitrone
	Salz und Pfeffer

Die Butter in einem Topf zerlassen. Wenn sie heiß ist, das Mehl dazugeben. Mit einem Holzlöffel gut verrühren und 2 Minuten bei schwacher Hitze anschwitzen.

Die Milch langsam dazugießen, mit dem Holzlöffel gut rühren. Muskat, Nelke und Pfeffer dazugeben. Die Sauce 12 Minuten köcheln, 4mal rühren.

* Diese Sauce ist äußerst vielseitig und kann auch für andere Rezepte verwendet werden. Benötigen Sie eine dünnere Sauce einfach 250 ml mehr Milch dazugeben.

Den Lachs in eine feuerfeste Auflaufform oder eine große Pfanne geben. Schalotten, Dill, Karotten und Zitronensaft hinzufügen; würzen.

Den Fisch mit kaltem Wasser bedecken und bei mittlerer Hitze zum Kochen bringen. Nicht zudecken.

Die Hitze reduzieren, den Fisch wenden und 3-4 Minuten ziehen lassen. Wenn sich die Mittelgräte leicht entfernen läßt, ist der Fisch gar.

Die Steaks behutsam aus der Flüssigkeit nehmen und auf Teller legen. Die Eier unter die weiße Sauce rühren und über den Lachs geben. Servieren.

| Pro Portion | 481 Kalorien | 15 g Kohlenhydrate |
| 49 g Eiweiß | 25 g Fett | 0,8 g Ballaststoffe |

KÖSTLICHKEITEN AUS DEM MEER

1. Zuerst die Butter in einem Topf zerlassen.

2. Das Mehl dazugeben, wenn die Butter Blasen bildet.

3. Die Mehl-Butter-Mischung 2 Minuten bei schwacher Hitze anschwitzen, mit einem Holzlöffel rühren. Um den rauhen Geschmack des Mehl zu entfernen, ist es wichtig, daß es ausreichend angeschwitzt wird.

4. Die Milch aufgießen; wenn sie mit dem Mehl verrührt wird, dickt die Sauce an. Bei schwacher Hitze kochen.

KÖSTLICHKEITEN AUS DEM MEER

Pochierter Lachs mit Sauce Hollandaise *für 4 Personen*

SAUCE HOLLANDAISE:

1	Schalotte, fein gehackt
3 EL	trockener Weißwein
1 EL	frisches Fenchelkraut, gehackt
2	Eidotter
250 ml	Butter, geklärt
	Salz und Pfeffer
	Zitronensaft

Schalotte, Wein und Fenchel in eine Stahlschüssel geben. Bei mittlerer Hitze 2 Minuten kochen. Vom Herd nehmen und abkühlen lassen.
Einen Topf halbvoll mit heißem Wasser bei schwacher Hitze auf den Herd stellen. Die Eidotter in die Stahlschüssel geben und gut verrühren. Die Schüssel auf den Topf stellen.
Nach und nach die geklärte Butter in dünnem, stetigen Strahl dazugießen, dabei ständig mit dem Schneebesen schlagen. Wenn die Mischung dick wird, würzen und mit Zitronensaft abschmecken. Die Schüssel vom Topf nehmen und beiseite stellen.

LACHS:

1,5 l	Fischbrühe, erhitzt
4	Lachsfilets
	einige Tropfen Zitronensaft

Die Brühe in einen mittelgroßen Bräter geben und bei großer Hitze zum Kochen bringen. Die Hitze reduzieren, den Lachs hineingeben. 10-12 Minuten ziehen lassen, je nach Dicke. 1mal wenden.

Die pochierten Filets mit einem Schaumlöffel herausnehmen, die Sauce Hollandaise dazu reichen. Mit Zitronensaft beträufeln.

Pro Portion 756 Kalorien 2 g Kohlenhydrate
43 g Eiweiß 64 g Fett 0 g Ballaststoffe

KÖSTLICHKEITEN AUS DEM MEER

Gegrillte Lachssteaks
für 2 Personen

2	Lachssteaks, à 1 cm Dicke
2	Schalotten, gehackt
2	Zitronenscheiben
2	Petersilienzweige
1 TL	Olivenöl
	einige Tropfen Zitronensaft
	Salz und Pfeffer

Den Ofen auf 200°C vorheizen.

Einen kleinen Bräter einbuttern. Die Steaks hineingeben und mit den Schalotten bestreuen.

Die Zitronenscheiben obenauf geben und mit den restlichen Zutaten bedecken.

Die Grillfunktion des Ofens einschalten und je nach Dicke 6-7 Minuten grillen.

Nach Belieben mit Kartoffeln servieren.

Pro Portion 273 Kalorien 0 g Kohlenhydrate
39 g Eiweiß 13 g Fett 0,3 g Ballaststoffe

KÖSTLICHKEITEN AUS DEM MEER

Sautierter Lachs mit Paprika und Zwiebeln *für 4 Personen*

4	Lachsfilets
1 TS	gewürztes Mehl
2 EL	Pflanzenöl
1	grüne Paprikaschote, in feinen Streifen
1	rote Paprikaschote, in feinen Streifen
1	mittelgroße Zwiebel, in dünnen Ringen
1 EL	frische Petersilie, gehackt
	Salz und Pfeffer

Den Ofen auf 190°C vorheizen.

Den Lachs im Mehl wenden. Das Öl in einer Pfanne erhitzen. Den Fisch darin bei mittlerer Hitze 4 Minuten pro Seite sautieren.

Die Pfanne in den Ofen stellen und 6-7 Minuten fertig braten, oder je nach Dicke. Auf eine Platte legen und warm halten.

Paprika und Zwiebel in die Pfanne geben; 4-5 Minuten bei großer Hitze braten.

Gut abschmecken und dann zum Fisch servieren. Mit Petersilie bestreuen.

Pro Portion   454 Kalorien   30 g Kohlenhydrate
43 g Eiweiß   18 g Fett   1,9 g Ballaststoffe

KÖSTLICHKEITEN AUS DEM MEER

Paniertes Lachsfilet

für 4 Personen

4	Lachsfilets, à 130 g, gehäutet
2	Eier, geschlagen
1 EL	Öl
1 EL	Butter
1	Gurke, geschält, entkernt, in Scheiben
½	rote Paprikaschote, Julienne geschnitten
1	gelbe Paprikaschote, Julienne geschnitten
	gewürztes Mehl
	gewürzte Semmelbrösel
	Salz und Pfeffer
	geriebene Schale von 1 Zitrone

Den Ofen auf 200°C vorheizen.

Die Filets in Mehl wenden, in die Eier tauchen und gründlich mit Semmelbröseln bedecken.

Das Öl in einer großen Pfanne erhitzen. Den Fisch darin bei mittlerer Hitze 2 Minuten braten. Wenden, würzen und weitere 2 Minuten braten.

In den Ofen stellen und 10-12 Minuten fertig braten.

In der Zwischenzeit Butter und Gemüse in einen Topf geben. Zitronenschale dazugeben, zudecken und 5 Minuten braten.

Abschmecken und zum Fisch servieren.

Pro Portion   424 Kalorien   20 g Kohlenhydrate
41 g Eiweiß   20 g Fett   1,2 g Ballaststoffe

KÖSTLICHKEITEN AUS DEM MEER

Frischer Lachs mit Vinaigrette

für 4 Personen

3 TS	Lachs, frisch gekocht, zerteilt
1 EL	frische Petersilie, gehackt
1 EL	frischer Schnittlauch, gehackt
1	Stange Staudensellerie, dünn geschnitten
1	gelbe Paprikaschote, in feinen Streifen
1	große Karotte, geschält, geraspelt
60 ml	Olivenöl
	Saft von 1 Zitrone
	Salz und Pfeffer

Den Lachs in eine Schüssel geben. Petersilie, Schnittlauch, Sellerie, Paprika und Karotte dazugeben; gut vermengen.

Alle restlichen Zutaten hinzufügen und wieder mischen. Würzen und je nach Belieben auf einem Bett frischem Salat anrichten.

Pro Portion 259 Kalorien 4 g Kohlenhydrate
20 g Eiweiß 19 g Fett 1,0 g Ballaststoffe

KÖSTLICHKEITEN AUS DEM MEER

Verschiedene Nudeln mit Lachs
für 4 Personen

2 EL	Butter
250 g	frische Champignons, geputzt, blättrig geschnitten
1	Schalotte, fein gehackt
4 EL	Mehl
1/2	grüne Paprikaschote, gewürfelt
1/2	gelbe Paprikaschote, gewürfelt
500 ml	Milch, heiß
2 TS	gekochter Lachs, zerteilt
3	Portionen gekochte Linguine, heiß
1	Portionen gekochte Spiralnudeln, heiß
	Salz und Pfeffer
	Muskat und Paprika

Die Butter in einer Pfanne erhitzen. Pilze und Schalotte darin bei mittlerer Hitze 3-4 Minuten braten.

Das Mehl gut einrühren und 1 Minute bei schwacher Hitze anschwitzen.

Alle Paprika dazugeben, die Hälfte der Milch aufgießen; sehr gut vermengen. Die restliche Milch eingießen und gut abschmecken. Paprika und Muskat einstreuen. 7 Minuten bei mittlerer Hitze kochen, gelegentlich umrühren.

Den Lachs einrühren und 2-3 Minuten köcheln. Die Sauce über die Nudeln geben und servieren.

Pro Portion 624 Kalorien 89 g Kohlenhydrate
31 g Eiweiß 16 g Fett 2,1 g Ballaststoffe

KÖSTLICHKEITEN AUS DEM MEER

Bretonischer Muschelauflauf Saint Jacques *für 4 Personen*

3 EL	Butter
2	Schalotten, gehackt
1 TS	rote Zwiebeln, gehackt
3 EL	frische Petersilie, gehackt
3	Knoblauchzehen, blanchiert, gehackt
3 EL	trockener Weißwein
750 g	Jakobsmuscheln, gehackt
1 TS	Weißbrot, fein gewürfelt
½ TL	Estragon
	Salz und Pfeffer

2 EL Butter in einer Pfanne zerlassen. Schalotten, Zwiebeln, Petersilie und Knoblauch darin zugedeckt bei schwacher Hitze 10 Minuten anbraten.

Den Wein aufgießen und 3 Minuten bei starker Hitze kochen.

Muscheln und Weißbrotwürfel einrühren; die restliche Butter dazugeben. Abschmecken, den Estragon einstreuen. 5-6 Minuten bei mittlerer Hitze braten.

Inzwischen den Ofen auf 180°C vorheizen.

In 4 Muschelförmchen verteilen und auf ein Backblech stellen.

Die Mischung mit einem Löffel leicht andrücken.

Auf der Mittelschiene im Ofen 8 Minuten schön braun grillen. Servieren.

Pro Portion	308 Kalorien	16 g Kohlenhydrate
34 g Eiweiß	12 g Fett	0,8 g Ballaststoffe

KÖSTLICHKEITEN AUS DEM MEER

1. 2 EL Butter in eine Pfanne geben. Schalotten, Zwiebeln, Petersilie und Knoblauch dazugeben; zugedeckt 10 Minuten bei schwacher Hitze braten.

2. Nachdem der Wein reduziert ist, Jakobsmuscheln, Semmelbrösel und die restliche Butter dazugeben. Abschmecken und den Estragon einstreuen.

3. 5-6 Minuten bei mittlerer Hitze braten, damit die Flüssigkeit verdampft und die Mischung austrocknet.

4. Die Mischung in 4 Muschelförmchen verteilen - nach Belieben natürliche Schalen oder Auflaufförmchen verwenden. Zum Grillen vorbereiten.

KÖSTLICHKEITEN AUS DEM MEER

Gegrillte Miesmuscheln

für 4 Personen

2 EL	Butter
2	Knoblauchzehen, blanchiert, gehackt
250 g	frische Champignons, geputzt, gehackt
1	Schalotte, gehackt
1 EL	frische Petersilie, gehackt
1½ TS	Miesmuscheln, gekocht, gehackt
1 TS	Weißbrot, fein gewürfelt
1 TS	Tomatenfondue*
	Salz und Pfeffer
	feine Semmelbrösel
	zerlassene Butter

Den Ofen auf 180°C vorheizen.

Die Butter in einem Topf zerlassen. Knoblauch, Pilze, Schalotte und Petersilie dazugeben; würzen. 5 Minuten bei mittlerer Hitze braten.

Muscheln und Brot einrühren; 2-3 Minuten braten.

Das Tomatenfondue hinzufügen, gut mischen und weitere 2 Minuten dünsten und abschmecken.

Die Mischung in 4 Muschelförmchen verteilen und mit Semmelbrösel bestreuen; mit etwas zerlassener Butter anfeuchten.

2 Minuten im Ofen überbacken. Mit frischem Brot servieren.

* Siehe Barschfilet mit Tomatenfondue, Seite 308.

| Pro Portion | 302 Kalorien | 21 g Kohlenhydrate |
| 14 g Eiweiß | 18 g Fett | 2,5 g Ballaststoffe |

KÖSTLICHKEITEN AUS DEM MEER

Miesmuscheln in Weißweinsauce
für 4 Personen

4 kg	frische Miesmuscheln, gebürstet und gewaschen
2	Schalotten, fein gehackt
2 EL	frische Petersilie, gehackt
50 ml	trockener Weißwein
1	Zitronenscheibe
250 ml	Sahne, erhitzt
	Salz und Pfeffer

Die Muscheln in einen großen Topf geben. Alle bereits geöffneten Muscheln wegwerfen. Schalotten, Petersilie, Wein und Zitronensaft dazugeben. Leicht pfeffern, nicht salzen.

Zudecken und bei mittlerer Hitze kochen, bis die Muscheln geöffnet sind. 1mal umrühren.

Die Muscheln aus dem Topf nehmen, alle geschlossenen wegwerfen und die guten in eine große Servierschüssel geben.

Die Zitronenscheibe entfernen, den Topf bei großer Hitze auf den Herd stellen; die Flüssigkeit 3-4 Minuten einkochen.

Die Sahne einrühren, 3-4 Minuten kochen. Gut abschmecken, die Sauce über die Muscheln gießen und heiß servieren.

Pro Portion   385 Kalorien   18 g Kohlenhydrate
49 g Eiweiß   13 g Fett   0,2 g Ballaststoffe

KÖSTLICHKEITEN AUS DEM MEER

Muscheln in Tomatensauce auf Nudeln *für 4 Personen*

1 EL	Öl
3 EL	rote Zwiebel, gehackt
3	Knoblauchzehen, blanchiert, gehackt
2 EL	frische Petersilie, gehackt
1/2 TL	Estragon
800 ml	Tomaten aus der Dose, abgetropft, gehackt
1	frischer Zweig Oregano, gehackt
3 EL	Tomatenmark
2 TS	Miesmuscheln, gekocht, ohne Schale
4	Portionen gekochte Nudeln, heiß
	Salz und Pfeffer
Prise	Zucker

Öl, Knoblauch, Zwiebel, Petersilie und Estragon in einen Topf geben. Bei mittlerer Hitze 3 Minuten dünsten.

Tomaten und Oregano dazugeben; gut abschmecken. Mischen und 10 Minuten kochen.

Tomatenmark und Zucker einrühren; 3-4 Minuten köcheln.

Die Muscheln dazugeben und 1 Minute bei sehr schwacher Hitze ziehen lassen. Sofort auf heißen Nudeln servieren. Die Teller nach Belieben mit Muschelschalen garnieren.

Pro Portion 387 Kalorien 58 g Kohlenhydrate
23 g Eiweiß 7 g Fett 3,1 g Ballaststoffe

KÖSTLICHKEITEN AUS DEM MEER

1. Zwiebel, Knoblauch, Petersilie und Estragon 3 Minuten im heißen Öl bei mittlerer Hitze braten.

2. Tomaten und Oregano dazugeben; gut abschmecken. Mischen und weitere 10 Minuten kochen.

3. Das Tomatenmark und den Zucker einrühren; 4-5 Minuten bei schwacher Hitze köcheln.

4. Die Muscheln dazugeben und 1 Minute vor dem Servieren bei sehr schwacher Hitze ziehen lassen.

KÖSTLICHKEITEN AUS DEM MEER

Shrimpssauté mit Tomaten

für 4 Personen

24	mittelgroße Shrimps
1 EL	Pflanzenöl
1 EL	frische Petersilie, gehackt
1 TL	Herbes de Provence
2	Knoblauchzehen, gehackt
2	Frühlingszwiebeln, gehackt
50 ml	trockener Weißwein
800 ml	Tomaten aus der Dose, abgetropft, gehackt
	Salz und Pfeffer
	einige Tropfen Tabasco

Die Shrimps schälen, die Schwanzflosse ganz lassen. An der Oberseite aufschneiden, die Vene entfernen, die Shrimps waschen und beiseite stellen.

Das Öl in einer großen Pfanne erhitzen. Die Shrimps darin bei großer Hitze 2 Minuten braten.

Wenden, würzen und 1 Minute braten.

Petersilie, Herbes de Provence, Knoblauch und Frühlingszwiebeln dazugeben; 2 Minuten braten. Die Shrimps mit einer Zange herausnehmen und beiseite stellen.

Die Pfanne auf dem Herd lassen, den Wein aufgießen und 3 Minuten kochen.

Die Tomaten einrühren, gut abschmecken, Tabasco dazugeben. 8-10 Minuten kochen, gelegentlich umrühren.

Die Shrimps in die Tomatensauce geben, 1 Minute erhitzen und servieren.

Pro Portion   266 Kalorien   14 g Kohlenhydrate
39 g Eiweiß   6 g Fett   3,1 g Ballaststoffe

KÖSTLICHKEITEN AUS DEM MEER

1. Die Shrimps schälen, die Schwanzflosse ganz lassen. An der Oberseite aufschneiden und die Vene entfernen. Die Shrimps in kaltem Wasser waschen.

2. Die Shrimps in heißem Öl 2 Minuten braten. Dann wenden, würzen und 1 Minute weiter braten.

3. Petersilie, Herbes de Provence und Frühlingszwiebeln dazugeben; 2 Minuten braten.

4. Die Shrimps mit einer Zange herausnehmen, bevor sie zu lange gebraten werden und beiseite stellen.

KÖSTLICHKEITEN AUS DEM MEER

Pfeffer-Shrimps

für 4 Personen

32	mittelgroße Shrimps
1 TL	Herbes de Provence
1 EL	Pfeffer, frisch gemahlen
1 TL	Paprika
1 EL	Teriyaki Sauce
50 ml	trockener Weißwein
	Saft von 1 Zitrone

Die Shrimps ungeschält in eine Pfanne geben. Herbes de Provence, gemahlener Pfeffer, Paprika und Zitronensaft dazugeben.

Die Teriyaki Sauce hineingeben und gut vermengen. Den Wein aufgießen, zudecken und bei großer Hitze zum Kochen bringen.

Sobald die Flüssigkeit zu kochen beginnt, den Topf vom Herd nehmen und die Shrimps abtropfen. Sofort mit Meeresfrüchte Sauce servieren (nach Belieben auf Zeitungspapier).

Pro Portion   230 Kalorien   4 g Kohlenhydrate
49 g Eiweiß   2 g Fett   0 g Ballaststoffe

KÖSTLICHKEITEN AUS DEM MEER

Gegrillte Butterfly Shrimps

für 4 Personen

24	große Shrimps
1 TS	rote Zwiebeln, fein gehackt, gebraten
1 EL	frische Petersilie, gehackt
2	Knoblauchzehen, gehackt
3 EL	weiche Butter
	einige Tropfen Worcestershire-Sauce
	Salz und Pfeffer

Die ungeschälten Shrimps an der Oberseite aufschneiden, um sie aufzuklappen; die Vene entfernen. Auf einer feuerfesten Platte anrichten.

Die restlichen Zutaten im Mixer gut vermengen.

Die Mischung auf die geöffneten Shrimps streichen und, je nach Größe, 4-5 Minuten im vorgeheizten Ofen grillen.

Mit Gemüse servieren.

Pro Portion   263 Kalorien   4 g Kohlenhydrate
37 g Eiweiß   11 g Fett   0,6 g Ballaststoffe

KÖSTLICHKEITEN AUS DEM MEER

Frische Shrimps mit Knoblauchpüree   *für 4 Personen*

16-18	Knoblauchzehen, geschält
2 EL	Olivenöl
24	mittelgroße Shrimps
3	Zitronenscheiben
125 ml	trockener Weißwein
1 TL	Butter
½ TL	Herbes de Provence
1 TL	Stärkemehl
2 EL	kaltes Wasser
125 ml	Sahne, erhitzt
	einige Tropfen Zitronensaft
	Salz und Pfeffer
	einige Tropfen scharfe Pfeffersauce

Den Knoblauch in einem kleinen Topf mit Wasser bei großer Hitze zum Kochen bringen; 8-10 Minuten bei mittlerer Hitze weiter kochen.

Abtropfen und in einem Mörser mit dem Stößel verreiben. Das Püree durch ein Haarsieb in eine Schüssel streichen. Nach Belieben im Mixer pürieren.

Das Öl unter ständigem Rühren in das Püree gießen. Mit Zitronensaft beträufeln, würzen, mischen und beiseite stellen.

Die ungeschälten Shrimps und die Zitronenscheiben in einen sauberen Topf geben. Wein, Butter, Herbes de Provence und Pfeffersauce dazugeben. Bei großer Hitze zum Kochen bringen.

Das Stärkemehl mit Wasser vermengen und unter die Sauce rühren. Die Sahne hinzufügen, abschmekken und zum Kochen bringen. Bei mittlerer Hitze 2 Minuten kochen.

Die Shrimps schälen, die Schwanzflosse ganz lassen und mit der Sauce servieren. Das Knoblauchpüree zum Dippen dazu reichen.

Pro Portion   293 Kalorien   7 g Kohlenhydrate
37 g Eiweiß   13 g Fett   0 g Ballaststoffe

KÖSTLICHKEITEN AUS DEM MEER

1. Die Knoblauchzehen in einem Topf mit Wasser bedecken. Bei großer Hitze zum Kochen bringen; 8-10 Minuten bei mittlerer Hitze kochen lassen.

2. Die abgetropften Knoblauchzehen in einen Mörser geben und mit dem Stößel zerdrücken.

3. Das Knoblauchpüree durch ein Haarsieb in eine Schüssel passieren.

4. Die ungeschälten Shrimps mit Zitronenscheiben, Wein, Butter, Herbes de Provence und Pfeffersauce kochen.

KÖSTLICHKEITEN AUS DEM MEER

Königskrebsbeine

für 4 Personen

4	große Königskrebsbeine
½ TS	Knoblauchbutter
	Semmelbrösel
	Pfeffer

Den Ofen auf 200°C vorheizen.

Die Krebsbeine der Breite nach aufschneiden, längs halbieren.

Die Knoblauchbutter auf das Fleisch streichen und mit Semmelbrösel bestreuen; auf eine feuerfeste Platte legen. Gut pfeffern.

Die Grillfunktion des Ofens anschalten, die Krebsbeine in den Ofen legen und 5-6 Minuten grillen.

Pro Portion 408 Kalorien 9 g Kohlenhydrate
30 g Eiweiß 28 g Fett 0,2 g Ballaststoffe

GEMÜSE GEMÜSE

Ein Superangebot aus dem Garten – in leuchtenden Farben.

GEMÜSE, GEMÜSE

Würziger Krautsalat

für 4-6 Personen

1	mittelgroßes Weißkraut, geviertelt
2	Karotten, geschält, geraspelt
1 EL	frische Petersilie, gehackt
3 EL	Apfelessig, zum Siedepunkt erhitzt
4 EL	Mayonnaise
2 EL	Meerrettich
60 ml	Sahne
	Salz und Peffer
	Saft von 1 Zitrone

Das Kraut in einen Topf mit kochendem Wasser geben. Bei großer Hitze 4-5 Minuten blanchieren. Abtropfen und zum Abkühlen beiseite stellen.

Das Kraut fein schneiden und mit den Karotten und der Petersilie in eine große Schüssel geben; gut mischen. Salzen und pfeffern.

Den heißen Essig darübergießen und mischen. Beiseite stellen.

Mayonnaise und Meerrettich in einer Schüssel verrühren. Die Sahne leicht schlagen und dazugeben, mit Zitronensaft, Salz und Pfeffer abschmecken; alles verrühren.

Über das Kraut geben und gut vermischen. Vor dem Servieren 1 Stunde bei Zimmertemperatur marinieren.

Pro Portion 138 Kalorien 10 g Kohlenhydrate
2 g Eiweiß 10 g Fett 3,4 g Ballaststoffe

GEMÜSE, GEMÜSE

1. Das Weißkraut in einen großen Topf mit kochendem Wasser geben. 4-5 Minuten bei großer Hitze blanchieren.

2. Das fein geschnittene Kraut in eine große Schüssel geben. Karotten und Petersilie hinzufügen; gut vermengen. Salzen und pfeffern.

3. Den heißen Essig über das Kraut gießen und vermischen. Beiseite stellen.

4. Das Dressing darübergeben und gut vermengen.

347

GEMÜSE, GEMÜSE

Gemischter Paprikasalat
für 4 Personen

2 EL	Olivenöl
3	Scheiben Hinterschinken, in Streifen
1	kleine Aubergine, geschält, Julienne geschnitten
1	grüne Paprikaschote, Julienne geschnitten
2	rote Paprikaschoten, Julienne geschnitten
1	Schalotte, gehackt
1	Knoblauchzehe, gehackt
	Salz und Pfeffer
	Vinaigrette zum Abschmecken
	frische Petersilie, gehackt

Die Hälfte des Öls in einer Pfanne erhitzen. Den Schinken darin bei großer Hitze 2-3 Minuten braten, 1mal wenden.

Die Aubergine einrühren und bei mittlerer Hitze 4-5 Minuten braten.

Das restliche Gemüse, Schalotten und Knoblauch dazugeben; das restliche Öl hinzufügen. Abschmecken, zudecken und 7-8 Minuten bei mittlerer Hitze braten. 1-2mal wenden.

Die Mischung in eine Servierschüssel geben, mit der Vinaigrette abschmecken. Mit Petersilie bestreuen und, nach Belieben, mit anderen Zutaten vor dem Servieren garnieren.

Pro Portion   229 Kalorien   5 g Kohlenhydrate
5 g Eiweiß   21 g Fett   1,3 g Ballaststoffe

GEMÜSE, GEMÜSE

Vegetarische Platte
für 4 Personen

4	Kartoffeln zum Backen
2	Karotten, geschält, schräg geschnitten
1	Zucchini, in Stifte geschnitten
250 g	grüne Bohnen, geputzt
4	Zwiebeln, geviertelt
1	grüne Paprikaschote, geviertelt
	Salz und Pfeffer

Ofen auf 220°C vorheizen.

Die Kartoffeln einige Male mit einer Gabel einstechen, in Folie wickeln und im vorgeheizten Ofen 1 Stunde backen, oder bis sie weich sind.

In der Zwischenzeit ein Gemüse nach dem anderen in einen Dampfeinsatz geben und dämpfen, in der Reihenfolge, in der sie aufgelistet sind. Wenn sie gar sind, in eine Schüssel kaltes Wasser geben.

Das Gemüse in den Dampftopf zurückgeben und nochmals erwärmen.

Das Gemüse und die gebackene Kartoffeln auf Tellern anrichten und mit Ihrer Lieblingssauce, wie saure Sahne, Käsesauce, zerlassener Butter oder frischen Kräutern etc. servieren.

Pro Portion 345 Kalorien 75 g Kohlenhydrate
9 g Eiweiß 1 g Fett 9,4 g Ballaststoffe

GEMÜSE, GEMÜSE

Salatvariation Caesar

für 4 Personen

2 bis 3	Knoblauchzehen, gehackt
1 EL	Dijon-Senf
1	Eidotter
4-5	Anchovisfilets, abgetropft, fein gehackt
3 EL	Weinessig
125 ml	Olivenöl
2	große Köpfe Romana Salat*, gewaschen und abgetropft
	Salz und Pfeffer
	Saft von 1 Zitrone
	Frühstücksspeck, gebraten, gewürfelt
	Knoblauchcroûtons
	Parmesan, gerieben

Knoblauch, Senf und Eidotter in eine Schüssel geben; gut abschmecken. Zitronensaft, Anchovis und Essig dazugeben; vermengen.

Das Öl in dünnem, stetigen Strahl dazugießen, dabei ständig rühren; würzen.

Den Salat zerpflücken und in eine Schüssel geben. Speck und Croûtons darüberstreuen. Die Vinaigrette dazugeben und gut vermischen. Mit Parmesan bestreuen und servieren.

* Es ist sehr wichtig, daß der Salat gewaschen und gut abgetropft wird. Ist er nicht gründlich abgetropft, wird die Vinaigrette nicht gut angenommen, der Salat bekommt einen wäßrigen Geschmack.

Pro Portion   408 Kalorien   12 g Kohlenhydrate
9 g Eiweiß   36 g Fett   1,5 g Ballaststoffe

GEMÜSE, GEMÜSE

1. Knoblauch, Senf und Eidotter in eine kleine Schüssel geben; gut abschmecken.

2. Zitronensaft, Anchovis und Essig hinzufügen und gut verrühren.

3. Das Öl in dünnem, stetigen Strahl zulaufen lassen, dabei ständig mit einem Schneebesen schlagen.

4. Die Vinaigrette sollte dick sein.

351

GEMÜSE, GEMÜSE

Gemüsesalat
für 4 Personen

1	Stange Staudensellerie
1	große Karotte, geschält
1	grüne Paprikaschote
1	rote Paprikaschote
1/2	Zucchini
1	Aubergine
1	Apfel, entkernt, geschält
1 EL	frische Petersilie, gehackt
1 EL	Dijon-Senf
1	Eidotter
1 TL	Curry
3 EL	Weinessig
90 ml	Olivenöl
	Salz und Pfeffer
Prise	Paprika
	Salatblätter, gewaschen und abgetropft

Alles Gemüse (die Aubergine mit Schale) und den Apfel in Julienne (feine Streifen) schneiden. Das geht leichter, wenn Sie Enden und Seiten vom Gemüse abschneiden. Versuchen Sie möglichst gleichmäßige Stücke zu schneiden.
Sellerie und Karotte in kochendes Salzwasser legen. Zugedeckt 3 Minuten bei mittlerer Hitze blanchieren.
Das restliche Gemüse dazugeben, würzen und zugedeckt weitere 2 Minuten blanchieren.
Abtropfen und unter kaltem Wasser abschrecken. Wieder abtropfen und in eine Schüssel geben. Den Apfel hinzufügen und beiseite stellen.
Petersilie, Senf, Eidotter, Curry, Paprika, Essig, Salz und Pfeffer in eine Schüssel geben.
Das Öl in dünnem, stetigen Strahl dazugießen, dabei ständig mit einem Schneebesen schlagen. Wird das Öl zu schnell zugegeben, bindet es nicht so gut ab.
Dressing abschmecken und über die Salatzutaten gießen. Gut vermengen.
Die Salatblätter auf Teller legen, den Salat darauf anrichten. Nach Belieben mit einem durch ein Sieb gestrichenen Eidotter garnieren.

Pro Portion   275 Kalorien   15 g Kohlenhydrate
2 g Eiweiß   23 g Fett   3,2 g Ballaststoffe

GEMÜSE, GEMÜSE

Rote-Bete-Salat

für 4 Personen

6	kleine, frische Rote Bete
1 EL	frische Petersilie, gehackt
2	Schalotten, gehackt
2	Essiggurken, gehackt
1 EL	Dijon-Senf
2 EL	Weinessig
3 EL	Olivenöl
	Salz und Pfeffer

Die Spitzen der Rote Bete abschneiden und wegwerfen. Gründlich in viel kaltem Wasser waschen, falls nötig eine Bürste verwenden. In Salzwasser weichkochen.

Abtropfen und abkühlen lassen. Schälen und in 0,5 cm dicke Scheiben schneiden.

In eine Schüssel geben. Abschmecken, Petersilie, Essiggurken und Schalotten dazugeben und vermengen; beiseite stellen.

In einer kleinen Schüssel Essig und Senf mischen. Das Öl gut unterrühren.

Die Vinaigrette über die Rote Bete geben, vermischen und pikant abschmecken.

Auf Salatblättern oder auf Spinat servieren.

Pro Portion   139 Kalorien   9 g Kohlenhydrate
1 g Eiweiß   11 g Fett   2,5 g Ballaststoffe

GEMÜSE, GEMÜSE

Salat von gekochter Roter Bete   *für 4 Personen*

6-8	Rote Bete, gekocht, geschält, in Scheiben
2	Frühlingszwiebeln, in Scheiben
1 EL	frische Petersilie, gehackt
4	Scheiben Schinken, in Streifen geschnitten
1 EL	scharfer Senf
2 EL	Weinessig
3 EL	Olivenöl
	Salz und Pfeffer
	Romana Salatblätter, gewaschen, abgetropft

Rote Bete, Zwiebeln, Petersilie und Schinken in einer Schüssel vermengen, abschmecken und wieder mischen. Beiseite stellen.

Senf, Essig, Salz und Pfeffer in einer kleinen Schüssel verrühren.

Das Öl einfließen lassen, abschmecken und über den Salat geben. Gleichmäßig vermischen.

Die Salatblätter in Gläsern oder Schalen hübsch anrichten. Den Salat obenauf geben und servieren.

Pro Portion   193 Kalorien   9 g Kohlenhydrate
10 g Eiweiß   13 g Fett   3,5 g Ballaststoffe

GEMÜSE, GEMÜSE

Salat Jeffrey

für 4 Personen

250 g	grüne Bohnen, geputzt, gekocht
4	Rote Bete, gekocht, geschält, in Scheiben
2	Eiertomaten, in Scheiben
3	Anchovisfilets, gehackt
12	gefüllte grüne Oliven
2	gekochte Kartoffeln, geschält, in Scheiben
2 EL	Kapern
1 EL	Dijon-Senf
1 TL	Estragon
1	Knoblauchzehe, gehackt
3 EL	Estragonessig
125 ml	Olivenöl
1 EL	Zitronensaft
2	Eier, hartgekocht, in Scheiben
	Salz und Pfeffer

Bohnen, Rote Bete, Tomaten, Anchovis, Oliven, Kartoffeln und Kapern in eine große Schüssel geben. Vermischen und gut abschmecken.

Senf, Estragon, Knoblauch, Salz und Pfeffer in eine kleine Schüssel geben. Den Essig hinzufügen und gut verrühren.

Das Öl in dünnem, stetigen Strahl dazugießen, dabei ständig schlagen. Den Zitronensaft dazugeben und abschmecken.

Das Dressing über den Salat gießen und vermischen. Die Eier hinzufügen, wieder mischen und servieren.

Pro Portion 418 Kalorien 21 g Kohlenhydrate
7 g Eiweiß 34 g Fett 5,6 g Ballaststoffe

GEMÜSE, GEMÜSE

Elsässischer Salat

für 4 Personen

2	dicke Scheiben Schinken, Julienne geschnitten
2	Rote Bete, gekocht, geschält, Julienne geschnitten
2	Kartoffeln, gekocht, geschält, in Scheiben
1 EL	frische Petersilie, gehackt
1/2	rote Paprikaschote, Julienne geschnitten
2 EL	Mayonnaise
1 TL	Olivenöl
1	ganzes Hühnerbrüstchen, gebraten, ohne Haut, Julienne geschnitten
	Salz und Pfeffer
	Saft von 1/2 Zitrone

Schinken, Rote Bete, Kartoffeln, Petersilie und Paprika in eine große Schüssel geben.

Mayonnaise und Zitronensaft hinzufügen und gut vermischen.

Das Olivenöl hineingeben und abschmecken. Wieder mischen.

Das Hühnerfleisch obenauf geben und servieren.

Pro Portion 234 Kalorien 14 g Kohlenhydrate
22 g Eiweiß 10 g Fett 2,1 g Ballaststoffe

GEMÜSE, GEMÜSE

Kartoffelwürfel mit saurer Sahne
für 4 Personen

2 EL	Butter, zerlassen
1	mittelgroße Zwiebel, fein gehackt
4	Kartoffeln, gekocht, geschält, gewürfelt, noch heiß
300 ml	saure Sahne
	Salz und Pfeffer
Prise	Paprika

Die Butter in einer großen Bratpfanne erhitzen. Die Zwiebeln darin zugedeckt 3 Minuten bei schwacher Hitze braten.

Die Kartoffeln dazugeben und würzen. 8-10 Minuten unbedeckt bei mittlerer Hitze braten. 1-2mal wenden.

Die saure Sahne hinzufügen und behutsam vermischen. Bei schwacher Hitze 3 Minuten garen.

Mit Paprika bestreuen und servieren.

Pro Portion 277 Kalorien 26 g Kohlenhydrate
5 g Eiweiß 17 g Fett 3,0 g Ballaststoffe

GEMÜSE, GEMÜSE

Cremiger Gurkensalat

für 4 Personen

1	kernlose Gurke, geschält
1/2	rote Paprikaschote, in Streifen
1	kleine Stange Staudensellerie, in Scheiben
1	Apfel, entkernt, geschält, in Scheiben
1/2 TS	gefrorene Erbsen, gekocht
1 TL	Meerrettich
3 EL	saure Sahne
	Salz und Pfeffer
	Saft von 1 Zitrone

Die Gurke längs halbieren und dann schneiden. In eine Schüssel geben, salzen; 15 Minuten ziehen lassen.

Abtropfen und in eine andere Schüssel geben. Paprika, Sellerie, Apfel und Erbsen dazugeben.

Mit Zitronensaft beträufeln und abschmecken. Den Meerrettich einmischen, dann die saure Sahne dazugeben und gleichmäßig vermengen.

Nochmals abschmecken. Nach Belieben auf geschnittenem Kraut servieren und mit frischen Radieschen garnieren.

| Pro Portion | 86 Kalorien | 15 g Kohlenhydrate |
| 2 g Eiweiß | 2 g Fett | 3,9 g Ballaststoffe |

GEMÜSE, GEMÜSE

Frischer Tomatensalat
für 4 Personen

4	Tomaten, gewaschen
2	Schalotten, fein gehackt
1 EL	frische Petersilie, gehackt
2	Eier, hartgekocht, gehackt
2 EL	Weinessig
3 EL	Olivenöl
	Saft von 1/2 Zitrone
	Salz und Pfeffer

Die Tomaten auf die Arbeitsfläche stellen, den Strunk ausschneiden. Halbieren. Mit der Schnittfläche nach unten legen, dann in Scheiben schneiden.

Zusammen mit Schalotten, Petersilie und Eiern in eine Schüssel geben.

Mit Zitronensaft, Essig und Öl beträufeln; gut abschmecken. Vermengen und servieren.

Pro Portion 166 Kalorien 6 g Kohlenhydrate
4 g Eiweiß 14 g Fett 1,9 g Ballaststoffe

GEMÜSE, GEMÜSE

Gebratene Tomatenscheiben *für 4 Personen*

4	Fleischtomaten, ohne Strunk, in 2 cm dicken Scheiben
2 EL	Olivenöl
3 EL	Sojasauce
2	Knoblauchzehen, gehackt
1 TS	Mehl
3 EL	Butter, zerlassen
	Salz und Pfeffer
	frische Petersilie, gehackt

Die Tomatenscheiben salzen und pfeffern, auf eine große Platte legen.

Das Öl mit Knoblauch und Sojasauce mischen; über die Tomaten gießen und 15 Minuten marinieren.

Die Tomaten wenden, weitere 15 Minuten ziehen lassen.

Die Scheiben leicht in Mehl wenden. Die Butter in einer großen Pfanne erhitzen. Die Tomatenscheiben darin 3 Minuten bei mittlerer Hitze braten.

Wenden und weitere 3-4 Minuten braten, oder bis sie leicht braun sind.

Mit frischer Petersilie bestreut servieren.

Pro Portion 253 Kalorien 21 g Kohlenhydrate
4 g Eiweiß 17 g Fett 2,9 g Ballaststoffe

GEMÜSE, GEMÜSE

Gemischter Gurkensalat
für 4 Personen

1	kernlose Gurke, in Scheiben
12	große, frische Champignons, geputzt
1/2	rote Paprikaschote, in feinen Streifen
1 EL	frische Petersilie, gehackt
1/2 TS	Edamer Käse, gewürfelt
1/4 TS	Bambussprossen, in Streifen
2 EL	saure Sahne
1 EL	Olivenöl
4 EL	Walnüsse, gehackt
	Saft von 1 Zitrone
	Paprika zum Abschmecken
	Salz und Pfeffer

Die Gurke in eine große Schüssel geben. Die Haut der Pilze abziehen, bei den Köpfen beginnen, und wegwerfen. Dann blättrig schneiden und in die Schüssel geben.

Mit Zitronensaft beträufeln. Paprika, Petersilie, und Paprikapulver hinzufügen; gut abschmecken.

Käse und Bambussprossen dazugeben und vermengen.

Saure Sahne und Öl hineingeben; gut verrühren und abschmecken.

Die Walnüsse darüberstreuen und servieren.

Pro Portion 203 Kalorien 10 g Kohlenhydrate
7 g Eiweiß 15 g Fett 2,5 g Ballaststoffe

GEMÜSE, GEMÜSE

Bunter Reissalat

für 4 Personen

3	kleine Eiertomaten, gewürfelt
1	gelbe Paprikaschote, entkernt, gehackt
¼ TS	Bambussprossen, in Streifen
1 TL	frische Petersilie, gehackt
2 TS	Reis, gekocht
2	Eier, hartgekocht, gehackt
1 EL	Dijon-Senf
1	Knoblauchzehe, gehackt
3 EL	Estragonessig
125 ml	Olivenöl
1 EL	Zitronensaft
	Salz und Pfeffer

Tomaten, Paprika, Bambussprossen, Petersilie und Reis in einer Schüssel vermischen.

Würzen, die gehackten Eier dazugeben, mischen und beiseite stellen.

Senf und Knoblauch in eine andere Schüssel geben; abschmecken. Den Essig dazugeben und gut verrühren.

Das Öl in dünnem, stetigen Strahl dazugießen, dabei ständig mit dem Schneebesen rühren. Den Zitronensaft einträufeln, mischen und abschmecken.

Die Vinaigrette über den Salat gießen und gleichmäßig vermengen. Nach Belieben auf frischen Salatblättern servieren.

Pro Portion   428 Kalorien   29 g Kohlenhydrate
6 g Eiweiß   32 g Fett   1,8 g Ballaststoffe

GEMÜSE, GEMÜSE

Nudelsalat mit Kumin
für 4 Personen

4 TS	Penne, gekocht
3	Frühlingszwiebeln, in Scheiben
1	Schalotte, gehackt
1	Karotte, geschält, geraspelt
2 EL	Mayonnaise
3 EL	Hüttenkäse
1 TL	Kumin (Kreuzkümmel)
6	Scheiben Frühstücksspeck, knusprig gebraten, gehackt
1 TL	Weinessig
	Salz und Pfeffer
	Saft von 1/2 Zitrone

Nudeln, Frühlingszwiebeln, Schalotte und Karotte in eine Schüssel geben. Würzen und vermengen.

Mayonnaise, Hüttenkäse und Kumin in einer kleinen Schüssel verrühren. Den Zitronensaft einträufeln, wieder rühren.

Das Dressing über den Salat geben, abschmecken und vollständig vermischen.

Den Speck hinzufügen, vermengen, mit Essig beträufeln; nochmals vermischen und servieren.

Pro Portion   291 Kalorien   38 g Kohlenhydrate
10 g Eiweiß   11 g Fett   1,2 g Ballaststoffe

GEMÜSE, GEMÜSE

Kichererbsensalat

für 4 Personen

540 ml	Kichererbsen aus der Dose, abgetropft
1 1/2 TS	Blumenkohlröschen, gekocht
1 EL	frische Petersilie, gehackt
2 EL	Dijon-Senf
1	Schalotte, fein gehackt
1	Knoblauchzehe, gehackt
2 EL	Estragonessig
2 EL	Olivenöl
	Salz und Pfeffer
	Salatblätter, gewaschen, abgetropft

Kichererbsen, Blumenkohl, Petersilie und Senf in einer Schüssel gut vermengen.

Schalotte und Knoblauch dazugeben, mischen. Den Essig einträufeln und vermischen.

Das Öl hinzufügen, vermengen und abschmecken.

Auf Salatblättern servieren.

Pro Portion   148 Kalorien   14 g Kohlenhydrate
5 g Eiweiß   8 g Fett   4,2 g Ballaststoffe

GEMÜSE, GEMÜSE

Pilze mit Zwiebeln und Erbsen
für 4 Personen

1 EL	Butter
125 g	frische Champignons, geputzt, halbiert
1	Zwiebel, in 6 Teile geschnitten
1/4 TL	Estragon
50 ml	Hühnerbrühe, erhitzt
1 1/2 TS	gefrorene Erbsen, gekocht
1 TL	Stärkemehl
2 EL	kaltes Wasser
	Salz und Pfeffer

Die Butter in einer tiefen Pfanne zerlassen. Pilze und Zwiebel hineingeben; würzen. 3-4 Minuten bei großer Hitze anbraten.

Estragon und Brühe hinzufügen; gut abschmecken und zum Kochen bringen. 1 Minute kochen.

Die Erbsen dazugeben, nochmals 1 Minute kochen.

Das Stärkemehl mit Wasser verrühren; unter die Sauce mischen und 1 Minute kochen. Servieren.

Pro Portion 99 Kalorien 14 g Kohlenhydrate
4 g Eiweiß 3 g Fett 9,0 g Ballaststoffe

GEMÜSE, GEMÜSE

Weiße Pilze
für 4 Personen

2 EL	Butter
500 g	frische Champignons, geputzt, blättrig geschnitten
1	Schalotte, fein gehackt
300 ml	weiße Sauce, erhitzt
1 EL	frische Petersilie, gehackt
	Salz und Pfeffer
	einige Tropfen Zitronensaft
Prise	Paprika

Die Butter zerlassen. Champignons und Schalotte hineingeben; würzen. Halb zugedeckt bei mittlerer Hitze 8-10 Minuten anbraten.

Die weiße Sauce einrühren und 2-3 Minuten köcheln.

Petersilie, Zitronensaft und Paprika dazugeben; abschmecken, mischen und sofort servieren.

Pro Portion   185 Kalorien   12 g Kohlenhydrate
5 g Eiweiß   13 g Fett   3,3 g Ballaststoffe

GEMÜSE, GEMÜSE

Pilze à l'Orange

für 4 Personen

2 EL	Butter
1 EL	Olivenöl
500 g	große, frische Pilze*, geputzt, gedrittelt
2 EL	Orangenschale, fein gehackt
1	Schalotte, fein gehackt
2	Knoblauchzehen, gehackt
1 EL	frische Petersilie, gehackt
1 TS	selbstgemachte Croûtons
	Salz und Pfeffer

Die Butter in einer Pfanne erhitzen. Die Pilze hineingeben und würzen. 2 Minuten pro Seite bei großer Hitze braten.

Orangenschale, Schalotte und Knoblauch hinzufügen. 2-3 Minuten braten.

Petersilie, Croûtons und, falls nötig, etwas Öl dazugeben. 2 Minuten bei großer Hitze braten und sofort servieren.

* Es gibt eine große Auswahl kultivierter Pilze, aus der Sie wählen können. Suchen Sie nur feste, weiße Pilze aus. Pilze, deren Köpfe sich öffnen und sich vom Stiel lösen sind alt und müssen weggeworfen werden. Pilze werden am besten mit einer speziellen Bürste, mit einem sauberen Küchentuch oder mit Papiertüchern geputzt.

Pro Portion   162 Kalorien   14 g Kohlenhydrate
4 g Eiweiß   10 g Fett   3,3 g Ballaststoffe

GEMÜSE, GEMÜSE

Gemischtes Gemüse China Art
für 4 Personen

2 EL	Pflanzenöl
1	Stange Staudensellerie, schräg geschnitten
1	italienische Aubergine*, in Stifte geschnitten
1	Karotte, geschält, schräg dünn geschnitten
1/2	rote Paprikaschote, in Streifen
1	kleine Zucchini, schräg geschnitten
1/2	kernlose Gurke, schräg geschnitten
1 TS	Hühnerbrühe, erhitzt
1 TL	Sojasauce
2 EL	frischer Ingwer, gehackt
2 EL	Zitronenschale, gerieben
1 EL	Stärkemehl
2 EL	kaltes Wasser
	Salz und Pfeffer

Das Öl in einer Pfanne erhitzen. Wenn es sehr heiß ist Sellerie, Aubergine und Karotte darin bei großer Hitze 7-8 Minuten dünsten, gelegentlich wenden.

Paprika, Zucchini und Gurke dazugeben, gut abschmecken. 6-7 Minuten dünsten.

Die Brühe aufgießen und 3-4 Minuten bei mittlerer Hitze kochen.

Sojasauce, Ingwer und Zitronenschale einrühren; 3-4 Minuten kochen.

Das Stärkemehl mit Wasser verrühren; unter die Sauce mischen und weitere 2 Minuten kochen.

Sofort servieren.

*Italienische Auberginen sind die kurze, dunkelviolette Sorte.

Pro Portion 115 Kalorien 11 g Kohlenhydrate
2 g Eiweiß 7 g Fett 3,0 g Ballaststoffe

GEMÜSE, GEMÜSE

1. Sellerie, Aubergine und Karotten im heißen Öl 7-8 Minuten braten. Einige Male wenden.

2. Paprika, Zucchini und Gurke dazugeben und gut abschmecken. Weitere 5-6 Minuten bei großer Hitze braten.

3. Die Brühe aufgießen und bei mittlerer Hitze 3-4 Minuten kochen.

4. Sojasauce, Ingwer und Zitronenschale einrühren; weitere 3-4 Minuten kochen.

GEMÜSE, GEMÜSE

Mangold mit Ingwer
für 4 Personen

2	kleine italienische Auberginen, ungeschält
2 EL	Pflanzenöl
1	Zwiebel, in 6 Stücke geschnitten
1	Mangold, gewaschen, schräg in 2,5 cm breite Stücke geschnitten
1/2	rote Paprika, in Streifen
2 EL	frischer Ingwer, gehackt
375 ml	Hühnerbrühe, erhitzt
1 EL	Stärkemehl
3 EL	kaltes Wasser
1 EL	Sojasauce
	Salz und Pfeffer

Die Auberginen längs halbieren; dann in 2,5 cm lange Stücke schneiden.

Das Öl in einer Pfanne erhitzen. Aubergine und Zwiebel hineingeben; gut würzen. 3-4 Minuten bei großer Hitze anbraten.

Mangold und Paprika dazugeben; gut vermischen. Den Ingwer einstreuen und abschmecken. 5-6 Minuten bei großer Hitze braten.

Die Brühe aufgießen, rühren und zum Kochen bringen. Nochmals abschmecken.

Das Stärkemehl mit Wasser verrühren; unter die Sauce mischen. Die Sojasauce dazugeben, mischen und 5-6 Minuten bei schwacher Hitze fertig kochen.

Pro Portion 118 Kalorien 12 g Kohlenhydrate
4 g Eiweiß 6 g Fett 5,9 g Ballaststoffe

GEMÜSE, GEMÜSE

1. Vor dem Kochen die Zutaten - wie beschrieben - bereitstellen. Dabei sicherstellen, daß der Mangold sehr gut gewaschen ist.

2. Aubergine und Zwiebel im heißen Öl 3-4 Minuten bei großer Hitze braten.

3. Das restliche Gemüse dazugeben.

4. Den Ingwer einstreuen und gut abschmecken. Weitere 5-6 Minuten, immer bei großer Hitze, braten.

GEMÜSE, GEMÜSE

Rosenkohl

für 4 Personen

750 g	Rosenkohl*
1 EL	Butter
2	Scheiben Frühstücksspeck, gewürfelt
	Salz und Pfeffer

Den Rosenkohl in kaltem Wasser waschen. Den Strunk mit einem kleinen Messer abschneiden und an der Unterseite kreuzförmig einschneiden – das unterstützt ein schnelles und gleichmäßiges Garen.

Den Rosenkohl in kochendes Salzwasser geben und zudecken. 8 Minuten kochen oder länger, je nach Größe. Er sollte weich, aber noch bißfest sein. Der Rosenkohl darf nicht musig werden.

Wenn er gar ist, einige Minuten unter kaltem Wasser abschrecken. Gut abtropfen.

Die Butter in einer Pfanne erhitzen. Speck und Rosenkohl hineingeben; 3-4 Minuten bei großer Hitze braten.

Würzen und servieren.

* Wenn Sie Rosenkohl kaufen, sollten Sie darauf achten, daß er glänzend grün ist und sich fest anfühlt. Verfärbten Rosenkohl wegwerfen. Gleichmäßig großen Rosenkohl auswählen, damit er gleichmäßig kocht.

Pro Portion 137 Kalorien 13 g Kohlenhydrate
10 g Eiweiß 5 g Fett 5,0 g Ballaststoffe

GEMÜSE, GEMÜSE

Spinat in weißer Sauce

für 4 Personen

500 g	frischen Spinat oder 2 Pakete (à 280 g) tiefgefrorener Spinat
500 ml	kaltes Wasser
1 EL	Butter
375 ml	weiße Sauce
	Salz

Das Spülbecken mit kaltem Wasser füllen, den Spinat hineingeben. Allen Sand und Schmutz auswaschen. So oft wiederholen, bis keine Spur Sand mehr sichtbar ist.

Den Spinat gut abtropfen, die Stiele abschneiden.

Das kalte Wasser und etwas Salz in einen Topf geben. Zugedeckt zum Kochen bringen.

Den Spinat hineingeben, salzen und zudecken. 3-4 Minuten bei großer Hitze kochen, umrühren.

Den Spinat herausnehmen und in einem Sieb gut abtropfen. Mit einem Holzlöffel die restliche Flüssigkeit auspressen.

Die Butter in einer Pfanne zerlassen. Den Spinat darin bei mittlerer Hitze 1 Minute dünsten.

Tiefgefrorenen Spinat gemäß Packungsvorschrift auftauen.

Die weiße Sauce einrühren und 3 Minuten kochen. Servieren.

* Frischer Spinat sollte dunkelgrüne Blätter haben und knackig aussehen.

Pro Portion 192 Kalorien 13 g Kohlenhydrate
8 g Eiweiß 12 g Fett 5,5 g Ballaststoffe

GEMÜSE, GEMÜSE

Gebackener Lauch mit Gruyère *für 4 Personen*

1/2	Zitrone, halbiert
4	Lauch
2 EL	Butter
2 EL	Mehl
500 ml	Milch, erhitzt
1/2 TS	Gruyère, gerieben
1 EL	Cornflakes, zerbröselt
	Salz und weißer Pfeffer
Prise	Paprika
Prise	Muskat

Den Ofen auf 200°C vorheizen.

Einen Topf mit Wasser, Zitronensaft und einer Prise Salz bei großer Hitze zum Kochen bringen. Währenddessen den Lauch wie gezeigt vorbereiten.

Den Lauch in das kochende Wasser geben und zugedeckt bei mittlerer Hitze 25-30 Minuten kochen. Gut abtropfen und beiseite stellen.

Die Butter in einem Topf zerlassen. Das Mehl einrühren; 2 Minuten bei schwacher Hitze anschwitzen.

Die Milch aufgießen, dabei mit einem Holzlöffel gut rühren. Salzen, pfeffern und mit Muskat und Paprika abschmecken. 8-10 Minuten köcheln, 1-2mal umrühren.

Die Hälfe des Käses dazugeben und 2-3 Minuten köcheln.

Den Lauch in eine Auflaufform geben. Die Sauce darübergießen und mit dem restlichen Käse bestreuen. Die Cornflakesbrösel obenauf streuen und 20 Minuten backen.

Zu einem Hauptgericht servieren.

Pro Portion 233 Kalorien 19 g Kohlenhydrate
10 g Eiweiß 13 g Fett 1,1 g Ballaststoffe

GEMÜSE, GEMÜSE

1. Dieses Bild zeigt frische Lauchstangen. Die Wurzeln sind intakt der untere Teil ist weiß und fest. Zuerst mit kaltem Wasser abspülen.

2. Dann die Wurzeln und den grünen oberen Teil abschneiden. (Diese Teile können als Geschmacksverstärker in einer Suppe mitgekocht werden.)

3. Die weißen Teile aufschneiden, dabei 1 cm vom Strunk her nicht aufschneiden, sonst fallen die Stangen auseinander. Umdrehen und nochmals längs schneiden. Dies macht es möglich den Lauch zu waschen, was der nächste Schritt ist.

4. Wenn aller Sand und Schmutz herausgewaschen ist, ist der Lauch fertig zum Kochen. Den Lauch mit etwas Zitrone in kochendes Wasser legen und zugedeckt 25-30 Minuten bei mittlerer Hitze kochen.

GEMÜSE, GEMÜSE

Broccoli mit traditioneller Cheddarsauce *für 4 Personen*

1 EL	weißer Essig
1	Broccoli*, gut gewaschen, vom Strunk her in Röschen geteilt
2 EL	Butter
2 EL	Mehl
500 ml	Milch, heiß
125 g	mittelalter Cheddar, gerieben
	Salz und weißer Pfeffer
Prise	Paprika
Prise	Muskat

Reichlich Salzwasser mit Essig in einem großen Topf zum Kochen bringen.

Den Broccoli darin zugedeckt 5 Minuten bei großer Hitze bißfest kochen. Abhängig von der Dicke der Stücke etwas Zeit zugeben.

Wenn er gar ist, den Topf unter fließendes kaltes Wasser stellen, um den Garprozeß zu stoppen. Abtropfen und beiseite stellen.

Die Butter bei schwacher Hitze zerlassen. Das Mehl gut einrühren; 2 Minuten anschwitzen.

Die Milch aufgießen und mit einem Holzlöffel verrühren. Salzen, pfeffern, mit Muskat und Paprika abschmecken. 8-10 Minuten köcheln, einige Male umrühren.

Den Käse einrühren; weitere 2-3 Minuten köcheln.

Den Broccoli auf einer Servierplatte anrichten, mit Cheddarsauce begießen und servieren.

* Wenn Sie frischen Broccoli kaufen, sollten Sie darauf achten, daß die Röschen dunkelgrün sind und der Strunk kräftig und die Blätter knackig.

Pro Portion   262 Kalorien   20 g Kohlenhydrate
14 g Eiweiß   14 g Fett   7,3 g Ballaststoffe

GEMÜSE, GEMÜSE

Sautierter Blumenkohl mit Croûtons
für 4 Personen

50 ml	Milch
1	Blumenkohl
2 EL	Butter
7-8	frische Champignons, geputzt, geviertelt
1	Frühlingszwiebel, in Scheiben
	Salz und Pfeffer
	frische Petersilie, gehackt
	selbstgemachte Croûtons

Milch und Wasser in einem großen Topf mit Salz zum Kochen bringen.

Währenddessen den größten Teil des Blumenkohlstrunkes abschneiden, die Blätter entfernen. An der Unterseite mit einem kleinen Messer kreuzförmig einschneiden.

Den Blumenkohl in die kochende Flüssigkeit geben und bei mittlerer Hitze 8 Minuten kochen. Je nach Größe etwas Zeit zugeben.

Wenn er gar ist herausnehmen und einige Minuten unter kaltem Wasser abschrecken. Den Blumenkohl gut abtropfen und auf ein Schneidebrett legen. Den restlichen Strunk abschneiden und den Blumenkohl in Röschen zerteilen.

Die Butter in einem Topf erhitzen. Blumenkohl und Pilze dazugeben; gut abschmecken. 3-4 Minuten bei großer Hitze braten.

Frühlingszwiebel und Petersilie hinzufügen; 3-4 Minuten fertig braten. Mit Croûtons servieren.

Pro Portion   143 Kalorien   15 g Kohlenhydrate
5 g Eiweiß   7 g Fett   4,0 g Ballaststoffe

GEMÜSE, GEMÜSE

Goldener Blumenkohl
für 4 Personen

50 ml	Milch
1	mittelgroßer Blumenkohl
1 EL	Butter, zerlassen
1	Zwiebel, gehackt
1	Stange Staudensellerie, fein gewürfelt
1	Knoblauchzehe, gehackt
1 TL	frische Petersilie, gehackt
2 EL	Curry
500 ml	weiße Sauce, erhitzt
	Salz und Pfeffer

Einen großen Topf ³/₄ mit heißem Salzwasser füllen. Zum Kochen bringen.
Währenddessen den Blumenkohl vorbereiten: Den Strunk abschneiden und die harten äußeren Blätter entfernen. An der Unterseite kreuzweise einschneiden.
Die Milch zum kochenden Wasser gießen. Wenn es wieder kocht, den Blumenkohl hineingeben und zudecken; 10-15 Minuten kochen, je nach Größe. Falls nötig, etwas Zeit zugeben.
Wenn er gar ist herausnehmen und abtropfen, 125 ml Kochflüssigkeit aufheben. Den Blumenkohl beiseite stellen, warm halten.
Die Butter erhitzen. Zwiebel, Sellerie, Knoblauch und Petersilie darin bei mittlerer Hitze 3-4 Minuten dünsten.
Abschmecken, den Curry einstreuen, gut vermischen und bei schwacher Hitze 6-7 Minuten anschwitzen.
Die weiße Sauce einrühren und sehr gut vermischen. Die restliche Kochflüssigkeit aufgießen und abschmecken.
Die Sauce 10 Minuten köcheln, über den Blumenkohl geben und sofort servieren.

Pro Portion	*247 Kalorien*	*20 g Kohlenhydrate*
8 g Eiweiß	*15 g Fett*	*2,9 g Ballaststoffe*

GEMÜSE, GEMÜSE

1. Das meiste des Strunkes abschneiden und die harten Blätter entfernen, wie gezeigt. An der Unterseite kreuzweise einschneiden. Das fördert gleichmäßiges, schnelles Kochen.

2. Den Blumenkohl in einem großen Topf mit kochendem Salzwasser und der Milch kochen. Die Milch fördert den Erhalt der Farbe des Kohls.

3. Nachdem der Blumenkohl gegart ist, oder kurz davor, wird die Currysauce zubereitet. Zwiebel, Sellerie, Knoblauch und Petersilie 3-4 Minuten in der heißen Butter braten.

4. Den Curry hineingeben, sehr gut vermischen und weitere 6-7 Minuten braten.

GEMÜSE, GEMÜSE

Spaghettikürbis au Naturel
für 2 Personen

1	Spaghettikürbis
2 EL	Butter
	frisch gemahlener Pfeffer

Den Ofen auf 180°C vorheizen.

Den Kürbis halbieren. Die Kerne herausnehmen und wegwerfen.

Die Butter auf die Hälften streichen und mit der Schnittseite nach unten auf ein Backblech legen. 1 Stunde backen.

Das Fleisch mit einem kleinen Löffel in Spaghetti ähnliche Fäden teilen und nach Belieben mit frisch gemahlenem Pfeffer und Butter servieren.

Pro Portion   217 Kalorien   23 g Kohlenhydrate
2 g Eiweiß   13 g Fett   4,9 g Ballaststoffe

GEMÜSE, GEMÜSE

Gebackener Kürbis
für 2 Personen

1	Kürbis
2 EL	Butter
1 EL	brauner Zucker
	Salz und Pfeffer

Den Ofen auf 200°C vorheizen.

Den Kürbis längs halbieren, die Kerne entfernen und mit der Schnittfläche nach oben auf ein Backblech legen. Butter und Zucker gleichmäßig in die Vertiefungen geben und gut abschmecken.

40 Minuten im Ofen backen, oder bis er weich ist.

GEMÜSE, GEMÜSE

Gefüllte Zucchini
für 4 Personen

2	große Zucchini
2 EL	Butter
1	Zwiebel, fein gehackt
250 g	frische Champignons, geputzt, fein gehackt
2	Knoblauchzehen, gehackt
¼ TL	Thymian
½ TL	Estragon
2 EL	Semmelbrösel
	Salz und Pfeffer
	zerlassene Butter zum Bestreichen

Den Ofen auf 200°C vorheizen.

Die Zucchini längs halbieren. Das meiste Fruchtfleisch herausnehmen, um Platz für die Füllung zu haben. Anderweitig verwenden.

Die Zucchini in kochendes Salzwasser geben und bei mittlerer Hitze 5-6 Minuten blanchieren. Gut abtropfen und beiseite stellen.

2 EL Butter in einem Topf erhitzen. Zwiebel, Knoblauch, Champignons und Kräuter darin 7-8 Minuten bei mittlerer Hitze anbraten.

Die Semmelbrösel zum Abbinden der Füllung einrühren. Die Füllung in die Zucchinihälften pressen, die Zucchinihälften zu ganzen Zucchini zusammenpressen. Mit Küchengarn befestigen.

In eine Auflaufform geben und mit der zerlassenen Butter betreichen. 10 Minuten im Ofen fertig backen.

Das Garn behutsam entfernen, jede Zucchini in 6 Teile schneiden und sofort servieren.

Pro Portion   209 Kalorien   18 g Kohlenhydrate
5 g Eiweiß   13 g Fett   6,0 g Ballaststoffe

GEMÜSE, GEMÜSE

Cremige Currykarotten
für 4 Personen

4	große Karotten, geschält, in dünnen Scheiben
1 EL	Butter
2 EL	Curry
½ TS	Bambussprossen, geschnitten
250 ml	weiße Sauce, erhitzt
Prise	Zucker
	Salz und Pfeffer

Die Karotten in kochendem Salzwasser weichkochen. Unter fließendem kalten Wasser abkühlen, gut abtropfen.

Die Butter in einer Pfanne erhitzen. Die Karotten darin 2 Minuten bei mittlerer Hitze leicht braun braten.

Den Curry einrühren und weitere 2 Minuten braten.

Bambussprossen und Zucker dazugeben; 3-4 Minuten bei schwacher Hitze weiter braten. Abschmekken.

Die weiße Sauce dazugießen, verrühren und vor dem Servieren 3-4 Minuten köcheln.

Nach Belieben mit gehackter Petersilie oder mit Schnittlauch bestreuen.

Pro Portion   181 Kalorien   21 Kohlenhydrate
4 g Eiweiß   9 g Fett   1,6 g Ballaststoffe

GEMÜSE, GEMÜSE

Gebackener Kürbis

für 4 Personen

2	Kürbisse
4 TL	Butter
1 EL	brauner Zucker

Den Ofen auf 180°C vorheizen.

Die Kürbisse in einen Bräter legen, 1 TL Butter in jede Vertiefung geben. Mit Folie bedecken und 1 Stunde im Ofen backen.

Aus dem Ofen nehmen, mit braunem Zucker bestreuen. 5 Minuten grillen, dann sofort servieren.

Pro Portion   120 Kalorien   18 g Kohlenhydrate
3 g Eiweiß   4 g Fett   2,5 g Ballaststoffe

GEMÜSE, GEMÜSE

Gemüse in Currysauce
für 4-6 Personen

2 EL	Olivenöl
2	Zwiebeln, grob gewürfelt
1	Knoblauchzehe, gehackt
2 EL	Curry
2	Karotten, geschält, dünn und schräg geschnitten
375 ml	Hühnerbrühe, erhitzt
1	Broccoli, gut gewaschen, in Röschen geteilt
1	rote Paprikaschote, grob gewürfelt
1 TL	Stärkemehl
2 EL	kaltes Wasser
	Salz und Pfeffer

Das Öl in einer großen Pfanne erhitzen. Die Zwiebeln darin bei mittlerer Hitze 6 Minuten braten.

Knoblauch und Curry dazugeben; gut mischen. 4 Minuten bei schwacher Hitze anschwitzen. Die Karotten hineingeben und 5 Minuten braten, gelegentlich rühren.

Die Brühe aufgießen, zum Kochen bringen. 4 Minuten bei mittlerer Hitze kochen. Das restliche Gemüse dazugeben und gut abschmecken; 4 Minuten köcheln.

Das Stärkemehl mit Wasser verrühren; unter die Sauce mischen. Bei mittlerer Hitze 2 Minuten kochen und servieren.

Pro Portion 102 Kalorien 10 g Kohlenhydrate
2 g Eiweiß 6 g Fett 3,0 g Ballaststoffe

GEMÜSE, GEMÜSE

Ratatouille mit Parmesan   *für 4 Personen*

60 ml	Olivenöl
1	große Aubergine, mit Haut gewürfelt
1	Zwiebel, fein gehackt
2	Knoblauchzehen, gehackt
1 EL	frische Petersilie, gehackt
1/2 TL	Oregano
1/4 TL	Thymian
1/2 TL	Basilikum
1/4 TL	Chili, zerstoßen
1	Zucchini, längs halbiert, in dünnen Scheiben
4	frische Eiertomaten, gewürfelt
1/4 TS	Parmesan, gerieben
	Salz und Pfeffer
Prise	Paprika

3 EL Öl in einer großen, tiefen Pfanne erhitzen. Wenn es sehr heiß ist die Aubergine hineingeben und gut würzen. Zugedeckt 15-20 Minuten bei mittlerer Hitze braten, 2-3mal umrühren.

Zwiebel, Knoblauch und Petersilie dazugeben; gut mischen und abschmecken. Zugedeckt 7-8 Minuten braten.

Kräuter, Zucchini, Tomaten und 1 EL Öl hinzufügen. Mischen, zudecken und 35 Minuten bei mitterer Hitze dünsten.

Den Käse einstreuen, mischen und unbedeckt 7-8 Minuten fertig dünsten.

Mit einem Hauptgericht servieren.

Pro Portion   220 Kalorien   14 g Kohlenhydrate
5 g Eiweiß   16 g Fett   5,1 g Ballaststoffe

GEMÜSE, GEMÜSE

1. Die Aubergine im heißen Öl bei mittlerer Hitze 15-20 Minuten braten. Sicherstellen, daß die Pfanne zugedeckt ist und einige Male während der Garzeit gerührt wird.

2. Zwiebel, Knoblauch und Petersilie dazugeben; gut würzen und umrühren. Zudecken und 7-8 Minuten braten.

3. Kräuter, Zucchini, Tomaten und das restliche Öl hinzufügen. Mischen, zudecken und 35 Minuten kochen.

4. Den Käse einrühren und 7-8 Minuten unbedeckt fertig dünsten.

GEMÜSE, GEMÜSE

Helen's Gemüse in Brühe
für 4 Personen

1,2 l	Rinderbrühe, selbstgemacht
2	Kartoffeln, geschält, halbiert
4	Karotten, geschält, halbiert
1/2	Steckrübe, geschält, geviertelt
1/2	Weißkraut, geviertelt
3	Stangen Staudensellerie, halbiert
	Salz und Pfeffer
	Öl und Essig zum Abschmecken
	gehackte Petersilie zum Abschmecken

Die Brühe in einem großen Topf zum Kochen bringen. Das Gemüse darin bei mittlerer Hitze kochen; abschmecken.

Das Gemüse testen, fertig gegartes herausnehmen und beiseite stellen. Nicht zu lange kochen.

Wenn alles gar ist, wieder in den Topf geben und 2 Minuten erhitzen.

Das Gemüse mit etwas Kochflüssigkeit servieren, mit Öl und Essig abschmecken und mit Petersilie bestreuen.

Pro Portion 236 Kalorien 28 g Kohlenhydrate
4 g Eiweiß 12 g Fett 4,9 g Ballaststoffe

GEMÜSE, GEMÜSE

Kartoffel-Karotten-Püree
für 4 Personen

4	Karotten, gekocht, geschält, noch heiß
4	Pellkartoffeln, gekocht, geschält, noch heiß
1 EL	Minzesauce (Fertigprodukt)
50 ml	Milch, erhitzt
1 EL	Butter
	Salz und Pfeffer

Das gekochte Gemüse mit einem Mixer pürieren oder durch eine Kartoffelpresse in eine Schüssel drücken.

Die Minzsauce mit einem Holzlöffel einrühren.

Die Milch dazugeben und gut vermengen. Die Butter hineingeben, abschmecken und nochmals vermengen.

Servieren.

Pro Portion   180 Kalorien   32 g Kohlenhydrate
4 g Eiweiß   4 g Fett   3,1 g Ballaststoffe

GEMÜSE, GEMÜSE

Herzoginkartoffeln

für 4 Personen

4	Kartoffeln, geschält, gewaschen
3 EL	Butter
2	Eidotter
60 ml	Sahne
	Salz und Pfeffer
Prise	Paprika

Die Kartoffeln in reichlich kochendem Salzwasser weichkochen. Gut abtropfen und 5 Minuten im Topf abdämpfen.

Im Mixer pürieren oder durch eine Kartoffelpresse drücken.

Die Butter dazugeben und würzen; gründlich mit einem Holzlöffel verrühren.

Die Eidotter einrühren; dann die Sahne hinzufügen. Mit Paprika abschmecken und mischen, bis alles gut gebunden ist.

Den Ofen auf 200°C vorheizen.

Die Kartoffelmasse in einen Spritzbeutel mit großer, gezackter Tülle geben. Kartoffelhäufchen auf ein Backblech spritzen.

10-12 Minuten, oder bis sie leicht braun sind, im Ofen backen.

Sofort zu Fleisch oder Geflügel servieren.

Pro Portion 277 Kalorien 26 g Kohlenhydrate
5 g Eiweiß 17 g Fett 3,0 g Ballaststoffe

GEMÜSE, GEMÜSE

1. Die Kartoffel im Mixer pürieren oder mit einer Kartoffelpresse drücken. Es ist sehr schwierig alle Klümpchen zu entfernen, wenn von Hand püriert wird.

2. Zuerst Butter, Salz und Pfeffer einrühren, dann die Eidotter dazugeben und mit einem Holzlöffel sehr gut vermischen.

3. Sahne und Paprika dazugeben und mischen, bis alles gut gebunden ist.

4. Kleine Kartoffelhäufchen mit einem Spritzbeutel auspressen.

GEMÜSE, GEMÜSE

Gebackenes Kraut mit Zwiebeln *für 6 Personen*

1	Weißkraut, geviertelt
3 EL	Butter
4	Zwiebeln, in feinen Scheiben
500 ml	saure Sahne
1/4 TS	Semmelbrösel
2 EL	Butter, zerlassen
	Salz und Pfeffer
Prise	Paprika

Das geputzte Kraut in einen Topf mit kochendem Salzwasser geben. Zugedeckt bei mittlerer Hitze 18 Minuten kochen. Gut abtropfen und beiseite stellen.

Den Ofen auf 180°C vorheizen.

3 EL Butter in einer großen, tiefen Pfanne erhitzen. Die Zwiebeln hineingeben und würzen; 15-18 Minuten bei schwacher Hitze dünsten. Dabei einige Male wenden.

Das Kraut hinzufügen, die saure Sahne untermischen. Abschmecken und zudecken. 30 Minuten im Ofen backen.

Den Deckel abnehmen, mit Semmelbrösel bestreuen und mit zerlassener Butter beträufeln. Die Grillfunktion des Ofens anstellen und 4 Minuten überbacken.

Mit einer Prise Paprika bestreut servieren.

Pro Portion   486 Kalorien   34 g Kohlenhydrate
11 g Eiweiß   34 g Fett   6,0 g Ballaststoffe

GEMÜSE, GEMÜSE

Bratkartoffeln
für 4 Personen

2 EL	Olivenöl
1	große Zwiebel, in feinen Scheiben
4	große Pellkartoffeln, gekocht
1 EL	Butter
1/4 TL	Bohnenkraut
	Salz und Pfeffer
	frische Petersilie, gehackt

Das Öl in einer Pfanne erhitzen. Die Zwiebeln darin zugedeckt bei mittlerer Hitze 4 Minuten braten.

Die Kartoffeln schälen und in 1 cm dicke Scheiben schneiden. Zusammen mit Butter und Bohnenkraut in die Pfanne geben; würzen.

Die Kartoffeln 15 Minuten bei mittlerer Hitze braten, falls nötig wenden.

Mit Petersilie bestreuen und servieren.

Pro Portion 194 Kalorien 23 g Kohlenhydrate
3 g Eiweiß 10 g Fett 3,0 g Ballaststoffe

393

GEMÜSE, GEMÜSE

Gebackene Kartoffeln in höchster Vollendung *für 4 Personen*

| 4 | mittelgroße Kartoffeln zum Backen, gut gebürstet |

GARNITUR-IDEEN ZUR "VOLLENDUNG"

- saure Sahne und Schnittlauch
- saure Sahne und Pimento
- Schinkenstreifen und gehackte Frühlingszwiebeln
- gebratene Pilze und Schalotten
- zerlassene Butter und knusprige Frühstücksspeckwürfel
- geriebener Parmesan und Paprika

Den Ofen auf 200°C vorheizen.

Die Kartoffeln 2-3mal mit einem Holzspießchen anstechen, damit der Dampf während des Garens entweichen kann. In Folie wickeln, wieder anstechen und auf das Gitter im Ofen legen. Ungefähr 1 Stunde, je nach Größe, backen.

Kurz bevor die Kartoffeln weich sind, eine Auswahl von "Garnituren" bereithalten.

Die Kartoffeln herausnehmen, die Folie entfernen und ein 2 cm tiefes Kreuz einschneiden. Die Seiten aufbiegen und reichlich mit der Garnitur füllen.

Sofort servieren.

Pro Portion 246 Kalorien 52 g Kohlenhydrate
5 g Eiweiß 2 g Fett 3,1 g Ballaststoffe

GEMÜSE, GEMÜSE

1. Denken Sie daran die Kartoffel gründlich zu bürsten, wenn Sie die Kartoffelschalen mitessen wollen. Die Kartoffeln 2-3 Mal mit einem Holzspießchen anstechen, damit der Dampf während des Backens entweichen kann.

2. Die Kartoffeln in Folie einwickeln. Die Folie einige Male anstechen.

3. Wenn die Kartoffeln gebacken sind, ein 2 cm tiefes Kreuz einschneiden.

4. Die Seiten aufdrücken und nicht vergessen, die Folie vor dem Servieren zu entfernen.

GEMÜSE, GEMÜSE

Kartoffeln Provençale
für 4 Personen

4	große Pellkartoffeln, gekocht, noch heiß
4 EL	Butter
3 EL	Parmesan, gerieben
1 TL	Schnittlauch
1 EL	Sahne
	Salz und Pfeffer

Die Kartoffeln schälen und würfeln. Pürieren.

3 EL Butter zu den Kartoffeln geben und gut abschmecken. Käse und Schnittlauch einrühren.

Die Sahne untermischen, zu Frikadellen formen.

Die restliche Butter erhitzen. Die Frikadellen darin 6-7 Minuten pro Seite bei mittlerer Hitze braten. Währenddessen würzen. Wenn die Unterseite schön braun ist, wenden.

Sofort servieren.

Pro Portion   231 Kalorien   20 g Kohlenhydrate
4 g Eiweiß   15 g Fett   2,4 g Ballaststoffe

GEMÜSE, GEMÜSE

Pommes frites
für 4 Personen

4	große Kartoffeln
	Salz
	Erdnußöl zum Fritieren

Das Öl in einer Friteuse auf 180°C erhitzen.

Die Kartoffeln schälen, die Enden und Seiten quadratisch zuschneiden. Die Kartoffeln längs in gleichmäßige, 0,5 cm dicke Stifte schneiden.

Die Kartoffeln in einer Schüssel 2 Minuten lang unter fließendes, kaltes Wasser stellen. Einige Male umrühren, damit die Stärke entfernt wird.

Gut abtropfen und mit einem sauberen Küchentuch trockentupfen.

Die Kartoffeln in den Fritierkorb geben und im heißen Öl 6 Minuten fritieren.

Herausnehmen und beiseite stellen. Das Öl auf 190°C erhitzen. Die Pommes frites wieder eintauchen und goldbraun backen.

Aus der Friteuse nehmen, auf Küchenpapier abtropfen. Mit Salz bestreut servieren.

Pro Portion   211 Kalorien   25 g Kohlenhydrate
3 g Eiweiß   11 g Fett   3,0 g Ballaststoffe

397

GEMÜSE, GEMÜSE

Kartoffelkroketten
für 4 Personen

4	große Pellkartoffeln, gekocht
2 EL	Butter
1	Eidotter
1	Ei
1/4 TL	Muskat
1/2 TL	Estragon
3	Eier, geschlagen
1 TS	Semmelbrösel
	Salz und Pfeffer
	Erdnußöl zum Ausbacken

Die Kartoffeln schälen, würfeln und pürieren.

Die Butter dazugeben und würzen. Gut verrühren.

Eidotter und Ei hineingeben; mit einem Holzlöffel mischen. Muskat und Estragon einrühren; verrühren.

Die Masse flach auf eine Platte streichen, mit Folie abdecken und 3 Stunden kalt stellen.

Reichlich Erdnußöl in einer Friteuse auf 190°C erhitzen.

Die Kartoffelmischung in Rollen formen. In die geschlagenen Eier tauchen und in Semmelbrösel wenden.

3-4 Minuten fritieren.

Pro Portion 565 Kalorien 45 g Kohlenhydrate
13 g Eiweiß 37 g Fett 3,5 g Ballaststoffe

INTERNATIONALE GERICHTE

Was unsere Nachbarn so sehr lieben und schätzen.

INTERNATIONALE GERICHTE

Kartoffelsalat mit Birne (Frankreich)   *für 4 Personen*

3	große Pellkartoffeln, gekocht, noch heiß
8	Scheiben Salami, in Streifen
2	Schalotten, gehackt
2 EL	frische Petersilie, gehackt
1 EL	frischer Schnittlauch, gehackt
1 EL	Dijon-Senf
3 EL	Weinessig
75 ml	Olivenöl
3	Chicorée, die Blätter gewaschen, in 2,5 cm breiten Streifen
½	Birne, geschält, in Scheiben
1 EL	Weinessig
2 EL	Olivenöl
	Salz und Pfeffer
	Zitronensaft
	Romana Salatblätter

Die Kartoffeln schälen, grob würfeln und in eine Schüssel geben. Salami, Schalotten, Petersilie und Schnittlauch dazugeben; gut abschmecken.

Den Senf in eine kleine Schüssel geben und gut würzen. 3 EL Essig und 5 EL Öl hineingeben; glatt rühren. Mit Zitronensaft beträufeln, verrühren und abschmecken.

Das Dressing über die Kartoffeln gießen und gleichmäßig vermischen. Auf eine Platte geben, beiseite stellen.

Den Chicorée und die Birne in eine Schüssel geben. Mit Zitronensaft beträufeln, mit 1 EL Essig und 2 EL Öl vermischen.

Den Chicoréesalat mit den Kartoffeln reichen, die Platte mit Salatblättern garnieren.

Pro Portion   429 Kalorien   25 g Kohlenhydrate
8 g Eiweiß   33 g Fett   3,3 g Ballaststoffe

INTERNATIONALE GERICHTE

Tomaten-Feta-Platte (Griechenland) *für 4 Personen*

2	große, reife Tomaten
125 g	Feta Käse, in Scheiben
¼ TS	Feta Käse, gehackt
1	Liebstöckelzweig, grob gehackt
3 EL	Weinessig
75 ml	Olivenöl
	Romana Salatblätter, gewaschen, abgetropft
	Salz und Pfeffer
	Saft von ¼ Zitrone

Die Tomaten halbieren, den Strunk entfernen und in Scheiben schneiden. Salatblätter auf eine Platte legen, abwechselnd Tomaten und Käsescheiben daraufflegen. Beiseite stellen.

Den gehackten Käse in einer Schüssel gut pfeffern. Liebstöckel und Essig dazugeben; gut vermischen.

Öl und Zitronensaft hineingeben; mit dem Schneebesen sehr gut schlagen und abschmecken.

Das Dressing über die Tomaten geben und servieren.

Pro Portion   294 Kalorien   8 g Kohlenhydrate
7 g Eiweiß   26 g Fett   2,0 g Ballaststoffe

INTERNATIONALE GERICHTE

Italienischer Salat (Italien)

für 4 Personen

2	Tomaten, ohne Strunk, halbiert, in Scheiben
20	schwarze Oliven, entsteint
6	gefüllte grüne Oliven
1	gelbe Paprikaschote, in dünnen Streifen
1	Romana Salat, gut gewaschen, abgetropft, in mundgerechten Stücken
1/2	Broccoli, gekocht, in Röschen
125 g	grüne Bohnen, gekocht
2 EL	Parmesan, gerieben
1 EL	Dijon-Senf
3 EL	Weinessig
100 ml	Olivenöl
1 EL	frische Petersilie, gehackt
1/2 TL	frisches Basilikum, gehackt
4	Eier, hartgekocht, gehackt
	einige Tropfen Zitronensaft
	Salz und Pfeffer

Tomaten, alle Oliven, Paprika, Salat, Broccoli und Bohnen in eine Schüssel geben. Beiseite stellen.

Käse und Senf in einer kleineren Schüssel mischen. Den Essig dazugeben und mit dem Schneebesen schlagen.

Das Öl in dünnem, stetigen Strahl zulaufen lassen, dabei ständig rühren. Petersilie und Basilikum einstreuen; sehr gut verrühren. Zitronensaft einträufeln, gut abschmecken.

Die gehackten Eier einrühren, das Dressing über die Salatzutaten geben. Behutsam gleichmäßig mischen und servieren. Die einzelnen Portionen nach Belieben mit Eierscheiben garnieren.

Pro Portion 493 Kalorien 11 g Kohlenhydrate
11 g Eiweiß 45 g Fett 7,8 g Ballaststoffe

INTERNATIONALE GERICHTE

1. Käse und Senf in eine kleine Schüssel geben.

2. Den Essig hinzugießen und gut verrühren.

3. Das Öl in dünnem Strahl unter ständigem Rühren einfließen lassen; Petersilie und Basilikum einstreuen. Sehr gut verrühren. Zitronensaft hinzufügen und gut abschmecken.

4. Die gehackten Eier einrühren und über den Salat geben.

INTERNATIONALE GERICHTE

Salatplatte mit Lammfleisch (Griechenland) *für 4 Personen*

2 TS	gekochte Lammfleischreste
1/2	gelbe Paprikaschote, in feinen Streifen
1/2	rote Paprikaschote, in feinen Streifen
1/2	grüne Paprikaschote, in feinen Streifen
1/2 TS	schwarze Oliven, entsteint
1/2	Broccoli, in Röschen, blanchiert
6	frische Minzeblätter, gehackt
1	große Pellkartoffel, geschält, in Scheiben
2 EL	Rotweinessig
3 EL	Olivenöl
1/2 TS	Feta Käse, gehackt
	Salz und Pfeffer
	einige Tropfen Zitronensaft

Das Fleisch mit Paprika und Oliven in eine Schüssel geben, mischen und gut würzen. Broccoli, Minze und Kartoffel hinzufügen, wieder mischen.

Gut pfeffern, mit Essig und Öl beträufeln. Den Käse dazugeben, vermengen und abschmecken.

Mit Zitronensaft beträufeln und auf einer großen, mit Salatblättern belegten Platte anrichten, je nach Belieben mit Käsescheiben garnieren.

Pro Portion   407 Kalorien   14 g Kohlenhydrate
27 g Eiweiß   27 g Fett   6,3 g Ballaststoffe

INTERNATIONALE GERICHTE

Auberginenmus (Griechenland)

für 4-6 Personen

2	große Auberginen
1 EL	frischer Oregano, gehackt
3	Knoblauchzehen, blanchiert, zerdrückt
60-75 ml	Olivenöl
	Salz und Pfeffer
	verschiedene Cracker und getoastetes Brot

Den Ofen auf 220°C vorheizen.

Die Auberginen 3-4mal einschneiden, in einen Bräter legen und 45 Minuten im Ofen backen.

Herausnehmen, schälen und das Fruchtfleisch hakken. In eine Schüssel geben.

Oregano und Knoblauch dazugeben; gut mischen und abschmecken. Das Öl unter ständigem Rühren dazugießen.

Auf Crackern und Toast servieren.

Pro Portion   190 Kalorien   21 g Kohlenhydrate
4 g Eiweiß   10 g Fett   2,7 g Ballaststoffe

INTERNATIONALE GERICHTE

Croques-Monsieur mit Ei und Sauerkraut (Frankreich) *für 4 Personen*

1 EL	Olivenöl
1/2	Zwiebel, gehackt
1	Knoblauchzehe, gehackt
2 TS	Sauerkraut, gut abgespült
8	dicke Scheiben Baguette
12	Scheiben Schwarzwälder Schinken
1½ TS	Schweizer Käse, gerieben
50 ml	Wasser
4	Eier, geschlagen
2 EL	Butter
	zusätzliche Butter
	Pfeffer

Das Öl erhitzen. Zwiebel und Knoblauch darin bei mittelschwacher Hitze 5-6 Minuten braten.

Das Sauerkraut dazugeben, mischen, zudecken und 15-20 Minuten dünsten; gelegentlich umrühren.

Währenddessen etwas zusätzliche Butter auf die Brotscheiben streichen, jeweils mit 3 Scheiben Schinken und geriebenem Käse belegen und zu Sandwiches zusammenklappen.

Wasser und Eier gut verrühren, pfeffern.

Die Butter in einer großen Pfanne erhitzen. Ein Sandwich nach dem anderen in die Eiermischung tauchen, gut bedecken und in die heiße Butter legen.

Die Sandwiches 3 Minuten pro Seite bei mittlerer Hitze braten. Die Außenseiten sollten schön braun, der Käse weich, aber nicht geschmolzen sein.

Die Sandwiches halbieren und mit dem Sauerkraut servieren. Ein köstlicher Happen, vor oder nach einer abendlichen Veranstaltung.

Pro Portion 578 Kalorien 33 g Kohlenhydrate
35 g Eiweiß 34 g Fett 2,8 g Ballaststoffe

INTERNATIONALE GERICHTE

Avocado-Gemüse-Dip (Mexiko) *für 4 Personen*

1	Gurke, geschält, entkernt, fein gewürfelt
1	große Tomate, gehäutet, entkernt, gewürfelt
2	Frühlingszwiebeln, gehackt
125 ml	gebackene Bohnen aus der Dose
50 ml	Hühnerbrühe
1/2 TL	flüssige Speisewürze
1 EL	Peperoni, entkernt, gehackt
1	reife Avocado, geschält, püriert
1 TL	Olivenöl
	Salz und Pfeffer
	Saft von 1 Zitrone
	Salatblätter zum Garnieren

Gurke, Tomate und Frühlingszwiebeln in eine große Schüssel geben, abschmecken und beiseite stellen.

Die Bohnen in der Brühe erhitzen. Zum Gemüse in die Schüssel geben und gut vermischen.

Speisewürze und Peperoni hinzufügen. Avocado und Zitronensaft einrühren, bis alles gut gebunden ist.

Mit Olivenöl beträufeln und 20 Minuten kalt stellen.

Auf einem Salatbett anrichten, mit Nacho-Chips und Crackern servieren.

Pro Portion   118 Kalorien   14 g Kohlenhydrate
2 g Eiweiß   6 g Fett   3,6 g Ballaststoffe

INTERNATIONALE GERICHTE

Avocadosuppe (Mexiko)

für 4 Personen

1	reife Avocado
125 ml	Sahne, geschlagen
500 ml	Hühnerbrühe
½ TL	flüssige Speisewürze
	Saft von ½ Zitrone
	Salz und Pfeffer
	saure Sahne
	frischer Schnittlauch, gehackt
	Paprika

Die Avocado schälen, halbieren, den Kern entfernen, würfeln und dann pürieren.

Die Avocado in eine Schüssel geben, die geschlagene Sahne unterziehen. Während des Rührens die Brühe eingießen.

Zitronensaft und Speisewürze einträufeln. Mit Salz und Pfeffer abschmecken.

Die Suppe 1 Stunde kalt stellen.

Zum Servieren etwas saure Sahne daraufgeben, mit Schnittlauch und Paprika bestreuen.

Pro Portion   153 Kalorien   7 g Kohlenhydrate
2 g Eiweiß   13 g Fett   1,2 g Ballaststoffe

INTERNATIONALE GERICHTE

Auberginen mit Limabohnen (Mexiko) *für 4 Personen*

1	Aubergine, die Haut eingestochen
1 EL	Öl
1	Zwiebel, gehackt
2 EL	Peperoni, in Ringen
1	Knoblauchzehe, gehackt
1	Tomate, geschält, gehackt
400 ml	Limabohnen aus der Dose, abgetropft
	Salz und Pfeffer

Den Ofen auf 200°C vorheizen.

Die Aubergine in einem Bräter 45 Minuten im Ofen backen.

Herausnehmen und mit der Haut würfeln. Das Öl in einer Pfanne stark erhitzen. Aubergine, Zwiebel, Peperoni und Knoblauch darin 3-4 Minuten braten.

Gut mischen, die Tomaten dazugeben; abschmecken. 4-5 Minuten dünsten.

Die Bohnen hinzufügen, würzen und gut vermengen. 3-4 Minuten dünsten und servieren.

Pro Portion   144 Kalorien   22 g Kohlenhydrate
5 g Eiweiß   4 g Fett   4,5 g Ballaststoffe

INTERNATIONALE GERICHTE

Shrimpsgericht (Mexiko)
für 4 Personen

750 g	Riesengarnelen
1 EL	Öl
1	rote Paprikaschote, in breiten Streifen
2	Frühlingszwiebeln, in Scheiben
1 TL	Peperoni, gehackt
250 ml	pikante mexikanische Sauce (Fertigprodukt)
125 ml	gebackene Bohnen aus der Dose
125 ml	Hühnerbrühe, erhitzt
	Salz und Pfeffer

Die Garnelen schälen, waschen, die Darmvene entfernen.

Das Öl in einer Pfanne erhitzen. Die Garnelen darin bei mittlerer Hitze 2 Minuten braten.

Paprika, Frühlingszwiebeln und Peperoni dazugeben; 2-3 Minuten braten. Würzen.

Die Garnelen herausnehmen und beiseite stellen.

Die mexikanische Sauce und die Bohnen einrühren, gut vermischen, die Brühe aufgießen. 4-5 Minuten kochen.

Die Garnelen wieder in die Pfanne geben und 1 Minute zum Aufwärmen ziehen lassen.

Pro Portion 198 Kalorien 13 g Kohlenhydrate
23 g Eiweiß 6 g Fett 1,6 g Ballaststoffe

INTERNATIONALE GERICHTE

1. Die Shrimps zum heißen Öl in der Pfanne geben und 2 Minuten bei mittlerer Hitze braten.

2. Paprika, Frühlingszwiebeln und Peperoni dazugeben; weitere 2-3 Minuten braten. Würzen.

3. Die Shrimps herausnehmen; die mexikanische Sauce in das Gemüse rühren.

4. Die gebackenen Bohnen und die Brühe einrühren. 4-5 Minuten kochen.

411

INTERNATIONALE GERICHTE

Hackfleisch Picadillo (Mexiko)

für 4 Personen

1 EL	Öl
250 g	mageres Rinderhack
1	kleine Zwiebel, gehackt
1	Frühlingszwiebel, gehackt
2	Knoblauchzehen, gehackt
½ TS	gefüllte grüne Oliven, gehackt
1	kleine grüne Paprikaschote, mariniert, gehackt
1 EL	frischer Schnittlauch, gehackt
2 EL	gebackene Bohnen aus der Dose
125 ml	pikante mexikanische Sauce (Fertigprodukt)
125 ml	Tacosauce
4	Tostada Schalen
1 TS	Cheddar, gerieben
	Salz und Pfeffer

Das Öl in einer Pfanne erhitzen. Das Fleisch hineingeben, würzen und bei großer Hitze 3-4 Minuten braten. Einige Male wenden.

Alle Zwiebeln, Knoblauch, Oliven, Paprika und Schnittlauch dazugeben; gut mischen. Würzen und 3-4 Minuten braten.

Die Bohnen einrühren, 2 Minuten braten.

Die mexikanische Sauce und Tacosauce hinzufügen; 5 Minuten köcheln.

Die Tostadaschalen auf eine feuerfeste Platte legen. Die Fleischmischung darauf verteilen, mit Käse bestreuen.

Überbacken, bis der Käse geschmolzen ist.

Pro Portion   434 Kalorien   25 g Kohlenhydrate
25 g Eiweiß   26 g Fett   3,7 g Ballaststoffe

INTERNATIONALE GERICHTE

Hühnchen-Paprika-Tacos (Mexiko) *für 4 Personen*

1 EL	Öl
1/2	grüne Paprikaschote, Julienne geschnitten
1/2	rote Paprikaschote, Julienne geschnitten
1/2	Zwiebel, in Scheiben
2	Frühlingszwiebeln, gehackt
1/2	Zucchini, Julienne geschnitten
2	ganze Hühnerbrüstchen, ohne Haut und Knochen, in Streifen
3 EL	gebackene Bohnen aus der Dose
50 ml	Hühnerbrühe
2 EL	Tacosauce
4	Tacoschalen
	Salz und Pfeffer

Das Öl in einer Pfanne erhitzen. Paprika, alle Zwiebeln und Zucchini hineingeben; würzen und gut vermengen. 4 Minuten bei mittlerer Hitze braten.

Die Hühnerstreifen hinzufügen, würzen, und 7-8 Minuten braten; währenddessen 1mal wenden.

Bohnen, Hühnerbrühe und Tacosauce einrühren, abschmecken. 2 Minuten braten, dann in die Tacoschalen füllen und sofort servieren.

Pro Portion 268 Kalorien 19 g Kohlenhydrate
30 g Eiweiß 8 g Fett 2,1 g Ballaststoffe

INTERNATIONALE GERICHTE

Hühnchen Burrito (Mexiko)

für 4 Personen

1 EL	Öl
2	ganze Hühnerbrüstchen, ohne Haut und Knochen, in dünnen Streifen
1	gelbe Paprikaschote, Julienne geschnitten
12	gefüllte grüne Oliven, fein gehackt
1	große Tomate, geschält, entkernt, gehackt
1	eingelegte rote Chilischote, gehackt
175 ml	Tacosauce
125 ml	gebackene Bohnen aus der Dose
4	weiche Tortillas
	Paprika
	Salz und Pfeffer

Das Öl erhitzen. Die Hühnerstreifen darin bei mittlerer Hitze 2-3 Minuten braten.

Die gelbe Paprikaschote und die Oliven dazugeben; mit Paprika würzen. 3-4 Minuten braten.

Gut abschmecken, Tomaten und marinierte Chilischote hinzufügen; gut vermischen.

Die Tacosauce einrühren, die Bohnen dazugeben; nochmals abschmecken. 3-4 Minuten köcheln; in den Tortillas servieren.

Pro Portion 329 Kalorien 22 g Kohlenhydrate
31 g Eiweiß 13 g Fett 4,3 g Ballaststoffe

INTERNATIONALE GERICHTE

1. Die Hühnerstreifen 2-3 Minuten im heißen Öl bei mittlerer Hitze braten. Paprika und Oliven dazugeben; mit Paprikapulver würzen. Weitere 3-4 Minuten braten.

2. Gut abschmecken, die Tomaten und die eingelegte Chilischote hineingeben; gut vermengen.

3. Die Tacosauce hinzufügen und gut verrühren.

4. Die gebackenen Bohnen einrühren, kräftig abschmecken und 3-4 Minuten bei schwacher Hitze köcheln.

INTERNATIONALE GERICHTE

Grüner Reis (Mexiko)

für 4 Personen

1 EL	Pflanzenöl
3	Frühlingszwiebeln, in Scheiben
1	große grüne Paprikaschote, gehackt
1 EL	Peperoni, gehackt
2	Knoblauchzehen, gehackt
1/2 TS	Oliven, entsteint, gehackt
2 TS	Reis, gekocht, heiß
1 EL	Olivenöl
1 EL	frische Petersilie, gehackt
	Salz und Pfeffer

Das Öl in einer Pfanne erhitzen. Frühlingszwiebeln, Paprika, Peperoni, Knoblauch und Oliven hineingeben; würzen. Bei mittlerer Hitze 4-5 Minuten dünsten.

Im Mixer pürieren.

Das Püree mit dem heißen Reis mischen. Mit Olivenöl und Petersilie würzen. Abschmecken, wieder mischen und servieren.

Pro Portion 238 Kalorien 29 g Kohlenhydrate
3 g Eiweiß 12 g Fett 3,4 g Ballaststoffe

INTERNATIONALE GERICHTE

Schweinefleisch- und Gemüsestreifen in Bohnensauce (Asien) *für 4 Personen*

1 EL	Öl
2	Schmetterlingssteaks vom Schwein, entfettet, in Streifen
1 EL	frischer Ingwer, gehackt
2	Knoblauchzehen, gehackt
2 EL	Sojasauce
1	rote Paprikaschote, in feinen Streifen
1 1/2	gelbe Paprikaschoten, in feinen Streifen
1	Zucchini, in dünnen Scheiben
1 TS	kernlose grüne Trauben
250 ml	Hühnerbrühe, erhitzt
60 ml	chinesische Bohnensauce
1 EL	Stärkemehl
3 EL	kaltes Wasser
	Pfeffer

Das Öl im Wok oder einer Pfanne erhitzen. Fleisch, Ingwer und Knoblauch darin 2 Minuten bei mittlerer Hitze braten.

Wenden, pfeffern und nochmals 1 Minuten braten.

Die Sojasauce hinzufügen, 1 Minute braten. Das Fleisch herausnehmen und beiseite stellen.

Gemüse und Trauben in die Pfanne geben. 4 Minuten bei mittlerer Hitze unter Rühren braten.

Brühe und Bohnensauce dazugießen; gut vermischen. Zum Kochen bringen und 1 Minute kochen.

Das Stärkemehl mit Wasser vermengen und unter die Sauce rühren. 2 Minuten kochen.

Das Fleisch in der Mischung einige Sekunden aufwärmen und sofort, je nach Belieben auf Reis, servieren.

Pro Portion 378 Kalorien 18 g Kohlenhydrate
36 g Eiweiß 18 g Fett 2,2 g Ballaststoffe

INTERNATIONALE GERICHTE

Gedämpftes Gemüse (Asien)

für 4 Personen

20	Zuckererbsenschoten, geputzt
1/2	rote Paprikaschote, in Streifen
1/2	Zucchini, längs halbiert, in Scheiben
1	Stange Staudensellerie, in Scheiben
1/2	Broccoli, in Röschen
125 g	grüne Bohnen, geputzt
	Salz und Pfeffer

Einen Bambuskorb in den Wok stellen, soviel Wasser dazugeben, daß es den Boden des Korbes berührt.

Das Gemüse, die größeren Stücke nach unten, in den Korb geben, gut würzen. Den Korb zudecken, dämpfen.

Wenn das Gemüse noch bißfest ist*, herausnehmen und servieren.

Zu verschiedenen Gerichten servieren, oder als eine gesunde leichte Mahlzeit reichen.

* Das Gemüse während der Garzeit einige Male überprüfen, ob es gar ist.

Pro Portion 44 Kalorien 8 g Kohlenhydrate
3 g Eiweiß 0 g Fett 4,4 g Ballaststoffe

INTERNATIONALE GERICHTE

1. Ein echter Bambuskorb zum Dämpfen und ein Stahlwok sind eine Investition wert. Sie machen es möglich, eine große Anzahl asiatischer Gerichte zuzubereiten. Diese Küchenutensilien finden auch in anderen Küchen ihre Verwendung.

2. Das Prinzip des Gemüsedämpfens ist das gleiche wie immer. Zuerst den Korb in den Wok stellen und soviel Wasser dazugießen, daß es den Boden berührt. Gemüse nach Wahl hineingeben, den Korb zudecken und dämpfen.

3. Stellen Sie sicher, daß Sie die dickeren Stücke an den Boden des Korbes legen und die dünneren Stücke obenauf geben. Vor dem zudecken gut würzen.

4. Wenn das Gemüse weich, aber noch bißfest ist, herausnehmen und servieren.

INTERNATIONALE GERICHTE

Schweinefleisch Szechuan Art mit Dip (Asien) *für 4 Personen*

2	Schmetterlingssteaks, entfettet, in Streifen
1 EL	frischer Ingwer, gehackt
2	Knoblauchzehen, gehackt
3	in Tabasco und Essig eingelegte Chilischoten, fein gehackt
1 TL	Sesamöl
1 TL	Sojasauce
375 ml	Hühnerbrühe, erhitzt
2 EL	Bohnensauce
1 EL	Pflaumensauce
1/2 TL	Stärkemehl
1 EL	kaltes Wasser
1 EL	Pflanzenöl
	Pfeffer

Das Fleisch in einer Schüssel pfeffern. Ingwer, die Hälfte des Knoblauchs und der eingelegten Chilischoten dazugeben. Mit Sesamöl und Sojasauce beträufeln; gut vermischen. 125 ml Hühnerbrühe dazugießen und 15 Minuten marinieren.

Währenddessen Pflaumen- und Bohnensauce in einen kleinen Topf geben. Die restliche Brühe unterrühren. Den Rest Knoblauch und in Tabascoessig eingelegte Chilischoten dazugeben; bei großer Hitze zum Kochen bringen. Dann 8-10 Minuten köcheln.

Das Fleisch abtropfen, 50 ml Marinade aufheben; beides beiseite stellen.

Stärkemehl mit Wasser verrühren; unter die Sauce im Topf mischen. Die Fleischmarinade dazugießen, 1-2 Minuten köcheln.

Das Öl erhitzen. Das Fleisch darin bei großer Hitze 3 Minuten braten. Wenden, pfeffern und 2 Minuten braten.

Sofort mit der Sauce zum Dippen servieren. Dazu milde Früchte, wie Honigmelonenspalten, reichen.

Pro Portion 335 Kalorien 7 g Kohlenhydrate
34 g Eiweiß 19 g Fett 0,9 g Ballaststoffe

INTERNATIONALE GERICHTE

Gemüsereis (Asien)
für 4 Personen

2 EL	Pflanzenöl
1	Stange Staudensellerie, schräg geschnitten
1/2	Zwiebel, gehackt
1/2	Zucchini, in Stifte geschnitten
6	große, frische Champignons, geputzt, gewürfelt
1/2	rote Paprikaschote, gehackt
20	Zuckererbsenschoten, geputzt
1 EL	frischer Ingwer, gehackt
1 EL	Sojasauce
2 TS	weißer Reis, gekocht
	Salz und Pfeffer
	einige Tropfen Sesamöl

Das Pflanzenöl in einer großen Pfanne erhitzen. Sellerie, Zwiebel und Zucchini darin 3-4 Minuten bei großer Hitze braten.

Pilze, Paprika und Erbsen dazugeben; abschmecken, mit Sesamöl beträufeln. Den Ingwer hinzufügen und gut vermischen; 3-4 Minuten braten.

Die Sojasauce dazugeben, 1 Minute braten.

Den Reis daruntermischen, 3-4 Minuten fertig braten. Servieren.

Pro Portion 216 Kalorien 31 g Kohlenhydrate
5 g Eiweiß 8 g Fett 5,2 g Ballaststoffe

INTERNATIONALE GERICHTE

Rindfleisch mit Sake und Teriyaki Sauce (Asien) *für 4 Personen*

625 g	Rinderfilet, in sehr dünnen Scheiben
2 EL	Sojasauce
1 EL	Teriyaki Sauce
3 EL	Sake (Reiswein)
3	Knoblauchzehen, gehackt
1 EL	brauner Zucker
2 EL	Erdnußöl
	Saft von 1/2 Zitrone
	Pfeffer

Die Fleischscheiben auf eine große Platte legen. Mit Sojasauce, Teriyaki Sauce, Zitronensaft und Sake beträufeln. Den Knoblauch auf das Fleisch geben und pfeffern – nicht salzen.

Den Zucker darüberstreuen, zudecken und 4 Stunden kalt stellen.

Das Erdnußöl in einer Pfanne erhitzen. Das Fleisch darin bei großer Hitze 1 Minute braten, wenden, nochmals 1 Minute braten.

Mit Reis und Suppe servieren.

Pro Portion 298 Kalorien 7 g Kohlenhydrate
36 g Eiweiß 14 g Fett 0 g Ballaststoffe

INTERNATIONALE GERICHTE

Gebratenes Rinderfilet mit Orange (Asien) *für 4 Personen*

625 g	Rinderfilet, in Streifen
2	eingelegte Chilischote, gehackt
1 EL	Sojasauce
1 TL	Sesamöl
2 TL	Stärkemehl
2 EL	Pflanzenöl
1/2	Zwiebel, in Scheiben
1	Stange Staudensellerie, schräg geschnitten
1	gelbe Paprikaschote, in feinen Streifen
4	Wasserkastanien, in Scheiben
2 EL	weißer Essig
2 EL	brauner Zucker
250 ml	Orangensaft
1 EL	kaltes Wasser
	Salz und Pfeffer

Fleisch und Chili in eine Schüssel geben; mit Sojasauce und Sesamöl beträufeln. Gut vermengen. 1 TL Stärkemehl dazugeben und wenden; 15 Minuten marinieren.

1 EL Pflanzenöl in einer Pfanne erhitzen. Das Fleisch darin bei großer Hitze 1 Minute anbraten. Wenden, würzen und nochmals 1 Minute braten.

Herausnehmen und beiseite stellen.

Zwiebel und Sellerie in die Pfanne geben, das restliche Öl hinzufügen. 8-10 Minuten bei großer Hitze braten.

Paprika und Wasserkastanien dazugeben; abschmecken. 4 Minuten bei mittlerer Hitze braten.

Essig und Zucker einrühren; 3-4 Minuten bei großer Hitze kochen. Den Orangensaft zugießen und zum Kochen bringen.

Das restliche Stärkemehl mit Wasser vermengen und unter die Sauce rühren, abschmecken. 2 Minuten köcheln.

Das Fleisch und den Bratensaft hineingeben; 2 Minuten erhitzen und servieren. Mit Orangenscheiben garnieren.

Pro Portion   367 Kalorien   21 g Kohlenhydrate
37 g Eiweiß   15 g Fett   1,4 g Ballaststoffe

INTERNATIONALE GERICHTE

Fleischklößchen mit Sesam (Asien)   *für 4 Personen*

375 g	mageres Rinderhack
2 EL	brauner Zucker
1	Knoblauchzehe, gehackt
1 EL	frischer Ingwer, gehackt
2 EL	Sesamsamen
1	Ei
1 EL	Sojasauce
1 EL	Pflanzenöl
	einige Tropfen Sesamöl
	Pfeffer
	Bohnensauce

Fleisch, Zucker, Knoblauch, Ingwer, 1 EL Sesamsamen, Ei, Sojasauce und Sesamöl in die Küchenmaschine geben; gut pfeffern, mischen, bis alles gut gebunden ist.

Herausnehmen und Klößchen formen.

Das Öl in einer großen Pfanne stark erhitzen. Die Klößchen darin 4 Minuten bei mittlerer Hitze braten. Wenden, gut pfeffern und 4 Minuten fertig braten.

Mit dem restlichen Sesam bestreuen und 1 Minute braten.

Die Fleischklößchen mit einer Auswahl Beilagen, wie Orangenscheiben, Birnenstücken etc. servieren. Dazu Bohnensauce reichen.

Pro Portion   264 Kalorien   8 g Kohlenhydrate
22 g Eiweiß   16 g Fett   0,1 g Ballaststoffe

INTERNATIONALE GERICHTE

Koreanisches Steak (Asien)

für 4 Personen

750 g	Rinderlende, dünn gegen die Faser geschnitten
60 ml	Sojasauce
2 EL	brauner Zucker
2	Knoblauchzehen, gehackt
2 EL	Erdnußöl
	einige Tropfen Sesamöl
	Saft von 1/2 Zitrone
	Sesamsamen

Das Fleisch in einer Schüssel mit Sojasauce und Sesamöl beträufeln. Zucker, Zitronensaft und Knoblauch dazugeben; gut vermengen. Zudecken und 3 Stunden kalt stellen.

Das Erdnußöl im Wok erhitzen. Das Fleisch darin bei großer Hitze je nach Dicke 1 Minute pro Seite braten.

Das Fleisch auf eine Servierplatte legen und mit Sesam bestreuen. Sofort servieren.

Pro Portion   501 Kalorien   42 g Kohlenhydrate
45 g Eiweiß   17 g Fett   0,1 g Ballaststoffe

INTERNATIONALE GERICHTE

Gegrilltes Schweinefilet (Asien)

für 2 Personen

1	Schweinefilet, entfettet
3 EL	Olivenöl
2	Knoblauchzehen, gehackt
1 EL	frisches Liebstöckel, gehackt
1 TL	frischer Majoran, gehackt
1 TL	frischer Rosmarin, gehackt
1	Zucchini, längs gedrittelt, dann quer gedrittelt
1 EL	Dijon-Senf
	Salz und Pfeffer

Das Filet längs aufschneiden, nicht ganz durchschneiden. Öl und Knoblauch mischen und etwas auf das Fleisch streichen.

Die frischen Kräuter auf die Innenseite geben, wieder mit Öl bestreichen. Zusammenklappen, außen mit Öl bepinseln und beiseite stellen.

Die Zucchini einölen.

Den Grill auf Hoch stellen. Die Zucchini 3-4 Minuten pro Seite grillen.

Das Fleisch wieder öffnen und auf den Grill legen. 4-5 Minuten grillen.

Wenden, würzen und mit Senf bestreichen. 4-5 Minuten braten.

Wieder wenden, 4-5 Minuten grillen, abhängig von der Dicke.

Mit den Zucchini servieren.

Pro Portion 668 Kalorien 7 g Kohlenhydrate
61 g Eiweiß 44 g Fett 2,5 g Ballaststoffe

INTERNATIONALE GERICHTE

Spaghetti Primavera (Italien)   *für 4 Personen*

2 EL	Olivenöl
1/2	Broccoli, gut geputzt, in Röschen
1/2	grüne Paprikaschote, in feinen Streifen
1/2	rote Paprikaschote, in feinen Streifen
1	Zucchini, längs halbiert, in Scheiben
1	Stange Staudensellerie, in Scheiben
20	Zuckererbsenschoten, geputzt
1	Knoblauchzehe, gehackt
4	Portionen gekochte Spaghetti, heiß
4 EL	Parmesan, gerieben
	Salz und Pfeffer

Das Öl in einer Pfanne erhitzen. Broccoli, Paprika, Zucchini, Sellerie, Erbsenschoten und Knoblauch dazugeben. Würzen, zudecken und 4-5 Minuten bei mittlerer Hizte braten.

Die Spaghetti hinzufügen, abschmecken und zugedeckt 2 Minuten braten.

Mit Käse bestreuen, zudecken und nochmals 1 Minute braten. Sofort servieren.

Pro Portion   358 Kalorien   54 g Kohlenhydrate
13 g Eiweiß   10 g Fett   8,5 g Ballaststoffe

INTERNATIONALE GERICHTE

Kalbsleber Lyon (Frankreich)

für 4 Personen

2 EL	Butter
2	rote Zwiebeln, in dünnen Scheiben
1	Knoblauchzehe, gehackt
4	große Scheiben Kalbsleber
	Salz und Pfeffer
	gewürztes Mehl
	Saft von $1/2$ Zitrone

Die Hälfte der Butter zerlassen. Zwiebeln und Knoblauch hineingeben, würzen. 10-15 Minuten bei mittlerer Hitze braten.

Währenddessen die Leber entfetten und in Mehl wenden.

Die restliche Butter in einer Pfanne erhitzen. Die Leber darin $2^{1}/2$ Minuten bei mittlerer Hitze braten.

Wenden, würzen, nochmals 2-3 Minuten braten, je nach Geschmack.

Die Zwiebeln mit Zitronensaft begießen und bei großer Hitze 1 Minute glasieren.

Die Leber mit den Zwiebeln servieren.

Pro Portion   316 Kalorien   18 g Kohlenhydrate
34 g Eiweiß   12 g Fett   1,4 g Ballaststoffe

INTERNATIONALE GERICHTE

Kreation aus Wildpilzen (Frankreich) *für 4 Personen*

2 EL	Butter
2	Schalotten, gehackt
900 g	Champignons, geputzt, geviertelt
2 TS	Mischpilze, geputzt
1 EL	frische Petersilie, gehackt
1 EL	frischer Schnittlauch, gehackt
3 EL	trockener Weißwein
1½ EL	Mehl
375 ml	Milch, heiß
	Salz und Pfeffer
	Paprika
	getoastetes Baguette

Die Butter in einer großen Pfanne zerlassen. Schalotten und Champignons darin 5-6 Minuten bei mittlerer Hitze braten.

Die Mischpilze, Petersilie und Schnittlauch dazugeben; 2-3 Minuten sautieren.

Den Wein aufgießen und 3 Minuten kochen. Das Mehl einstreuen, 1 Minute anschwitzen.

Die heiße Milch einrühren, 3-4 Minuten bei mittlerer Hitze kochen.

Mit Paprika bestreuen und über das getoastete Baguette geben.

Pro Portion 282 Kalorien 36 g Kohlenhydrate
12 g Eiweiß 10 g Fett 7,5 g Ballaststoffe

INTERNATIONALE GERICHTE

Lendensteak Mama Mia (Italien)

für 2 Personen

3 EL	Olivenöl
1	kleine Aubergine, mit Haut gewürfelt
1	grüne Paprikaschote, in feinen Streifen
1	milde Peperoni, gehackt
1/2	gelbe Paprikaschote, in feinen Streifen
1	große Tomate, ohne Strunk, gewürfelt
1 EL	frischer Oregano, gehackt
1 TL	frischer Thymian, gehackt
2	Knoblauchzehen, gehackt
2	Lendensteak, à 250 g
	Salz und Pfeffer

2 EL Öl in einer Pfanne erhitzen. Die Aubergine hineingeben, zudecken und 10 Minuten bei mittlerer Hitze dünsten.

Paprika, Peperoni, Tomate, Oregano, Thymian und die Hälfte des Knoblauchs dazugeben; gut würzen. 6-7 Minuten halb zugedeckt dünsten.

Währenddessen das restliche Öl mit dem restlichen Knoblauch mischen; auf das Fleisch streichen.

Den Grill auf Hoch stellen.

Das Fleisch 3 Minuten pro Seite grillen, oder je nach Dicke. Mit dem Gemüse servieren.

Pro Portion 639 Kalorien 14 g Kohlenhydrate
58 g Eiweiß 39 g Fett 4,8 g Ballaststoffe

INTERNATIONALE GERICHTE

Osso Buco (Italien)

für 4 Personen

8	Kalbshachsen, à 4 cm Dicke
1½ EL	Olivenöl
1	Zwiebel, gehackt
3	Knoblauchzehen, gehackt
250 ml	trockener Weißwein
800 ml	Tomaten aus der Dose, abgetropft, gehackt
2 EL	Tomatenmark
125 ml	Rinderfond, erhitzt
½ TL	Oregano
¼ TL	Thymian
1	Lorbeerblatt, gehackt
	gewürztes Mehl
	Salz und Pfeffer
Prise	Zucker

Den Ofen auf 180°C vorheizen. Das Fleisch in Mehl wenden.

Das Öl in einer feuerfesten Kasserolle erhitzen. Das Fleisch (in 2 Portionen) darin bei mittlerer Hitze 3-4 Minuten pro Seite braten. Beim Wenden gut würzen.

Das Fleisch beiseite stellen. Zwiebel und Knoblauch in die Kasserolle geben; vermengen und 3-4 Minuten bei mittlerer Hitze braten.

Den Wein aufgießen, 4 Minuten bei großer Hitze kochen.

Tomaten, Tomatenmark und Brühe einrühren. Kräuter und Zucker dazugeben; abschmecken und zum Kochen bringen.

Das Fleisch wieder in die Kasserolle geben. Zugedeckt 2 Stunden im Ofen schmoren.

Wenn das Fleisch gar ist herausnehmen und beiseite stellen. Die Sauce bei großer Hitze 3-4 Minuten kochen.

Nochmals abschmecken und über das Fleisch geben.

Pro Portion   499 Kalorien   25 g Kohlenhydrate
48 g Eiweiß   23 g Fett   2,8 g Ballaststoffe

INTERNATIONALE GERICHTE

Kalbfleisch alla Vista (Italien)

für 4 Personen

2 EL	Butter, zerlassen
2	große Scheiben Kalbsschulter, à 2,5 cm dick, gewürfelt
1	Zwiebel, fein gehackt
1	grüne Paprikaschote, grob gewürfelt
3	Tomaten, gehäutet, entkernt, grob gewürfelt
1 EL	Tomatenmark
125 ml	Hühnerbrühe, erhitzt
1/2 TL	Estragon
3	Frühlingszwiebeln, gehackt
	Salz und Pfeffer

Den Ofen auf 180°C vorheizen.

Die Butter in einer Pfanne erhitzen. Das Fleisch darin bei mittlerer Hitze von allen Seiten bräunen. In eine feuerfeste Kasserolle geben und beiseite stellen.

Zwiebel und Paprika in die Pfanne geben; gut würzen. 4 Minuten bei mittlerer Hitze braten.

Tomaten, Tomatenmark und Brühe dazugeben; gut abschmecken. Den Estragon einstreuen und zum Kochen bringen. Bei großer Hitze 3-4 Minuten kochen.

Gut vermischen, abschmecken und über das Fleisch in der Kasserolle gießen. Zugedeckt 1 Stunde im Ofen schmoren.

Vor dem Servieren mit Frühlingszwiebeln bestreuen. Nach Belieben Nudeln dazu reichen.

Pro Portion   670 Kalorien   10 g Kohlenhydrate
72 g Eiweiß   38 g Fett   2,7 g Ballaststoffe

INTERNATIONALE GERICHTE

Florentiner Hühnchen (Italien)

für 4 Personen

2 EL	Olivenöl
1,8 kg	Brathühnchen, gesäubert, gehäutet, in 8 Teilen
1	rote Zwiebel, gehackt
1	Knoblauchzehe, gehackt
1	rote Paprikaschote, gewürfelt
1	grüne Paprikaschote, gewürfelt
1	Broccolistrunk, in Scheiben
6	große, frische Champignons, geputzt, geviertelt
	gewürztes Mehl
	Salz und Pfeffer

Das Öl in einer Pfanne erhitzen. Währenddessen das Hühnchen in Mehl wenden.

Wenn das Öl heiß ist, das Fleisch darin 8 Minuten bei mittlerer Hitze braten. Wenden, würzen, Zwiebel und Knoblauch dazugeben, auf mittlere Hitze stellen, 6 Minuten braten.

Paprika, Broccoli und Pilze hinzufügen; abschmekken. Zugedeckt bei schwacher Hitze 10-12 Minuten fertig braten.

Pro Portion 543 Kalorien 22 g Kohlenhydrate
62 g Eiweiß 23 g Fett 4,1 g Ballaststoffe

INTERNATIONALE GERICHTE

Kalbskotelett mit Oregano (Italien)
für 2 Personen

2	Kalbsschnitzel, à 2 cm Dicke, entfettet
1 EL	Olivenöl
8	große, frische Champignons, geputzt, blättrig geschnitten
1 EL	Butter
1 EL	frischer Oregano, gehackt
50 ml	Sahne
	geröstetes Mehl
	Salz und Pfeffer
	Saft von $1/2$ Zitrone

Die Koteletts in Mehl wenden. Das Öl in einer Pfanne erhitzen.

Die Koteletts darin bei mittlerer Hitze 4 Minuten braten. Wenden, würzen und bei mittlerer Hitze nochmals 5 Minuten braten.

Wieder wenden und 3 Minuten, oder abhängig von der Dicke, fertig braten. Auf eine heiße Platte legen und beiseite stellen.

Die Champignons in die heiße Pfanne geben, mit Zitronensaft beträufeln. Butter und Oregano hinzufügen; 3-4 Minuten bei großer Hitze braten.

Die Sahne einrühren und abschmecken; 2-3 Minuten bei mittlerer Hitze kochen.

Die Sauce über die Koteletts geben und mit Nudeln servieren.

Pro Portion 498 Kalorien 20 g Kohlenhydrate
28 g Eiweiß 34 g Fett 3,1 g Ballaststoffe

INTERNATIONALE GERICHTE

1. Das frischeste Fleisch und Gemüse auswählen, das erhältlich ist.

2. Das Fleisch zuerst in Mehl wenden, dann in heißem Öl bei mittelgroßer Hitze 4 Minuten anbraten. Die Hitze reduzieren, die Koteletts ungefähr 8 Minuten braten, 2mal wenden. Die Garzeit hängt von der Dicke des Fleisches und der Pfannengröße ab.

3. Die Pilze in die heiße Pfanne geben. Mit Zitronensaft beträufeln, Butter und Oregano hinzufügen; bei großer Hitze 3-4 Minuten braten.

4. Die Sahne aufgießen und gut vermischen; richtig abschmecken. Vor dem Servieren des Fleisches 2-3 Minuten bei mittlerer Hitze kochen.

INTERNATIONALE GERICHTE

Weiße Bohnen de l'Amour (Frankreich) *für 4-6 Personen*

1 TL	Olivenöl
1	große rote Zwiebel, grob gewürfelt
1	Stange Staudensellerie, grob gewürfelt
1	Knoblauchzehe, gehackt
1 1/2 TS	getrocknete weiße Bohnen, über Nacht eingeweicht
800 ml	Tomaten aus der Dose, mit Saft
1 l	Hühnerbrühe, erhitzt
	frische Kräuter zum Abschmekken: Thymian, Oregano, Basilikum, Petersilie
	Salz und Pfeffer

Das Öl in einer Kasserolle erhitzen. Zwiebel, Sellerie und Knoblauch darin 5-6 Minuten dünsten.

Die Bohnen und alle restlichen Zutaten dazugeben; gut vermischen. Gut würzen, zudecken und zum Kochen bringen.

Zugedeckt 3 Stunden bei schwacher Hitze köcheln.

Pro Portion   174 Kalorien   30 g Kohlenhydrate
9 g Eiweiß   2 g Fett   8,2 g Ballaststoffe

INTERNATIONALE GERICHTE

Würstchen mit Käsekartoffeln (Frankreich)
für 4 Personen

1 TL	Olivenöl
2	große Kalbswürste
1/2	Zwiebel, gehackt
1 EL	Erdnußöl
2	große Pellkartoffeln, gekocht, geschält, in dicken Scheiben
1/4 TS	Gruyère, gerieben
250 ml	Tomatensaucenreste oder fertige Sauce
	Salz und Pfeffer

Das Olivenöl erhitzen. Die Würste darin bei mittlerer Hitze 3-4 Minuten braten, wenden, würzen und weitere 3 Minuten braten.

Die Zwiebel dazugeben, mit den Würsten 25-30 Minuten bei mittelschwacher Hitze braten, abhängig von der Dicke. Die Würste öfter wenden.

Währenddessen das Erdnußöl erhitzen. Die Kartoffeln hineingeben, würzen und bei mittlerer Hitze 16-18 Minuten braten. Oft wenden.

Den Käse hinzufügen, nochmals 3 Minuten bei mittlerer Hitze braten.

Die Tomatensauce zu den Würsten geben, 4-5 Minuten kochen.

Sofort mit den Kartoffeln servieren.

Pro Portion   691 Kalorien   48 g Kohlenhydrate
28 g Eiweiß   43 g Fett   4,5 g Ballaststoffe

INTERNATIONALE GERICHTE

Kalbshaxen Lizanne (Frankreich)

für 4 Personen

4	Kalbshaxen, à 2,5 cm Dicke, entfettet
1 EL	Öl
1	große rote Zwiebel, in schmalen Spalten
2	Knoblauchzehen, gehackt
500 ml	trockener Rotwein
2	Tomaten, ohne Strunk, in Spalten
2 EL	Tomatenmark
1	Thymianzweig, gehackt
1	Oreganozweig, gehackt
1	Liebstöckelzweig, gehackt
1 EL	Butter
250 g	frische Champignons, geputzt, geviertelt
	gewürztes Mehl
	Salz und Pfeffer

Den Ofen auf 180°C vorheizen. Das Fleisch in Mehl wenden.

Das Öl in einer Pfanne stark erhitzen. Das Fleisch darin 8 Minuten pro Seite bei mittlerer Hitze anbraten.

Zwiebel und Knoblauch dazugeben, 3-4 Minuten braten.

Den Wein aufgießen, Tomaten und Tomatenmark einrühren, gut abschmecken. Die frischen Kräuter einstreuen, zudecken und $1^1/_2$ Stunden im Ofen schmoren.

Kurz vor Ende der Garzeit die Butter zerlassen. Die Pilze 3 Minuten sautieren; würzen.

Die Champignons zum Fleisch geben, zudecken und $1^1/_2$ Stunden weiter schmoren. Servieren.

Pro Portion 319 Kalorien 20 g Kohlenhydrate
26 g Eiweiß 15 g Fett 4,0 g Ballaststoffe

INTERNATIONALE GERICHTE

1. Das Fleisch in Mehl wenden. Dies unterstützt den Prozeß des Anbratens.

2. Die erste Seite 8 Minuten anbraten. Das Fleisch während dieser Zeit nicht berühren.

3. Die Kalbshachsen wenden, um die andere Seite anzubraten.

4. Zwiebel und Knoblauch dazugeben; weitere 3-4 Minuten braten.

439

INTERNATIONALE GERICHTE

Souflaki (Griechenland)

für 4 Personen

750 g	Lammschlegel, gewürfelt
60 ml	Olivenöl
2 EL	frische Minze, gehackt
2	Knoblauchzehen, gehackt
3	Frühlingszwiebeln, in 5 cm lange Stücke geschnitten
	Salz und Pfeffer
	Saft von 1 Zitrone

Fleisch, Öl, Pfeffer und Zitronensaft in eine Schüssel geben. Minze und Knoblauch hinzufügen; würzen und mischen. Mit Frischhaltefolie bedeckt 3 Stunden im Kühlschrank marinieren.

Abwechselnd Fleisch und Frühlingszwiebeln auf Metallspieße stecken. Im vorgeheizten Ofen oder auf einem vorgeheizten Grill 3-4 Minuten pro Seite bei großer Hitze grillen.

Nach Belieben mit Pita Brot servieren.

Pro Portion 392 Kalorien 4 g Kohlenhydrate
40 g Eiweiß 24 g Fett 0,6 g Ballaststoffe

INTERNATIONALE GERICHTE

Jakobsmuschelspießchen (Griechenland) *für 4 Personen*

750 g	mittelgroße Jakobsmuscheln
2 EL	Olivenöl
1	Knoblauchzehe, gehackt
1 EL	frischer Oregano, gehackt
	Saft von 1/2 Zitrone
	weißer Pfeffer

Die Muscheln mit allen Zutaten in einer Schüssel mischen, mit Frischhaltefolie bedeckt 2-3 Stunden im Kühlschrank marinieren.

Die Muscheln auf Holzspieße stecken. Auf einen vorgeheizten Grill oder unter den Ofengrill legen. 1 Minute pro Seite bei großer Hitze grillen.

Mit frischem Gemüse und Zitrone servieren.

Pro Portion 213 Kalorien 1 g Kohlenhydrate
32 g Eiweiß 9 g Fett 0 g Ballaststoffe

INTERNATIONALE GERICHTE

Lammkoteletts mit Kräutern (Griechenland) *für 4 Personen*

8	Lammkoteletts, à 2 cm Dicke
2	Knoblauchzehen, geschält, in Stücke geschnitten
8	Petersilienzweige
8	Oreganozweige
8	Thymianzweige
2	Knoblauchzehen, gehackt
1 EL	frische Petersilie, gehackt
1 TL	frischer Rosmarin, gehackt
3 EL	Olivenöl
	Saft von 1 Zitrone
	Salz und Pfeffer

Den Grill auf Hoch stellen.

Das Fleisch entfetten. Dann mit Knoblauchstücken spicken.

Die Kräuter in die Spalte neben dem Knochen geben und behutsam auf Spieße stecken. Beiseite stellen.

Gehackten Knoblauch, Petersilie, Rosmarin und Zitronensaft in einer Schüssel gut vermischen. Das Öl mit einem Schneebesen unterrühren und abschmecken.

Beide Seiten der Koteletts mit Öl bepinseln, das Fleisch gut pfeffern, aber nicht salzen. Auf dem vorgeheizten Grill 3 Minuten grillen.

Wenden, 3-4 Minuten, je nach Geschmack, grillen. Vor dem Servieren von den Spießen lösen.

Pro Portion 309 Kalorien 3 g Kohlenhydrate
27 g Eiweiß 21 g Fett 0,1 g Ballaststoffe

INTERNATIONALE GERICHTE

1. Das überschüssige Fett von den Koteletts abschneiden.

2. Die Kräuterzweige in die Spalte am Fleisch geben und dann behutsam auf Spieße stecken. Diese Technik erleichtert das Braten des Fleisches auf dem Grill.

3. Beide Seiten der Koteletts mit dem Knoblauch-Kräuter-Öl bepinseln.

4. Pfeffern, aber nicht salzen.

443

INTERNATIONALE GERICHTE

Paprika-Hühnchen-Eintopf (Ungarn) *für 4-6 Personen*

1,8 kg	Hühnchen, gesäubert
1 EL	Olivenöl
1 EL	Butter
1	rote Zwiebel, gewürfelt
1 1/2 EL	Paprikapulver
800 ml	Tomaten aus der Dose, mit Saft
2	Knoblauchzehen, blanchiert, zerdrückt
1	Liebstöckelzweig, gehackt
1	grüne Paprikaschote, gewürfelt, gebraten
	gewürztes Mehl
	Salz und Pfeffer

Den Ofen auf 180°C vorheizen.

Das Hühnchen in 8 Teile tranchieren, wie im Bild gezeigt. Enthäuten, dann in Mehl wenden.

Das Öl in einer feuerfesten Kasserolle erhitzen. Die Hühnerteile darin 4 Minuten bei mittlerer Hitze anbraten.

Die Butter dazugeben, das Fleisch wenden, 4 Minuten braten.

Zwiebel und Paprikapulver hinzufügen; 6-7 Minuten braten. Tomaten, Tomatensaft und Knoblauch gut einrühren.

Liebstöckel einstreuen, abschmecken und zum Kochen bringen. Zugedeckt im Ofen 30 Minuten schmoren.

Die gebratene Paprika einrühren; zudecken und 15 Minuten fertig schmoren.

| Pro Portion | 367 Kalorien | 17 g Kohlenhydrate |
| 41 g Eiweiß | 15 g Fett | 2,0 g Ballaststoffe |

INTERNATIONALE GERICHTE

1. Zuerst die Schlegel des Hühnchens abschneiden. Dann am Gelenk halbieren.

2. Die Brüstchen ohne den Knochen auslösen und beiseite legen. Zuletzt die Flügel abtrennen, die Spitzen abschneiden. Sie sollten dann 8 Stücke haben.

3. Die Fleischstücke häuten, in Mehl wenden und 4 Minuten pro Seite im heißen Öl anbraten. Das schließt den Saft in den Poren ein.

4. Zwiebel und Paprikapulver hinzufügen; weitere 6-7 Minuten braten, bevor die restlichen Zutaten dazugegeben werden.

445

INTERNATIONALE GERICHTE

Kalbfleischeintopf mit Brötchen (Ungarn)   *für 4 Personen*

3 EL	Butter
2	kleine Zwiebeln, in Spalten
1 EL	Paprikapulver
3 EL	Mehl
750 ml	Hühnerbrühe, erhitzt
1	rote Paprikaschote, gewürfelt
2 TS	gekochte Kalbfleischreste, in Stücken, entfettet
½	Gurke, geschält, in Scheiben
	Salz und Pfeffer
	Brötchen, getoastet

2 EL Butter in einem Topf erhitzen. Die Zwiebeln darin zugedeckt bei mittlerer Hitze 4 Minuten braten.

Paprikapulver und Mehl einstreuen, sehr gut vermischen. Unbedeckt bei sehr schwacher Hitze 2-3 Minuten anschwitzen.

Die Brühe aufgießen, verrühren, abschmecken. Zum Kochen bringen, 12 Minuten bei mittelschwacher Hitze kochen.

Bevor die Sauce fertig ist, die restliche Butter in einer Pfanne zerlassen. Paprika, Fleisch und Gurke darin bei mittlerer Hitze sautieren.

Das Fleisch in die Sauce geben, 2-3 Minuten köcheln.

Auf getoasteten Brötchen servieren.

Pro Portion 436 Kalorien 37 g Kohlenhydrate
27 g Eiweiß 20 g Fett 1,8 g Ballaststoffe

INTERNATIONALE GERICHTE

Hackbraten mit saurer Sahne (Ungarn) *für 6-8 Personen*

500 g	mageres Rinderhack
250 g	mageres Schweinehack
1	kleine Zwiebel, gerieben
3/4 TS	grobe Semmelbrösel
250 ml	Milch
1/2 TL	Nelke, gemahlen
1 TL	Basilikum
1/2 TL	Majoran
1	Ei, leicht geschlagen
3 EL	saure Sahne
1 EL	Mehl
125 ml	Hühnerbrühe
	Salz und Pfeffer
	Paprika

Den Ofen auf 180°C vorheizen.

Alles Fleisch und die Zwiebel in eine Schüssel geben. Vermengen und abschmecken.

Die Brösel 10 Minuten in der Milch einweichen, dann zum Fleisch geben; gut vermengen. Mit Nelke, Basilikum und Majoran bestreuen; nochmals vermischen.

Das Ei einrühren. Alles in eine gebutterte Kastenform (24 x 14 cm) füllen. In einen Bräter mit 2,5 cm heißem Wasser geben und 30 Minuten im Ofen backen.

Saure Sahne, Mehl und Brühe verrühren und würzen. Die Mischung über das Fleisch in der Form gießen und mit Paprika bestreuen.

Im Ofen 15 Minuten fertig backen. Nach Belieben mit einer Sauce servieren.

Pro Portion   226 Kalorien   11 g Kohlenhydrate
23 g Eiweiß   10 g Fett   0,6 g Ballaststoffe

INTERNATIONALE GERICHTE

Kalbsschnitzel (Ungarn)

für 4 Personen

4	Kalbschnitzel, à 140 g, geklopft
2	Eier, geschlagen
2 TS	gewürzte Semmelbrösel
1 EL	Öl
1 EL	Butter
	Saft von 1/2 Zitrone
	Salz und Pfeffer

Den Ofen auf 190°C vorheizen.

Die Schnitzel in einer Schüssel mit Zitronensaft beträufeln, zugedeckt 1 Stunde im Kühlschrank marinieren.

Die Schnitzel in die Eier tauchen, in den Bröseln wenden. Wieder in Ei tauchen und mit einer Schicht Brösel bedecken; gut würzen.

Öl und Butter in einer Pfanne erhitzen. Die Schnitzel 2-3 Minuten bei mittlerer Hitze bräunen.

Wenden, würzen und im Ofen 8 Minuten fertig braten.

Mit saurer Sahne und einer Auswahl frischer Gemüse servieren.

448

Pro Portion 567 Kalorien 42 g Kohlenhydrate
39 g Eiweiß 27 g Fett 1,8 g Ballaststoffe

VERFÜHRERISCHE DESSERTS

Flambierte Pfirsiche

für 6 Personen

3 EL	Sirup*
6	Pfirsiche, geschält, halbiert
2 EL	Wodka mit Pfirsicharoma
1 TL	Stärkemehl
2 EL	kaltes Wasser
1 TS	Erdbeeren, entstielt, gewaschen

Den Sirup in einer Pfanne erhitzen. Die Pfirsiche 2 Minuten pro Seite braten. Den Wodka dazugießen und 2 Minuten kochen. Flambieren.

Die Pfirsiche herausnehmen und beiseite stellen.

Das Stärkemehl mit Wasser verrühren; unter die Sauce mischen. 1 Minute kochen.

Die Pfirsiche wieder in die Pfanne geben, die Erdbeeren hinzufügen und 1 Minute dünsten. Warm servieren.

* Siehe Regenbogentörtchen, Seite 484.

Pro Portion   80 Kalorien   19 g Kohlenhydrate
1 g Eiweiß   0 g Fett   1,8 g Ballaststoffe

VERFÜHRERISCHE DESSERTS

Pfirsichpudding

für 4-6 Personen

540 ml	Pfirsiche aus der Dose, in Scheiben, abgetropft
1 EL	brauner Zucker
2	große Eier
2	große Eidotter
¼ TS	Zucker
½ TS	weiße Semmelbrösel
375 ml	Milch, heiß

Den Ofen auf 180°C vorheizen. Eine 20 x 20 cm große und 5 cm tiefe Auflaufform buttern; beiseite stellen.

Pfirsiche mit braunem Zucker bei mittlerer Hitze in einer Pfanne braten; beiseite stellen.

Alle Eier mit dem Zucker aufschlagen; beiseite stellen.

Die Semmelbrösel in einer Schüssel mit der heißen Milch übergießen. Gut mischen und 3 Minuten ziehen lassen.

Eiermischung und Semmelbrösel verrühren. Die Pfirsiche dazugeben, den Teig in die Form füllen.

Die Form in einen Bräter, der 2,5 cm hoch mit heißem Wasser gefüllt ist, stellen und 35-40 Minuten im Ofen backen.

Die Form vor dem Servieren auf der Arbeitsfläche ziehen lassen. Nach Belieben mit Schlagsahne, Eiscreme oder Ahornsirup servieren.

Pro Portion 244 Kalorien 35 g Kohlenhydrate
8 g Eiweiß 8 g Fett 1,9 g Ballaststoffe

VERFÜHRERISCHE DESSERTS

Ananas-Fruchtsalat

für 6 Personen

1	frische Ananas
2 TS	Erdbeeren, gewaschen, entstielt, halbiert
1/2	Honigmelone
250 ml	Sahne
1/2 TS	geröstete Mandeln
	Saft von 1 Zitrone
	Salz und weißer Pfeffer

Die Spitze der Ananas abschneiden. Die Frucht senkrecht auf ein Brett stellen, den Strunk aushöhlen, dann von oben nach unten die Schale der Fruchtform nach abschneiden. Zuletzt die braunen Flecken entfernen.

Die Ananas würfeln und mit den Erdbeeren in eine Schüssel geben; beiseite stellen.

Mit einem Melonenausstecher das Fruchtfleisch aus der Melone schneiden; in die Schüssel geben.

Zitronensaft in eine kleine Schale geben; salzen und pfeffern. Mischen, bis das Salz gelöst ist. Die Sahne einrühren und schlagen, bis die Mischung dick wird.

Die Creme auf die Früchte geben. Mit gerösteten Mandeln bestreuen und servieren.

Pro Portion   325 Kalorien   30 g Kohlenhydrate
4 g Eiweiß   21 g Fett   3,5 g Ballaststoffe

VERFÜHRERISCHE DESSERTS

Frische Fruchthäppchen

für 2 Personen

2	Scheiben Netzmelone
1	Kaktusfeige, halbiert
2	große Papayaspalten
1/2	Grapefruit
1	Birne, halbiert, ausgehöhlt
4	dünne Scheiben Mango
1	Aprikose, halbiert, entsteint
	frische Erdbeeren zum Garnieren
	Ricotta, nach Belieben

Diese Menge ist für 2 Personen reichlich und kann für mehrere Personen, je nach Ihrem Menue, gestreckt werden. Das Wichtigste ist die Frische der Früchte - falls eine Sorte nicht erhältlich ist, einfach durch anderes frisches Obst ersetzen.

Arrangieren Sie die Früchte auf einem hübschen Teller (siehe Abbildung).

Pro Portion   161 Kalorien   36 g Kohlenhydrate
2 g Eiweiß   1 g Fett   4,3 g Ballaststoffe

VERFÜHRERISCHE DESSERTS

Gemischtes Fruchtkompott *für 8-10 Personen*

12	Pfirsiche, geschält, in Spalten
3 EL	Sirup*
2 EL	Wodka mit Pfirsicharoma
1	Mango, geschält, gewürfelt
1	Papaya, gewürfelt
1½ TS	Erdbeeren, gewaschen, entstielt
2	Kiwis, geschält, in Scheiben
1 EL	Stärkemehl
2 EL	kaltes Wasser

Pfirsiche, Sirup und Wodka in eine Pfanne geben und 3-4 Minuten bei mittlerer Hitze kochen.

Die Mango einrühren, 3-4 Minuten kochen.

Alle restliche Früchte dazugeben, zudecken und 3-4 Minuten kochen.

Das Stärkemehl mit Wasser verrühren; unter die Sauce mischen. 2-3 Minuten kochen.

Warm servieren.

* Siehe Regenbogentörtchen, Seite 484.

Pro Portion 116 Kalorien 28 g Kohlenhydrate
1 g Eiweiß 0 g Fett 2,6 g Ballaststoffe

VERFÜHRERISCHE DESSERTS

1. Die Pfirsiche und den Sirup in eine große Pfanne geben.

2. Den Wodka dazugießen und bei mittlerer Hitze 3-4 Minuten dünsten.

3. Die Mango dazugeben; mischen und weitere 3-4 Minuten kochen.

4. Alle restlichen Früchte hinzufügen, zudecken und nochmals 3-4 Minuten kochen.

455

VERFÜHRERISCHE DESSERTS

Himmlischer Früchtebecher

für 2 Personen

1½ TS	frische Himbeeren, gewaschen
50 ml	Sirup*
1 TL	Orangenlikör
12	Erdbeeren, gewaschen, entstielt
125 ml	englische Creme**
1	große Kugel Vanilleeis
	Schlagsahne
	Brombeeren

Die Himbeeren durch ein Sieb in einen kleinen Topf passieren. Sirup und Likör dazugeben, gut vermischen. Zum Kochen bringen; 1-2 Minuten kochen. Abkühlen lassen.

Zuerst ein sehr großes Glas auswählen, das mindestens 750 ml faßt.

Die meisten Erdbeeren unten in das Glas geben. Etwas Himbeersauce und englische Creme daraufgeben.

Das Eis obenauf legen, die restlichen Erdbeeren rundherum verteilen, mit der restlichen Himbeersauce und der Creme beträufeln.

Mit Schlagsahne und Brombeeren garnieren. Mit 2 sehr langen Löffeln servieren.

* Siehe Regenbogentörtchen, Seite 484.
** Siehe Dessert Broadway, Seite 457.

Pro Portion 506 Kalorien 78 g Kohlenhydrate
8 g Eiweiß 18 g Fett 3,2 g Ballaststoffe

VERFÜHRERISCHE DESSERTS

Dessert Broadway

für 4 Personen

ENGLISCHE CREME:

4	große Eidotter
1 TS	Puderzucker
250 ml	abgekochte Milch, noch heiß
¼ TL	Vanille

Einen Topf – halb mit heißem Wasser gefüllt – bereitstellen.

Zucker und Eidotter in einer Stahlschüssel mit einem elektrischen Handrührgerät schaumig schlagen.

Während des Rührens Milch und Vanille hinzufügen. Die Schüssel bei schwacher Hitze auf den Wassertopf stellen. Die Creme kochen, bis sie dick wird. Ständig rühren!

Die Schüssel vom Wasserbad nehmen und zum Abkühlen weiterrühren. Zum Auskühlen beiseite stellen; mit Pergamentpapier, das die Oberfläche berührt, bedecken. Vor dem Weiterverwenden 6 Stunden kalt stellen.

ZUBEREITUNG:

3 TS	frische Himbeeren, gewaschen
2 EL	Sirup*
4	Scheiben heller Rührkuchen, am besten quadratisch, 1 cm dick
4	Kugeln Vanilleeis
1 TS	Brombeeren
	Puderzucker

Die Hälfte der Himbeeren pürieren. Mit dem Sirup in einem kleinen Topf zum Kochen bringen, 2 Minuten kochen. Dann durch ein Sieb passieren und abkühlen lassen.

Wenn alles vorbereitet ist, alle Zutaten auf die Arbeitsfläche stellen.

Die Kuchenstücke auf 4 Teller verteilen. Englische Creme und Himbeerpüree neben den Kuchen geben. Das Eis auf den Kuchen legen und mit den restlichen Beeren garnieren. Mit Puderzucker bestäuben und sofort servieren.

* Siehe Regenbogentörtchen, Seite 484.

Pro Portion 550 Kalorien 88 g Kohlenhydrate
9 g Eiweiß 18 g Fett 6,6 g Ballaststoffe

VERFÜHRERISCHE DESSERTS

Köstliche Früchte mit Biskuit

für 8-12 Personen

1	Biskuitboden*, in 1 cm dicken Quadraten
2 TS	frische Erdbeeren, halbiert
1 TS	gemischte Beeren (nach Saison)
1	Rezept englische Creme**
250 ml	Sahne geschlagen
	Wodka
	ganze Erdbeeren zum Garnieren

Diese köstliche Nachspeise erfordert ein wenig Phantasie. Sie können die Menge für weniger Personen reduzieren oder je nach Belieben erhöhen. Hier wird die grundsätzliche Zubereitungsart gezeigt.

Wählen Sie eine hübsche Schale aus. Alle Zutaten auf den Arbeitstisch stellen.

$1/3$ des Biskuits in die Schale geben. Mit Wodka beträufeln, ein Drittel der Erdbeeren und gemischten Beeren daraufgeben.

Mit englischer Creme begießen und Sahnehäubchen daraufsetzen.

Den Vorgang 2mal wiederholen, zuletzt ganze Erdbeeren daraufgeben. Leicht kühlen, damit die Creme fest wird (wenn Sie warten können) oder sofort servieren. Aber bitte: Zählen Sie nicht die Kalorien!

* Siehe Biskuit Grundrezept, Seite 498.
** Siehe Dessert Broadway, Seite 457.

| Pro Portion | 325 Kalorien | 37 g Kohlenhydrate |
| 6 g Eiweiß | 16 g Fett | 2,1 g Ballaststoffe |

VERFÜHRERISCHE DESSERTS

Ladies Nachspeise
für 4 Personen

3 TS	frische Erdbeeren, gewaschen, entstielt
½ TS	Fruchtpuderzucker
4 EL	Kaffeelikör
2 EL	Orangensaft
1 TL	Zitronensaft
	Sahne, geschlagen

Alle Zutaten bis auf die Sahne in eine Schüssel geben, behutsam vermengen und 2-3 Minuten bei Zimmertemperatur marinieren.

In Glasschälchen verteilen, mit Schlagsahne und einigen Beeren nach Wahl garnieren.

Mit starkem Kaffee servieren.

Pro Portion 128 Kalorien 27 g Kohlenhydrate
1 g Eiweiß 0 g Fett 2,6 g Ballaststoffe

VERFÜHRERISCHE DESSERTS

Gebackene Pfirsiche   *für 4 Personen*

6	Pfirsiche, halbiert, geschält
3 EL	Sirup*
50 ml	Wasser
1/3 TS	brauner Zucker
1/2 TS	Mehl
1 EL	Zimt
1/3 TS	weiche Butter

Den Ofen auf 180°C vorheizen.

Die Pfirsiche mit der Schnittfläche nach oben in eine Auflaufform legen. Zuerst mit Sirup, dann mit Wasser beträufeln.

Zucker und Mehl verrühren. Den Zimt dazugeben und vermischen.

Die Butter mit den Fingerspitzen einarbeiten. Die Mischung in die Vertiefung der Pfirsiche geben und 20 Minuten im Ofen backen. Nicht zudecken.

* Siehe Regenbogentörtchen, Seite 484.

Pro Portion   363 Kalorien   54 g Kohlenhydrate
3 g Eiweiß   15 g Fett   2,4 g Ballaststoffe

VERFÜHRERISCHE DESSERTS

Pfirsiche Saint-Germain

für 4 Personen

4	reife Pfirsiche, geschält, halbiert
3 EL	Sirup*
3 EL	Orangenlikör
1 TS	Himbeeren, püriert
	Eis nach Wahl
	Mandelblättchen
	Puderzucker

Pfirsiche, Sirup, Likör und Himbeeren in eine Bratpfanne geben; zugedeckt 5 Minuten bei schwacher Hitze köcheln.

Die Pfirsiche aus der Sauce nehmen, zum Abkühlen beiseite stellen. Die Sauce 3 Minuten bei großer Hitze einkochen. Abkühlen lassen.

Die Pfirsiche und das Eis zum Servieren auf eine Platte oder einzelne Teller geben.

Mit Fruchtsauce begießen, mit Mandeln bestreuen und mit Puderzucker bestäuben.

* Siehe Regenbogentörtchen, Seite 484

Pro Portion 318 Kalorien 52 g Kohlenhydrate
5 g Eiweiß 10 g Fett 4,9 g Ballaststoffe

VERFÜHRERISCHE DESSERTS

Karamelpudding

für 6 Personen

1/2 TS	Zucker
50 ml	kaltes Wasser
75 ml	kaltes Wasser
1/2 TS	Zucker
4	große Eier
2	große Eidotter
1 TL	Vanille
500 ml	abgekochte Milch, noch heiß

Den Ofen auf 180°C vorheizen.

1/2 TS Zucker und 50 ml Wasser in einen kleinen Topf geben. Zum karamelisieren bei mittelgroßer Hitze auf den Herd stellen. 1mal umrühren, damit sich der Zucker löst, dann nicht mehr rühren. Den Topfrand mit Wasser einpinseln, damit einzelne Zuckerkristalle nicht anbrennen.

Sobald der Zucker karamelisiert schnell 75 ml Wasser dazugießen, 30 Sekunden kochen.

Sofort in 6 Puddingförmchen gießen, drehen, damit sich der Karamel gleichmäßig verteilt. In einem Bräter beiseite stellen.

Den restlichen Zucker in eine Stahlschüssel geben. Alle Eier und Vanille hineingeben. Alles gut mit einem Schneebesen verrühren, aber Schaumbildung vermeiden.

Die Milch unter ständigem Rühren einrühren; wenn alles gut vermischt ist durch ein Sieb streichen, dann auf das Karamel in den Förmchen gießen.

Soviel Wasser in den Bräter gießen, daß es 2,5 cm hoch ist. In den Ofen stellen; 45 Minuten backen.

Auf der Arbeitsfläche abkühlen lassen; dann im Kühlschrank gründlich auskühlen.

Den Pudding vor dem Servieren mit einem Messer vom Rand lösen und auf Teller stürzen.

| Pro Portion | 251 Kalorien | 39 g Kohlenhydrate |
| 8 g Eiweiß | 7 g Fett | 0 g Ballaststoffe |

VERFÜHRERISCHE DESSERTS

1. Wenn die Zucker-Wasser-Mischung ihre Farbe verändert, karamelisiert sie so schnell, daß Sie ein wachsames Auge darauf werfen sollten, um ein Anbrennen zu vermeiden. Die Mischung ist für den nächsten Arbeitsschritt fertig, bei dem Sie...

2. ...75 ml kaltes Wasser dazugeben. Dabei sollten Sie vom Topf ein wenig Abstand halten. Den Karamel 30 Sekunden kochen, nicht rühren, dann in die Puddingförmchen verteilen.

3. Es ist wichtig, daß die Förmchen gedreht werden, nachdem der Karamel hineingegeben wurde, da diese Mischung sehr schnell fest wird.

4. Während der Karamel in den Förmchen fest wird, den Pudding zubereiten.

463

VERFÜHRERISCHE DESSERTS

Schokoladenpudding mit Karamel
für 6 Personen

½ TS	Zucker
50 ml	kaltes Wasser
75 ml	kaltes Wasser
½ TS	Zucker
4	große Eier
2	Eidotter
1 TL	Kaffeelikör
60 g	zartbittere Schokolade, zerlassen
500 ml	abgekochte Milch, noch heiß

Den Ofen auf 180°C vorheizen.

Je nach Wunsch kann der Karamel in diesem Rezept auch weggelassen werden – der Pudding schmeckt auch ohne ihn köstlich. ½ TS Zucker und 50 ml Wasser in einen kleinen Topf geben. Zum Karamelisieren bei mittlerer Hitze auf den Herd stellen, 1mal rühren, damit sich der Zucker löst.

Wenn der Zucker karamelisiert* schnell 75 ml Wasser dazugießen, 30 Sekunden kochen.

Sofort in Puddingförmchen geben, drehen, damit sich der Karamel gleichmäßig verteilt. In einem Bräter beiseite stellen.

Für den Pudding den restlichen Zucker, alle Eier und Kaffeelikör in eine Stahlschüssel geben. Gut verrühren, aber nicht schaumig rühren.

Die Schokolade in eine andere Stahlschüssel geben, die Milch einrühren.

Die Schokoladenmischung zur Eiermischung geben, dabei ständig rühren. Die Mischung durch ein feines Sieb passieren und in die Puddingförmchen verteilen.

Soviel heißes Wasser in den Bräter gießen, daß es 2,5 cm hoch ist. Im Ofen 45 Minuten backen.

Auf der Arbeitsfläche abkühlen lassen, dann im Kühlschrank gründlich auskühlen.

Zum Servieren den Pudding mit einem Messer vom Rand lösen und auf Teller stürzen. Falls er ohne Karamel zubereitet wurde, mit Schlagsahne garnieren.

* Siehe Bilder zu Karamelpudding, Seite 463.

Pro Portion   312 Kalorien   42 g Kohlenhydrate
9 g Eiweiß   12 g Fett   0,2 g Ballaststoffe

VERFÜHRERISCHE DESSERTS

Himbeerpudding

für 6 Personen

1¼ TS	frische Himbeeren, gewaschen
2 EL	Likör nach Wahl
2 EL	Fruchtpuderzucker
4	große Eier
2	große Eidotter
½ TS	Zucker
500 ml	abgekochte Milch, noch heiß

Den Ofen auf 180°C vorheizen.

Die Himbeeren mit Likör und Fruchtzucker 10 Minuten marinieren.

Währenddessen alle Eier in eine Stahlschüssel geben. Den Zucker behutsam einrühren, die Mischung nicht schaumig rühren.

Die Milch unter Rühren langsam dazugeben. Durch ein Sieb streichen.

Die Himbeeren in 6 Puddingförmchen verteilen und in einen Bräter stellen. Den Pudding dazugießen. Soviel heißes Wasser in den Bräter gießen, daß es 2,5 cm hoch ist. 45 Minuten im Ofen backen.

Auf der Arbeitsfläche abkühlen; dann im Kühlschrank gründlich auskühlen.

Zum Servieren den Pudding mit einem Messer vom Förmchenrand lösen und auf Teller stürzen. Nach Belieben auf den Tellerboden etwas englische Creme* geben und mit Beeren garnieren.

* Siehe Dessert Broadway, Seite 457.

Pro Portion 235 Kalorien 26 g Kohlenhydrate
8 g Eiweiß 11 g Fett 1,9 g Ballaststoffe

VERFÜHRERISCHE DESSERTS

Mousse au Chocolat

für 4-6 Personen

4	große Eier, getrennt
1/2 TS	Fruchtpuderzucker, gesiebt
60 g	ungesüßte Schokolade
250 ml	Sahne, geschlagen

Eidotter und Zucker in eine Stahlschüssel geben. Mit einem Schneebesen verrühren und auf einen halbvollen Topf mit siedendem Wasser stellen.

Bei schwacher Hitze unter ständigem Rühren, damit das Ei nicht fest wird, kochen – die Mischung sollte nach 2-3 Minuten andicken.

Den Topf vom Herd nehmen, die Schüssel nicht abnehmen; ungefähr 5 Minuten weiterrühren.

Die Schokolade in eine andere Schüssel geben; auf einen halbvollen Topf mit kochendem Wasser stellen und bei mittlerer Hitze zerlassen. Die Schokolade in der Schüssel auf der Arbeitsfläche abkühlen lassen.

Die Schokolade unter die Eiermischung rühren; beiseite stellen.

Das Eiweiß steif schlagen; beiseite stellen.

Die Sahne unter die Schokoladenmischung rühren.

Den Eischnee mit einer Palette unter diese Mischung ziehen. Es sollte gut vermischt sein, feine weiße Spuren können für einen marmorartigen Effekt gelassen werden.

Die Mousse in einzelne Dessertschalen geben und vor dem Servieren 2-3 Stunden kalt stellen.

Pro Portion 275 Kalorien 11 g Kohlenhydrate
6 g Eiweiß   23 g Fett   0,2 g Ballaststoffe

VERFÜHRERISCHE DESSERTS

1. Eidotter und Zucker in eine Stahlschüssel geben.

2. Die Schüssel auf einen halbvollen Topf mit siedendem Wasser stellen und die Mischung bei schwacher Hitze kochen, dabei ständig rühren.

3. Die Schokolade in die Eiermischung einrühren.

4. Das Eiklar schlagen, bis es leichte Wölkchen bildet.

VERFÜHRERISCHE DESSERTS

Schokoladencreme zum Füllen

140 g	zartbittere Schokolade
4	Eidotter
¾ TS	Puderzucker
75 ml	Sahne
250 g	ungesalzene Butter, weich

Die Schokolade in eine Stahlschüssel geben. Diese in einen halbvollen Topf mit heißem Wasser stellen und bei schwacher Hitze zerlassen.

Die Schüssel aus dem Topf nehmen, Eidotter, Zucker und Sahne einrühren. Wieder in das Wasserbad stellen und die Mischung 6-7 Minuten rühren. Das Wasser im Topf sollte sieden.

Dann im Kühlschrank abkühlen.

Die Butter unter die kalte Mischung rühren, bis die Creme dick und glatt ist.

Pro Portion   3488 Kalorien   128 g Kohlenhydrate
24 g Eiweiß   320 g Fett   3,2 g Ballaststoffe

VERFÜHRERISCHE DESSERTS

Buttercreme

250 g	ungesalzene Butter, mit Zimmertemperatur
1 ¼ TS	Puderzucker
2	Eidotter
	Likör zum Abschmecken

Die Butter schaumig rühren.

Den Zucker sieben, nach und nach mit einem elektrischen Handrührgerät bei geringer Geschwindigkeit unter die Butter rühren.

1 Eidotter einrühren, dann das nächste dazugeben und glatt rühren.

Mit Likör abschmecken, nochmals vermischen. Als Überzug oder zum Füllen von Schichttorten verwenden.

Pro Portion 2544 Kalorien 160 g Kohlenhydrate
8 g Eiweiß 208 g Fett 0 g Ballaststoffe

VERFÜHRERISCHE DESSERTS

Ländlicher Reispudding

für 6 Personen

750 ml	Wasser
3/4 TS	Langkornreis, abgespült
875 ml	Milch, heiß
1/3 TS	Zucker
1/4 TS	Rosinen, kernlos
1/4 TS	Sultaninen
1	Ei
2	Eidotter
50 ml	Sahne
Prise	Salz
	Schale von 1 Orange, gerieben
	Schale von 1 Zitrone, gerieben
	brauner Zucker

Den Ofen auf 180°C vorheizen. Eine 2 l Souffléform buttern, die Seiten und den Boden mit braunem Zucker bestreuen; beiseite stellen.

Das Wasser mit einer Prise Salz bei großer Hitze zum Kochen bringen. Den Reis hinzufügen, umrühren und zugedeckt bei mittlerer Hitze 10 Minuten dünsten.

Gut abtropfen und zum Abkühlen beiseite stellen.

Den Zucker in der heißen Milch auflösen, dann Reis, Rosinen und Zitrusschale einrühren. In die vorbereitete Form geben und 1 Stunde im Ofen backen.

Die Sahne mit den Eiern in einer Schüssel vermengen. Den Reis aus dem Ofen nehmen, die Eiermischung darunterrühren.

Im Ofen 15 Minuten fertig garen.

Den Pudding kalt oder warm servieren.

Pro Portion 292 Kalorien 46 g Kohlenhydrate
9 g Eiweiß 8 g Fett 1,1 g Ballaststoffe

VERFÜHRERISCHE DESSERTS

1. Den abgespülten Reis in das kochende Salzwasser geben. Zugedeckt bei mittlerer Hitze 10 Minuten kochen.

2. Die heiße Milch mit Zucker mischen.

3. Es ist wichtig, daß der Reis gut abgetropft wird, bevor er in die Milchmischung gegeben wird.

4. Die Eiermischung nach 1 Stunde Garzeit unter den Reis rühren und dann 15 Minuten fertig garen.

VERFÜHRERISCHE DESSERTS

Gebackene Bananen
für 4 Personen

4	reife Bananen
2 EL	Sirup*
3 EL	Marmelade nach Wahl
2 EL	Kaffeelikör
	italienische Meringuen-plätzchen**

Den Ofen auf 200°C vorheizen.

Die Schalen längs 1mal aufschneiden, die Banane herausnehmen. Die Schalen beiseite legen.

Die Bananen in eine Auflaufform geben und einige Male einstechen. Mit Sirup und Marmelade bestreichen. Mit Likör beträufeln. 6-7 Minuten backen.

Die Bananen behutsam in die Schalen zurücklegen und mit Meringuenplätzchenmasse, durch einen Spritzbeutel gepresst, garnieren. Auf eine feuerfeste Platte legen und im Ofen goldbraun backen. Die Schalen werden dabei recht dunkel.

* Siehe Regenbogentörtchen, Seite 484.
** Siehe italienische Meringuenplätzchen, Seite 473.

Pro Portion 425 Kalorien 99 g Kohlenhydrate
5 g Eiweiß 1 g Fett 4,1 g Ballaststoffe

VERFÜHRERISCHE DESSERTS

Italienische Meringuenplätzchen

2 TS	Fruchtpuderzucker
4	große Eiklar (ohne eine Spur Eidotter)
½ TL	Vanille
	Kakao zum Bestäuben

Den Ofen auf 100°C vorheizen. Ein Backblech buttern, beiseite stellen.

Den Zucker in eine Stahlschüssel sieben. Über einen halbvollen Topf mit heißem Wasser bei schwacher Hitze stellen.

Eiklar und Vanille in die Schüssel geben. Die Mischung bei siedendem Wasser langsam schlagen. Wenn die Mischung andickt, bei mittlerer Geschwindigkeit ständig weiterrühren.

Sobald sie fest wird, mit großer Geschwindigkeit schlagen. Die Schüssel umdrehen, wenn der Eischnee nicht herausfällt, ist er fest genug.

Die Schüssel vom Topf nehmen, weiterschlagen, bis die Masse kalt ist.

Etwas Meringuenmasse in einen Spritzbeutel mit glatter Tülle geben und verschiedene Formen (länglich, wie Pilzköpfe etc.) auf das Blech spritzen.

Mit einem Löffel kleine Klümpchen auf einige Meringuen geben, um ungleichmäßige Formen zu erhalten. Im Ofen 3 Stunden backen.

Herausnehmen, auf der Arbeitsfläche abkühlen lassen und mit Kakao bestäuben.

Pro Portion 1008 Kalorien 228 g Kohlenhydrate
24 g Eiweiß 0 g Fett 0 g Ballaststoffe

VERFÜHRERISCHE DESSERTS

Kuchencreme

2 EL	Orangenlikör
1 TL	Vanille
3	große Eier
2	große Eidotter
1 TS	Zucker
3/4 TS	Mehl, gesiebt
500 ml	abgekochte Milch, noch heiß
1 EL	ungesalzene Butter

Likör, Vanille, alle Eier und Zucker in eine große Stahlschüssel geben. Mit einem elektrischen Rührgerät bei großer Geschwindigkeit schaumig rühren - ungefähr 1 1/2 Minuten.

Das Mehl darübersieben, mit einem Holzlöffel einrühren.

Die Milch unter Rühren eingießen; dann alles in einen Topf mit schwerem Boden geben.

Bei mittlerer Hitze kochen, dabei ständig mit dem Holzlöffel rühren. Die Creme wird sehr dick und zieht Fäden.

Die Creme in eine Schüssel gießen, schnell die Butter einrühren und mit Pergamentpapier abdecken. Bis zum Gebrauch kalt stellen (bis zu 2 Tagen).

Pro Portion   1800 Kalorien   294 g Kohlenhydrate
48 g Eiweiß   48 g Fett   2,4 g Ballaststoffe

VERFÜHRERISCHE DESSERTS

Paradies-Inseln

für 4 Personen

4	Eiklar
1 TS	Fruchtpuderzucker
500 ml	Milch
	Englische Creme*

Das Eiklar steif schlagen, den Zucker dazugeben, 1 Minute schlagen.

Die Milch in einem großen, tiefen Topf zum Siedepunkt bringen. Die Hitze reduzieren, die Milch sieden lassen.

Mit einem Eiskugelformer die Meringuenmasse ausstechen und behutsam in die Milch geben. Je nach Topfgröße wird die Masse in verschiedenen Portionen gekocht. Die Meringuen 1-2 Minuten pro Seite pochieren.

Mit einem Schaumlöffel herausnehmen, auf Küchenpapier abtropfen.

Etwas Englische Creme auf Dessertteller geben. Die Paradies-Inseln obenauf setzen und je nach Belieben mit Karamel garnieren.

* Siehe Dessert Broadway, Seite 457.

Pro Portion 331 Kalorien 58 g Kohlenhydrate
9 g Eiweiß 7 g Fett 0 g Ballaststoffe

VERFÜHRERISCHE DESSERTS

Geeistes Erdbeersoufflé

für 4 bis 6 Personen

3 TS	frische Erdbeeren, gewaschen, entstielt
1	Tüte Gelatine, gemahlen
75 ml	heißes Wasser
5	große Eier, getrennt
½ TS	Zucker
250 ml	Sahne, geschlagen

Eine Form, wie in der Anleitung gezeigt, vorbereiten; beiseite stellen.

Die Erdbeeren pürieren; beiseite stellen.

Die Gelatine in das heiße Wasser streuen, verrühren, beiseite stellen.

Eidotter und Zucker in eine Stahlschüssel geben. Auf einen halbvollen Topf mit heißem Wasser bei schwacher Hitze auf den Herd stellen. 2-3 Minuten unter ständigem Rühren schlagen.

Die Schüssel vom Topf nehmen, die Gelatine einrühren. Schnell das Erdbeerpüree einrühren und kalt stellen, bis die Mischung an den Seiten fest wird.

Während die Masse gekühlt wird, die Eiklar steif schlagen; beiseite stellen.

Die Sahne unter die Erdbeermasse rühren. Dann den Eischnee mit einer Palette unterziehen.

In die vorbereitete Form geben und 6-8 Stunden gefrieren.

Pro Portion   308 Kalorien   25 g Kohlenhydrate
7 g Eiweiß   20 g Fett   1,8 g Ballaststoffe

VERFÜHRERISCHE DESSERTS

1. Eine 1 l Form mit glatten Wänden auswählen. 2 dicke Lagen Aluminiumfolie wie einen Kragen außen um die Form legen. Er sollte mindestens 10 cm über den Rand der Form hinausgehen. Gut an die Form andrücken, wie im Bild gezeigt.

2. Die ganzen Erdbeeren in einem Mixer pürieren.

3. Das Erdbeermus gut unter die Eimasse rühren. Kühlen.

4. Nachdem die Schlagsahne eingerührt wurde, den Eischnee behutsam unterziehen, bevor die Mischung zum Gefrieren in die Form gefüllt wird.

VERFÜHRERISCHE DESSERTS

Pochierte Birnen au Chocolat
für 4 Personen

4	Birnen, vom Strunk her entkernt und geschält
50 ml	Sirup*
125 ml	Wasser
1 TS	Puderzucker
60 g	bittere Schokolade
1 TL	Vanille
3 EL	Milch
1	Eidotter
4	Crêpes**

Die Birnen in einen Topf geben, Sirup und Wasser hinzufügen. Zugedeckt 3-4 Minuten bei mittlerer Hitze pochieren.

Die Birnen wenden, 3-4 Minuten pochieren.

Aus dem Topf nehmen und beiseite stellen.

Zucker, Schokolade, Vanille und Milch in eine Stahlschüssel geben. Auf einen halbvollen Topf mit heißem Wasser stellen und bei schwacher Hitze zerlassen.

Gut verrühren, vom Topf nehmen. Den Eidotter einrühren, einige Minuten stehen lassen.

Währenddessen die Birnen mit den Crêpes umwickeln (die Crêpes mit etwas Sirup ankleben) und auf Teller legen.

Wenn die Schokolade lauwarm ist, über die Birnen gießen und servieren.

* Siehe Regenbogentörtchen, Seite 484.
** Siehe gefüllte Crêpes Sunrise, Seite 480.

Pro Portion 566 Kalorien 92 g Kohlenhydrate
9 g Eiweiß 18 g Fett 3,9 g Ballaststoffe

VERFÜHRERISCHE DESSERTS

Birnen in Sirup

für 4 Personen

4	Birnen, entkernt, geschält, halbiert
1/4 TS	Zucker
300 ml	Wasser
1 EL	Zitronensaft
1 EL	Zitronenschale, gerieben
1 TL	Vanille
1 TL	Stärkemehl
2 EL	kaltes Wasser

Alle Zutaten, außer Stärke und 2 EL Wasser, zum Kochen bringen. Bei mittlerer Hitze 5 Minuten kochen.

Den Topf vom Herd nehmen und 10 Minuten stehen lassen.

Die Birnen auf eine Platte legen. Den Topf auf den Herd stellen, die Flüssigkeit zum Kochen bringen. 3-4 Minuten bei großer Hitze kochen.

Das Stärkemehl mit Wasser verrühren; unter die Sauce mischen. 1 Minute kochen.

Den Sirup über die Birnen gießen, vor dem Servieren abkühlen lassen. Nach Belieben mit Sahnehäubchen garnieren.

Pro Portion   161 Kalorien   37 g Kohlenhydrate
1 g Eiweiß   1 g Fett   2,9 g Ballaststoffe

VERFÜHRERISCHE DESSERTS

Gefüllte Crêpes Sunrise

für 4 Personen

CRÊPETEIG:

3 EL	Zucker
1 1/2 TS	Mehl
3	große Eier
250 ml	Milch
125 ml	warmes Wasser
3 EL	Butter, zerlassen, lauwarm
Prise	Salz

Zucker, Mehl, Salz, Eier und Milch in einer großen Schüssel mit einem Schneebesen schlagen.

Das Wasser einrühren. Die Butter dazugeben und gut verrühren.

Den Teig durch ein Sieb in eine Schüssel streichen und 1 Stunde kalt stellen.

Die Crêpes zubereiten. (Falls nötig sich an die Anleitung für Streichhölzer, Seite 117, halten.)

FÜLLUNG:

1 TS	frische Erdbeeren, gewaschen, entstielt
1 TS	Himbeeren, gewaschen
2 EL	Sirup*
1 EL	Likör Ihrer Wahl
250 ml	Sahne, geschlagen

Die Beeren mit Likör und Sirup in einer Schüssel 10 Minuten marinieren.

Die Sahne behutsam mit den Beeren vermischen.

8 Crêpes bereithalten (die restlichen können eingefroren werden); die Beerenfüllung daraufstreichen. Längs zusammenfalten und sofort servieren.

* Siehe Regenbogentörtchen, Seite 484.

480 | *Pro Portion* 494 Kalorien 54 g Kohlenhydrate
11 g Eiweiß 26 g Fett 4,4 g Ballaststoffe

VERFÜHRERISCHE DESSERTS

Schnelle Himbeercrêpes

für 4 Personen

3 TS	frische Himbeeren, gewaschen
2 EL	Sirup*
1 TL	Stärkemehl
2 EL	kaltes Wasser
4	Crêpes**
4	Kugeln gefrorenes Himbeerjoghurt
	einige Tropfen Zitronensaft

Die Himbeeren pürieren.

Mit Zitronensaft und Sirup in einen Topf geben; gut vermischen. Zum Kochen bringen, 8-10 Minuten köcheln, gelegentlich umrühren.

Das Stärkemehl mit Wasser verrühren; unter die Früchte mischen, 1 Minute kochen.

Die Fruchtsauce in einer Schüssel beiseite stellen.

Wenn alles fertig zum Servieren ist, die Crêpes auf Teller legen. Etwas Fruchtsauce daraufstreichen, je 1 Eiskugel in die Mitte legen, die Crêpes um das Eis schlagen und mit der restlichen Sauce garnieren.

Sofort servieren.

* Siehe Regenbogentörtchen, Seite 484.
**Siehe gefüllte Crêpes Sunrise, Seite 480.

Pro Portion   353 Kalorien   59 g Kohlenhydrate
9 g Eiweiß   9 g Fett   7,8 g Ballaststoffe

VERFÜHRERISCHE DESSERTS

Frischer Erdbeerbecher

für 4 Personen

3 TS	frische Erdbeeren, gewaschen, entstielt
1 EL	Zitronenschale, gerieben
75 ml	Wasser
1/3 TS	Zucker
75 ml	Kaffeelikör

Erdbeeren und Zitronenschale in einer Schüssel beiseite stellen.

Wasser und Zucker in einem kleinen Topf zum Kochen bringen. Bei großer Hitze kochen, bis 110°C erreicht sind.

Den Sirup über die Beeren geben, mischen, den Likör dazugeben; wieder mischen. Vor dem Servieren 30 Minuten marinieren.

Pro Portion 137 Kalorien 31 g Kohlenhydrate
1 g Eiweiß 1 g Fett 2,6 g Ballaststoffe

VERFÜHRERISCHE DESSERTS

Erdbeer-Creme-Torte
für 6 Personen

2 TS	frische Erdbeeren, gewaschen, entstielt
2 EL	Zucker
250 ml	Kuchencreme*, oder Schlagsahne
1	süßer Kuchenteig, (für Torteletts)**
	Saft von 1 Orange

Erdbeeren, Zucker und Orangensaft zugedeckt in einem Topf bei mittelgroßer Hitze 2 Minuten kochen. Vom Herd nehmen und zum Abkühlen beiseite stellen.

Creme oder Sahne auf den Tortenboden streichen.

Die Beeren so darauf anrichten, daß sie auf der Creme stehen. Die Sauce aus dem Topf darübergießen und 1 Stunde kalt stellen.

* Siehe Kuchencreme, Seite 474.
** Siehe Obstkuchen mit Creme, Seite 493.

Pro Portion 357 Kalorien 53 g Kohlenhydrate
7 g Eiweiß 13 g Fett 1,9 g Ballaststoffe

VERFÜHRERISCHE DESSERTS

Regenbogentörtchen

für 4 bis 6 Personen

SIRUP:

2 TS	Zucker
250 ml	kaltes Wasser

Zucker und Wasser in einen Topf geben. Bei mittlerer Hitze auf den Herd stellen, behutsam rühren und zum Kochen bringen, bis 100°C erreicht sind.
Vom Herd nehmen, abkühlen und in einem verschließbaren Glas aufheben. Als Glasur für Desserts mit Obst verwenden.

TÖRTCHEN:

	süßer Kuchenteig*
	Kuchencreme**
	frische Pfirsichscheiben (können durch abgetropfte Pfirsiche aus der Dose ersetzt werden)
	Kiwischeiben
	halbierte Erdbeeren
	geschlagenes Ei

Den fertigen Teig auf Zimmertemperatur bringen; für dieses Rezept die Hälfte verwenden. Den Rest im Kühlschrank aufheben.

Den Teig auf bemehlter Fläche ausrollen und die gewünschte Anzahl Tortelettförmchen auslegen. Die Teigränder abschneiden, aber etwas höher lassen, als den Rand der Form. Die Ränder mit den Fingerspitzen andrücken und 30 Minuten kalt stellen.

Den Ofen auf 200°C vorheizen.

Den Boden und die Seiten des Teiges anstechen, mit geschlagenem Ei bestreichen. Im Ofen 8-10 Minuten backen, oder bis sie gar und braun sind. Abkühlen lassen.

Die Törtchen auf eine Servierplatte stellen, etwas Creme auf den Boden geben. Die Früchte hübsch darauf anrichten und mit Sirup glasieren.

Vor dem Servieren kalt stellen.

* Siehe Obstkuchen mit Creme, Seite 493.
** Siehe Kuchencreme, Seite 474.

Pro Portion 423 Kalorien 64 g Kohlenhydrate
8 g Eiweiß 15 g Fett 1,6 g Ballaststoffe

VERFÜHRERISCHE DESSERTS

Himbeer-Pfirsich-Torteletts
für 4 Personen

2	reife Pfirsiche, halbiert, geschält
2 EL	Sirup*
2 EL	Wodka mit Pfirsicharoma
1 TS	Himbeeren, gewaschen
1	süßer Kuchenteig** (für Torteletts)
	Schokoladensauce***

Die Torteletts 8-10 Minuten im vorgeheizten Ofen bei 200°C backen.

4 gebackene Torteletts auf eine Servierplatte stellen, die Schokoladensauce hineingeben. Beiseite stellen.

Die Pfirsiche mit Sirup und Wodka in einem kleinen Topf zugedeckt 3-4 Minuten pochieren. 1mal wenden.

Mit einem Schaumlöffel auf eine Platte legen; zum Abkühlen beiseite stellen.

Die Himbeeren in den Sirup geben, 2 Minuten bei mittlerer Hitze unbedeckt kochen.

Dann pürieren; abkühlen lassen.

Die Pfirsichhälften (mit der Schnittfläche nach unten) in die Torteletts auf die Schokoladensauce legen.

Mit Himbeersauce begießen und servieren.

*   Siehe Regenbogentörtchen, Seite 484.
**   Siehe Obstkuchen mit Creme, Seite 493.
*** Siehe pochierte Birnen au Chocolat, Seite 478.

Pro Portion   625 Kalorien   92 g Kohlenhydrate
8 g Eiweiß   25 g Fett   4,4 g Ballaststoffe

VERFÜHRERISCHE DESSERTS

Bratäpfel mit Walnüssen

für 4 Personen

4	große Äpfel, entkernt
3 EL	Honig
1/2 TS	Walnüsse, gehackt
2 EL	Butter
1/2 TS	Rosinen
375 ml	Wasser
1 TL	Stärkemehl
2 EL	kaltes Wasser
	Saft von 1/2 Zitrone
	Saft von 1/2 Orange
	Zimt zum Abschmecken

Den Ofen auf 190°C vorheizen.

Nur die obere Hälfte der Äpfel schälen. Den geschälten Teil mit Honig bestreichen, in den Nüssen wenden. Die Äpfel in einen Bräter stellen.

Butter und Rosinen in die Höhlung der Äpfel verteilen. Den Zitrussaft darüberträufeln und mit Zimt bestäuben.

Das Wasser in den Bräter geben und 40 Minuten backen. Je nach Apfelsorte etwas Zeit zugeben.

Die Äpfel dann auf eine Platte legen. Den Bräter bei großer Hitze auf den Herd stellen, zum Kochen bringen.

Das Stärkemehl mit Wasser verrühren; unter die Sauce mischen. Die Hitze reduzieren und 1 Minute kochen.

Die Sauce über die Äpfel geben und kalt stellen. Kalt servieren.

486

Pro Portion	*321 Kalorien*	*40 g Kohlenhydrate*
2 g Eiweiß	*17 g Fett*	*3,0 g Ballaststoffe*

VERFÜHRERISCHE DESSERTS

1. Den geschälten Teil der Äpfel mit Honig bedecken und in den Walnüssen wenden.

2. Die Äpfel in einen Bräter stellen, Butter und Rosinen in der Höhlung der Äpfel verteilen. Den Zitrussaft über die Äpfel geben und mit Zimt zum Abschmecken bestreuen.

3. 375 ml Wasser dazugeben, die Äpfel im Ofen backen.

4. Wenn die Äpfel gar sind herausnehmen und beiseite stellen. Den Bräter bei großer Hitze auf den Herd stellen und zum Kochen bringen. Die Sauce mit verrührtem Stärkemehl andicken und 1 Minute bei reduzierter Hitze kochen lassen.

VERFÜHRERISCHE DESSERTS

Frischer Heidelbeerkuchen

für 6 bis 8 Personen

4 TS	frische Heidelbeeren, gewaschen
3 EL	Zucker
3 EL	brauner Zucker
1 EL	Orangenschale, gerieben
1 EL	Zitronenschale, gerieben
2 EL	Stärkemehl, gesiebt
1 EL	Butter
	Kuchenteig*
	geschlagenes Ei

Den Ofen auf 200°C vorheizen.

Die Hälfte des Teiges ausrollen und in eine 23 cm große Tortenbodenform legen.

Beeren, allen Zucker, alle Zitrusschale und das Stärkemehl in eine Schüssel geben; vermischen und auf den Kuchenboden geben. Butterflöcken obenauf setzen.

Die andere Hälfte des Teiges ausrollen. Die Ränder mit Wasser anfeuchten und behutsam auf die Beeren legen. Die Seiten festrücken, einige kleine Schnitte in den Teig machen.

Mit Ei bestreichen und in den Ofen stellen und 40-45 Minuten backen.

* Siehe amerikanische Apfel Pie, Seite 489.

Pro Portion   387 Kalorien   49 g Kohlenhydrate
5 g Eiweiß   19 g Fett   6,8 g Ballaststoffe

VERFÜHRERISCHE DESSERTS

Amerikanischer Apfel-Pie *für 6-8 Personen*

KUCHENTEIG:

2 ¾ TS	Mehl, gesiebt
⅔ TS	Backfett, mit Zimmertemperatur
40 ml	Eiswasser
1 EL	Eiswasser
Prise	Salz

FÜLLUNG:

7	Äpfel, geschält, entkernt, in Scheiben
3 EL	Zucker
3 EL	brauner Zucker
1 TL	Zimt
2 EL	Stärkemehl, gesiebt
1 EL	Zitronenschale, gerieben
1 EL	Zitronensaft
1 EL	Butter
	geschlagenes Ei

Mehl und Salz in eine Schüssel sieben. Das Backfett mit einem Knethacken einarbeiten, bis die Mischung Haferschrot gleicht.

Beide Mengen Eiswasser dazugeben und zu einem Kloß formen. In Pergamentpapier einschlagen und 1 Stunde kalt stellen.

Vor dem Verwenden 1 Stunde bei Zimmertemperatur stehen lassen.

Den Teig halbieren. Eine Hälfte auf bemehlter Fläche ausrollen und in eine 23 cm große Tortenbodenform legen. Beiseite stellen.

Den Ofen auf 200°C vorheizen.

Äpfel, Zucker, Zimt, Stärkemehl, Zitronenschale- und -saft in einer Schüssel vermengen und auf den Kuchenteig geben. Mit Butterflöcken belegen. Die andere Teighälfte ausrollen. Die Ränder mit Wasser anfeuchten und behutsam auf die Äpfel legen. Die Ränder zusammendrücken, einige Schnitte in die obere Teiglage machen. Mit Ei bestreichen und 40-45 Minuten im Ofen backen. Mit Frischkäse oder Vanilleeis servieren.

Pro Portion 415 Kalorien 56 g Kohlenhydrate
5 g Eiweiß 19 g Fett 3,6 g Ballaststoffe

VERFÜHRERISCHE DESSERTS

Traditioneller Apfel-Streusel-Kuchen *für 6 Personen*

2 EL	Mehl
1 TL	Zimt
1/2 TS	brauner Zucker
6	große Äpfel, geschält, entkernt, in Scheiben
1/3 TS	Mehl
80 g	Butter, weich
1/3 TS	brauner Zucker
	einige Tropfen Zitronensaft
	Kuchenteig

Den Ofen auf 200°C vorheizen. Eine 23 cm große Tortenbodenform mit Teig auslegen.

Mehl, Zimt und Zucker (die ersten 3 Zutaten) in einer Schüssel mischen. Äpfel und Zitronensaft dazugeben und alles gleichmäßig mischen.

Diese Mischung auf den Teig geben. Die restlichen Zutaten mischen und obenauf streuen.

15 Minuten im Ofen backen; die Hitze auf 190°C reduzieren und weitere 35 Minuten backen.

| Pro Portion | 470 Kalorien | 74 g Kohlenhydrate |
| 3 g Eiweiß | 18 g Fett | 4,1 g Ballaststoffe |

VERFÜHRERISCHE DESSERTS

Windbeutel mit Pfirsich und Sahne *für 6 Personen*

3 EL	Sirup*
60 ml	Wasser
2 EL	Rum
3	reife Pfirsiche, halbiert, geschält
375 ml	Sahne, kalt
1 TL	Vanille
1/4 TS	Puderzucker, gesiebt
6	Windbeutel**

Sirup, Wasser, Rum und Pfirsichhälften in einen Topf geben; 3 Minuten beim Siedepunkt kochen. Vom Herd nehmen, abkühlen lassen.

Die Pfirsiche gut abtropfen, in Scheiben schneiden; beiseite stellen.

Sahne und Vanille in einer Stahlschüssel bei mittlerer Geschwindigkeit schlagen.

Die Hälfte des Zuckers dazugeben. 45 Sekunden bei hoher Geschwindigkeit schlagen. Den restlichen Zucker behutsam einrühren.

Die Kappen der Windbeutel abschneiden. Die Sahne in einen Spritzbeutel mit gezackter Tülle geben, in den unteren Teil der Windbeutel spritzen.

Die Pfirsichscheiben darauflegen, die Kappen aufsetzen. Sofort servieren oder, je nach Belieben, einige Stunden kalt stellen.

* Siehe Regenbogentörtchen, Seite 484.
** Siehe Schokoladenéclairs, Seite 494.

Pro Portion 491 Kalorien 35 g Kohlenhydrate
9 g Eiweiß   35 g Fett   1,4 g Ballaststoffe

VERFÜHRERISCHE DESSERTS

Heidelbeer-Pfirsich-Kuchen
für 6 Personen

3 TS	frische Heidelbeeren, gewaschen
2	Pfirsiche, geschält, in Scheiben
1 EL	Zitronenschale, gerieben
1 EL	Orangenschale, gerieben
1 EL	Limonenschale, gerieben
1 EL	Stärkemehl
3 EL	Zucker
1	gebackener Tortenboden (23 cm) aus süßem Kuchenteig*

Alle Zutaten in einen Topf geben. Zugedeckt bei mittlerer Hitze 5-6 Minuten kochen. Vom Herd nehmen und abkühlen lassen.

Auf den Kuchenboden verteilen und vor dem Servieren 30 Minuten kalt stellen. Nach Belieben mit Schlagsahne garnieren.

* Siehe Obstkuchen mit Creme, Seite 493.

Pro Portion   298 Kalorien   48 g Kohlenhydrate
4 g Eiweiß   10 g Fett   6,7 g Ballaststoffe

VERFÜHRERISCHE DESSERTS

Obstkuchen mit Creme
für 4-5 Personen

SÜSSER KUCHENTEIG:

(für Torteletts, Obstkuchen und verschiedene Desserts)

2 ½ TS	Mehl, gesiebt
125 g	ungesalzene Butter, weich
⅔ TS	Zucker
¼ TL	Vanille
1	großes Ei
2 EL	kaltes Wasser
Prise	Salz
	geschlagenes Ei

Das Mehl auf die Arbeitsfläche geben, mit Salz bestreuen. In der Mitte ein Mulde machen, die Butter hineingeben. Mit den Fingern verkneten, bis die Mischung Haferschrot gleicht.

Wieder eine Mulde machen, Zucker, Vanille, Ei und Wasser hineingeben. Verkneten, bis die Mischung einen Kloß bildet.

Nur 2-3mal durchkneten. In ein sauberes Tuch einschlagen und 1 Stunde unten in den Kühlschrank legen.

1 Stunde vor dem Weiterverarbeiten aus dem Kühlschrank nehmen.

Für diesen Kuchen die Hälfte verwenden. Der Rest hält sich einige Tage im Kühlschrank.

Mit einem bemehlten Nudelholz den Teig auf bemehlter Fläche 0,3 cm dick ausrollen. Den Teig um das Nudelholz winden und behutsam in eine mittelgroße Tortenbodenform legen. Den überschüssigen Teig abschneiden, die Seiten etwas höher als den Rand der Form lassen. Die Seiten mit den Fingerspitzen andrücken und 30 Minuten kalt stellen.

Den Ofen auf 200°C vorheizen.

Den Boden und die Seiten mit einer Gabel anstechen. Einen Kreis Pergamentpapier ausschneiden und auf den Teig legen.

(weiter Seite 494)

VERFÜHRERISCHE DESSERTS

Mit Backgewichten oder trockenen Bohnen belegen. Im Ofen blindbacken, bis er braun ist.

Herausnehmen, Bohnen und Papier entfernen, überall mit Ei bestreichen. Im Ofen nochmals ungefähr 10 Minuten backen.

Vor dem Füllen abkühlen.

FÜLLUNG:

1/2 TS	Aprikosengelee oder Marmelade
2 EL	Sirup*
	Kuchencreme**
	frische Pfirsichscheiben (können durch abgetropfte Pfirsiche aus der Dose ersetzt werden)
	Kiwischeiben
	halbierte Erdbeeren

Aprikosengelee und Sirup in einem kleinen Topf 2 Minuten bei mittlerer Hitze kochen. Durch ein Sieb streichen und abkühlen lassen.

Die Kuchencreme auf den Tortenboden streichen. Die Früchte hübsch darauf anrichten.

Mit der lauwarmen Glasur bestreichen und vor dem Servieren 1 Stunde kalt stellen.

* Siehe Regenbogentörtchen, Seite 484.
** Siehe Kuchencreme, Seite 474.

Pro Portion   474 Kalorien   80 g Kohlenhydrate
7 g Eiweiß   14 g Fett   1,8 g Ballaststoffe

Schokoladenéclairs
für 4-6 Personen

BRANDTEIG:

250 ml	Wasser
4 EL	ungesalzene Butter, in Stücken
1/4 TL	Salz
1 1/2 TS	Mehl
4	große Eier
	geschlagenes Ei

Den Ofen auf 190°C vorheizen.

2 Backbleche leicht buttern und bemehlen; beiseite stellen.

Wasser, Butter und Salz in einem Topf mit schwerem Boden zum Kochen bringen. 2 Minuten kochen, bis die Butter vollständig zerlassen ist. Vom Herd nehmen.

Das Mehl dazugeben, dabei mit einem Holzlöffel schnell rühren.

Den Topf bei schwacher Hitze auf den Herd stellen. Den Teig 3-4 Minuten kochen, dabei ständig rühren. Der Teig sollte beim Berühren nicht am Finger kleben bleiben.

Den Teig in eine Schüssel geben, 4-5 Minuten abkühlen lassen. Ein Ei nach dem anderen dazugeben, dazwischen immer gut rühren. Der Teig sollte immer erst seine ursprüngliche Konsistenz haben, bevor das nächste Ei dazugegeben wird.

Den Teig in einen Spritzbeutel mit glatter Tülle füllen. Die gewünschte Form auf die Backbleche spritzen, Zwischenraum zum Aufgehen lassen.

Die Oberseite mit Ei bestreichen, die Enden mit einer Gabel glattstreichen; 20 Minuten stehen lassen.

Auf der Mittelschiene des Ofens 35 Minuten backen. Die Hitze abstellen, die Ofentür leicht öffnen, vor dem Füllen 1 Stunde trocknen lassen.

VERFÜHRERISCHE DESSERTS

ÉCLAIRS:

125 g	ungesüßte Schokolade
60 ml	Wasser
1/3 TS	Zucker
	geschlagene Sahne

Die Schokolade in eine Stahlschüssel geben; auf einem halbvollen Topf mit warmen Wasser bei schwacher Hitze schmelzen.

Schokolade, Wasser und Zucker in einem kleinen Topf zum Siedepunkt bringen.

Vom Herd nehmen, lauwarm werden lassen; die Mischung zum Andicken schlagen.

Die Éclairs halbieren, den Boden mit Schlagsahne bestreichen. Sie können auch andere Cremes, wie Schokoladencreme zum Füllen (siehe Seite 468), verwenden.

Die Oberseite in Schokolade tauchen und auf die Sahne setzen; kalt stellen, bis sie fest wird.

Pro Portion 602 Kalorien 36 g Kohlenhydrate
11 g Eiweiß 46 g Fett 1,3 g Ballaststoffe

VERFÜHRERISCHE DESSERTS

Schokoladenbrot

für 6–8 Personen

125 g	zartbittere Schokolade
1 TS	Fruchtpuderzucker
125 g	Butter, weich
3	große Eier
1/2 TS	Mehl, gesiebt
1/4 TS	Walnüsse, gehackt (nach Belieben)
2 EL	Mandelblättchen
2	Eiklar, steif geschlagen

Den Ofen auf 180°C vorheizen. Eine 13 x 23 cm große und 6 cm tiefe Kastenform buttern und bemehlen; beiseite stellen.

Die Schokolade in eine Stahlschüssel geben, im Ofen schmelzen.

Herausnehmen, Butter und Zucker dazugeben. Mit einem Schneebesen verrühren.

Ein Ei nach dem anderen mit dem Schneebesen einrühren.

Das Mehl auf die Mischung sieben und mit einem Holzlöffel vermischen.

Die Nüsse einrühren, den Eischnee unterziehen. In die vorbereitete Form geben. Die Form gegen die Arbeitsfläche klopfen, damit sich der Teig setzt.

40 Minuten backen, oder bis der Kuchen fertig ist.

Herausnehmen. Leicht abkühlen lassen, dann auf einem Kuchengitter vollständig auskühlen.

Stücke, wie von einem Brotlaib abschneiden und mit Milch servieren. Genau das Richtige für einen mitternächtlichen Imbiß!

| Pro Portion | 362 Kalorien | 25 g Kohlenhydrate |
| 7 g Eiweiß | 26 g Fett | 0,9 g Ballaststoffe |

VERFÜHRERISCHE DESSERTS

Nussige Schokoladenecken

für 6-8 Personen

125 g	zartbittere Schokolade
1/3 TS	Zucker
2 EL	Kaffeelikör
175 ml	Butter, zerlassen
4	große Eidotter
1/2 TS	Mehl, gesiebt
1/2 TS	Nüsse, gehackt
4	große Eiklar, steif geschlagen

Den Ofen auf 180°C vorheizen. Eine 20 cm große, quadratische Kuchenform buttern und bemehlen; beiseite stellen.

Schokolade, Zucker und Likör in eine Stahlschüssel geben. Auf einen halbvollen Topf mit heißem Wasser stellen und bei schwacher Hitze schmelzen.

Vom Herd nehmen, die Butter einrühren.

Ein Eidotter nach dem anderen dazugeben, dazwischen immer sehr gut mit einem elektrischen Rührgerät vermischen.

Das Mehl auf den Teig sieben und mit einem Holzlöffel verrühren. Die Nüsse einrühren.

Den Eischnee unterziehen, bis keine weiße Spur mehr sichtbar ist.

Den Teig in die vorbereitete Form geben und 30-35 Minuten backen, oder bis der Kuchen fertig ist.

Leicht in der Form abkühlen lassen, dann auf ein Kuchengitter legen. Wenn er vollständig ausgekühlt ist, in Quadrate schneiden und servieren. Obwohl dies ein sehr würziger Kuchen ist, werden Sie ihn ausgesprochen leicht finden.

Pro Portion   422 Kalorien   22 g Kohlenhydrate
7 g Eiweiß   34 g Fett   1,1 g Ballaststoffe

VERFÜHRERISCHE DESSERTS

Biskuit Grundrezept

für 6-8 Personen

3/4 TS	Zucker
5	große Eier
1 1/4 TS	Mehl, gesiebt
50 ml	Butter, geklärt, lauwarm
	Kaffeelikör
	Kuchencreme*
	Schokoladenstreusel

Den Ofen auf 180°C vorheizen. Eine 22 cm große Springform buttern und bemehlen.

Den Zucker in einer Stahlschüssel auf einen halbvollen Topf mit heißem Wasser stellen. Die Eier dazugeben. Bei schwacher Hitze bei siedendem Wasser 4-5 Minuten schlagen. Nach Belieben ein elektrisches Rührgerät verwenden.

Die Mischung sollte dick, das Volumen erhöht sein. Wenn die Eimasse Fäden zieht, die Schüssel auf die Arbeitsfläche stellen. 1 TS Mehl daraufsieben; mit einer Palette verrühren, bis keine Spuren mehr sichtbar sind.

Das restliche Mehl einsieben, mit der Palette vermischen. Nach und nach die Butter sehr gut unterrühren.

Den Teig in die Form geben und auf der Mittelschiene 35-40 Minuten backen, oder bis der Biskuit fertig ist.

5 Minuten stehen lassen; dann aus der Form nehmen und auf dem Kuchengitter auskühlen lassen.

Wenn er kalt ist in Lagen schneiden. Den Boden mit Kaffeelikör beträufeln, mit einem Teil der Kuchencreme bestreichen. Den Deckel aufsetzen, mit Likör beträufeln, die restliche Kuchencreme daraufgeben. Mit Schokoladenstreuseln bestreuen und 2 Stunden kalt stellen.

* Siehe Kuchencreme, Seite 474.

Pro Portion 428 Kalorien 57 g Kohlenhydrate
10 g Eiweiß 16 g Fett 1,0 g Ballaststoffe

VERFÜHRERISCHE DESSERTS

1. Zucker und Eier in eine Stahlschüssel geben. Auf einen halbvollen Topf mit heißem siedenden Wasser stellen. Die Mischung weitere 4-5 Minuten ohne Unterbrechung schaumig rühren.

2. Die Eier-Zucker-Mischung wird dicker, das Volumen erhöht sich beträchtlich. Wenn die Mischung beim Rühren mit einer Palette Fäden zieht, die Schüssel auf die Arbeitsfläche stellen.

3. Auch wenn das Mehl bereits gesiebt ist, nochmals sieben, wenn es auf den Teig gegeben wird. Das Mehl in 2 Portionen dazugeben.

4. Die Butter in dünnem Strahl einfließen lassen, dabei ständig mit der Palette rühren - es dürfen keine Spuren mehr sichtbar sein. Falls nötig mit einem Holzlöffel fertig rühren.

499

VERFÜHRERISCHE DESSERTS

Vanille Quader

für 6-8 Personen

4	große Eier
¾ TS	Zucker
½ TL	Vanille
¾ TS	Mehl, gesiebt
¼ TS	Butter, geklärt, lauwarm

Den Ofen auf 180°C vorheizen. Eine 20 cm große, quadratische Kuchenform buttern und bemehlen, beiseite stellen.

Eier, Zucker und Vanille mit einem elektrischen Rührgerät 3-4 Minuten schaumig rühren.

Das Mehl auf die Mischung sieben, mit einer Palette vermischen.

Die Butter mit der Palette einrühren. Den Teig in die Form geben und 30 Minuten backen, oder bis der Kuchen fertig ist.

Leicht in der Form abkühlen lassen, dann auf ein Kuchengitter legen. Wenn er vollständig abgekühlt ist in Vierecke schneiden und servieren. Dieser Kuchen ist als Pausenmahlzeit für die Schule bestens geeignet.

Pro Portion 200 Kalorien 28 g Kohlenhydrate
4 g Eiweiß 8 g Fett 0,4 g Ballaststoffe

VERFÜHRERISCHE DESSERTS

Mandel-Wodka-Kuchen

für 6 Personen

³/₄ TS	Zucker
5	große Eier, getrennt
¹/₄ TL	Vanille
3 EL	Wodka mit Pfirsicharoma
1³/₄ TS	Mandeln, gemahlen
1 TS	Mehl, gesiebt
¹/₄ TS	geklärte Butter, zerlassen

Den Ofen auf 180°C vorheizen. Eine 22 cm große Springform buttern und bemehlen; beiseite stellen.

Zucker, Eidotter, Vanille und Wodka in eine große Schüssel geben und mit einem elektrischen Rührgerät schaumig schlagen.

Das Eiklar steif schlagen; beiseite stellen.

Die Hälfte der Mandeln und des Mehls auf die Ei-Zuckermischung sieben; die Hälfte des Eischnees unter die Ei-Zuckermischung ziehen. Mit einer Palette vermischen.

Die restlichen Mandeln, das restliche Mehl und den Eischnee mit der gleichen Prozedur dazugeben. Die Butter in dünnem Strahl dazugießen, währenddessen ständig rühren, bis alles gut vermischt ist.

Den Teig in die Form geben und 30-35 Minuten backen, oder bis der Kuchen fertig ist.

In der Form leicht abkühlen lassen, dann auf einem Kuchengitter vollständig auskühlen.

Servieren Sie den Kuchen einfach so oder garnieren Sie ihn, je nach Gelegenheit. Lassen sie dabei Ihrer Phantasie freien Lauf.

Pro Portion	543 Kalorien	51 g Kohlenhydrate
15 g Eiweiß	31 g Fett	1,7 g Ballaststoffe

VERFÜHRERISCHE DESSERTS

Phantastischer Käsekuchen   *für 10 bis 12 Personen*

2	Pakete Sahnequark, à 250 g, mit Zimmertemperatur
2 TS	Ricotta, mit Zimmertemperatur
1/2 TS	Zucker
3	große Eier
3	Eidotter
2 EL	Wodka mit Pfirsicharoma
250 ml	Sahne, geschlagen
3 TS	Himbeeren, gewaschen
2 EL	Sirup*
1 TL	Stärkemehl
2 EL	Wasser
	Grahamboden**
	geriebene Schale von 1 Zitrone und 1 Orange
Prise	Muskat
	einige Tropfen Zitronensaft

Den Ofen auf 160°C vorheizen.
Den Quark in einer Rührschüssel cremig rühren. Den Ricotta dazugeben und gut vermischen. Zitrusschale, Zucker und Muskat hinzufügen und gut verrühren.

Die ganzen Eier dazugeben, gründlich vermischen, die Seiten säubern. Rühren, bis die Masse glatt ist. Eidotter und Wodka gut einrühren. Die Schlagsahne hinzufügen, wieder mischen. Die Masse auf den vorbereiteten Grahamboden streichen. Auf der Mittelschiene 1 1/2 Stunden backen. Herausnehmen und abkühlen lassen. Vor dem Servieren 6-8 Stunden kalt stellen.

Kurz vor dem Servieren die Fruchtgarnitur zubereiten. Die Himbeeren pürieren; in einen kleinen Topf geben. Sirup und Zitronensaft hinzufügen, vermischen und zum Kochen bringen. 8-10 Minuten köcheln; gelegentlich rühren. Das Stärkemehl mit Wasser verrühren; unter die Sauce mischen, 1 Minute kochen. In einer Schüssel zum Abkühlen beiseite stellen. Vor dem Bestreichen des Kuchens kalt stellen. Nach Belieben mit Schlagsahne verzieren.

* Siehe Regenbogentörtchen, Seite 484.
** Den Grahamboden nach der Packungsanweisung zubereiten. Ein 23 cm große Springform verwenden. Wie angegeben backen.

Pro Portion 440 Kalorien 27 g Kohlenhydrate
11 g Eiweiß 32 g Fett 2,5 g Ballaststoffe

VERFÜHRERISCHE DESSERTS

1. Sahnequark, Ricotta und Zitronenschale in einer Küchenmaschine gut verrühren.

2. Zucker und Muskat dazugeben; rühren, bis alles gut vermengt ist. Falls nötig die Seiten mit einer Palette säubern.

3. Die ganzen Eier dazugeben, gut vermischen. Die Seiten nach unten hin säubern. Rühren, bis die Masse glatt ist.

4. Eidotter und Wodka hinzufügen.

VERFÜHRERISCHE DESSERTS

Erdbeerschichttorte

für 10 bis 12 Personen

3 TS	frische Erdbeeren, entstielt, halbiert
2 EL	Fruchtpuderzucker
2 EL	Orangensaft
2	Biskuitböden*
	Orangenlikör
	geschlagene Sahne

Die Erdbeeren in Zucker und Orangensaft 30 Minuten marinieren.

Die Biskuits halbieren, um 4 Lagen zu erhalten.

Den Boden auf eine Platte legen und mit Likör beträufeln. Mit Schlagsahne bestreichen, Erdbeeren darauflegen.

Die anderen Schichten in der gleichen Weise auflegen, zuletzt Sahne und Erdbeeren auf der Torte schön anrichten.

Nach Belieben können auch andere Früchte zum Garnieren verwendet werden. Die Seiten mit Schlagsahne schön verzieren, wie im Bild gezeigt.

* Siehe Biskuit Grundrezept, Seite 498. Eine 26 cm große Springform verwenden. Denken Sie daran 2 Biskuits zu backen!

| Pro Portion | 475 Kalorien | 54 g Kohlenhydrate |
| 9 g Eiweiß | 23 g Fett | 1,8 g Ballaststoffe |

REGISTER

Aioli, 46

Ananas
Ananas-Speck-Spießchen, 55
Wassermelonen in Ananasschiffchen, 83

Apfel
Apfel Pie, Amerikanischer, 489
Apfel-Curry-Suppe, 20
Apfel-Rosinen-Omelett, 106
Apfel-Rosinen-Sauté, 120
Apfel-Streusel-Kuchen, Traditioneller, 490
Bratäpfel mit Walnüssen, 486
Hühnchen mit Apfel in Teig, 59
Schweinekottelett mit Apfel, 265

Appetithäppchen Last Minute, 31

Artischocken
Artischockenböden mit Gemüsefüllung, 32
Artischockenböden mit Venusmuscheln, 33

Auberginen
Auberginen mit Schafkäsefüllung, 228
Auberginen-Eier, 92
Auberginen-Sandwiches, 36
Auberginenmus mit Limabohnen, 409
Auberginenmus, 405
Auberginenquiche, 68,

Avocado
Avocado Grüne Variation, 28
Avocado-Gemüse-Dip, 407
Avocadosuppe, 408

Bananen
Bananen, Gebackene, 472
Bananen-Nuß Muffins, Gesunde, 86
Bananenomelett, 109

Bayerischer Kaffee, 126

Bete
Betesalat, Roter, 353

Birnen
Birnen au Chocolat, Pochierte, 478
Birnen in Eiersauce, Gegrillte, 80
Birnen in leichtem Sirup, Pochierte, 84
Birnen in Sirup, 479

Biskuit
Biskuit Grundrezept, 498

Blumenkohl
Blumenkohl mit Croûtons, Sautierter, 377
Blumenkohl, Goldener, 378

Bohnen
Bohnen de l'Amour, Weiße, 436
Bohnensalat, 27

Bratkartoffeln
Bratkartoffeln mit Schinken, 146
Bratkartoffeln, 393
Pommes frites, 397
Rösti, 122

Broccoli
Broccoli mit traditioneller Cheddarsauce, 376
Broccolicreme mit Zitrone, 19
Broccolisuppe, Cremige, 12

Champignons
Champignons mit Füllung, Gegrillte, 35
Champignonköpfe, Eingelegte, 34
Champignonsuppe, 21
Seezungenfilets in Knoblauchbutter und, 304

Chili con Carne, 234

Crêpes
Crêpes Bouchées, 115
Crêpes mit Auberginenfüllung, 148
Crêpes mit Kalbfleischfüllung, 224
Crêpes mit Schinken-Apfel-Füllung, 142
Crêpes Savoyarde, 116
Crêpes Sunrise, gefüllte, 480
Himbeercrêpes, Schnelle, 481

Croques
Croque-Monsieur New York Art, 53
Croques Madame, 118
Croques-Monsieur mit Ei und Sauerkraut, 406

Curry
Curry-Eier, Gefüllte, 48
Currygulasch, Würziger, 190
Currykarotten, Cremige, 383
Curryklößchen, 186
Curryreis, Schneller, 192
Hüftsteakeintopf mit Curry, 277

Dessert
Dessert Broadway, 457
Kürbis, Gebackener, 384
Kakao mit Schlagsahne, 125
Ladie's Nachspeise, 459
Meringuenplätzchen, Italienische, 473
Paradies-Inseln, 475
Vanille Quader, 500

Eier
Apfel-Rosinen-Omelett, 106
Aubergineneier, 92
Curry Eier, Gefüllte, 48
Ei im Crêpesmantel, Weiches, 100,
Ei, Weiches, 102
Eier im Auflaufförmchen, 87
Eier mit Jägersauce, Pochierte, 147
Eier mit Pilzen, Weiche, 103
Eier mit Sauce Hollandaise, Porchierte, 11
Eier Surprise auf Brunnenkresse, Gefüllte, 50
Eier, Bretonische, 104
Eier, Gefüllte, 49
Erdbeeromelett, 108
Omelett Western Art, 110
Pfannkuchen mit Hüttenkäse, 124
Spiegeleier, Gebackene, 90

Erdbeeren
Erdbeer-Creme-Torte, 483
Erdbeerbecher, Frischer, 482
Erdbeeren in Rotwein, 81
Erdbeeromelett, 108
Erdbeerschichttorte, 504
Erdbeersoufflé, Eisiges, 476

Filet
Filet Mignon mit Jägersauce, 292
Filetbraten im eigenen Saft, 290
Filetsteak mit Paprikasauce, 282;
Rinderfilet mit Austernpilzen, 171
Schweinefilet in Gemüsesuppe, 265

Fisch
Barschfilet mit Tomatenfondue, 308
Bostoner Bluefish, Gebackener, 315
Fischsalat, 133
Fischsalat, herrlicher, 296
Heilbutt mit Mandeln, Sautierter, 300
Heilbutt mit Pernod, Pochierter, 298
Heilbuttsteak mit Curry, Elegantes, 297
Heilbuttsteak mit Knoblauchbutter, 299
Kabeljau, In Milch pochierter, 310
Kabeljaufilet mit Gurke, Sautiertes, 311
Pickerelfilets Forestière, 305
Schellfisch-Tomaten-Sauté, 307
Schnäpper mit grünem Paprika, Gegrillter, 313
Schnäpper mit Kräuterfüllung, 312
Schnäpperfilet, Gebratenes, 314
Seezungenfilet mit Knoblauchbutter und Champignons, 304
Seezungenröllchen in Cremesauce, 303
Steinbutt mit Kapern und Pilzen, 306

Fleischklößchen
Fleischklößchen à la Lyonnaise, 189
Fleischklößchen in würziger Tomatensauce, Grüne, 188
Fleischklößchen mit Sesam, 424
Fleischklößchen, Griechische, 172

Früchte
Früchte mit Biskuit, Köstliche, 458
Früchtebecher, Himmlischer, 456
Fruchthäppchen,

Frische, 453
Fruchtkompott, Gemischtes, 454
Fruchtpüree, 82
Fruchtsalat in Melonenhälften, Gemischter, 76

Gemüse
Gemüse China Art, Gemischtes, 368
Gemüse in Brühe, Helen's, 388
Gemüse in Currysauce, 385
Gemüse, Gedämpftes, 418
Gemüsereis, 421
Gemüsesalat, 352
Gemüsesuppe, Herzhafte, 23
Gemüsesuppe, Julienne, 8
Kalbfleisch mit Gemüse und Nudeln, 151
Kürbis, Gebacken, 381
Mangold mit Ingwer, 370
Ratatouille mit Parmesan, 386
Reis-Gemüse-Pilaf, 163
Rindfleisch-Gemüse-Eintopf, 239
Rosenkohl, 372
Rotkraut, Gebackenes, 242
Schweinefilet in Gemüsesuppe, 265
Spargel mit Vinaigrette, Eleganter, 38
Spinat in weißer Sauce, 373
Spinatfrikadellen mit Champignonsauce, 196
Steckrübencreme Royal, 11

Grapefruit
Grapefruitsalat, 78

Gurken
Gurkensalat, Cremiger, 358
Gurkensalat, Gemischter, 361

Hackbraten
Frikadellen in Sherrysauce, 202
Hackbraten mit saurer Sahne, 447
Hackfleisch Picadillo, 412
Hamburger mit Schinken und Pilzen, 238
Pol's Lieblingshackbraten, 240

Heilbutt
Heilbutt mit Mandeln, Sautierter, 300
Heilbutt mit Pernod, Pochierter, 298
Heilbuttsteak mit Curry, Elegantes, 297
Heilbuttsteak mit Knoblauchbutter, 299

Himbeeren
Himbeer-Pfirsich-Torteletts, 485
Himbeercrêpes, Schnelle, 481
Himbeerpudding, 465

Hühnchen
Coq au Vin, 244
Hühnchen auf Toast, Cremiges, 167
Hühnchen Burrito, 414
Hühnchen in cremiger Rotweinsauce, 251
Hühnchen in Weißwein, Pochiertes, 166
Hühnchen Jägerart, 246
Hühnchen Kiew, 248
Hühnchen mit Apfel in Teig, 59
Hühnchen mit Essig, Sautiertes, 218
Hühnchen mit Gemüse, 245
Hühnchen mit Madeira, 247
Hühnchen mit Mandeln und Rosinen, 219
Hühnchen mit Papaya, Paniertes, 249
Hühnchen mit Sesamaroma, Kurtzgebratenes, 170
Hühnchen mit Wermut und grünen Trauben, 250
Hühnchen mit Zitronenglasur, 252
Hühnchen Vol-au-Vent, 214
Hühnchen, Florentiner, 433
Hühnchen-Kuchen, 209
Hühnchen-Paprika-Tacos, 413
Hühnchen-Spargel-Salat, Warmer, 134
Hühnerbrüstchen Florence auf Reis, 255
Hühnerbrüstchen, Paniertes, 217
Hühnerbrüstchen-Allerlei, 212
Hühnerflügel Brière, 216
Hühnerflügel Buffalo, Fritierte, 58
Hühnerflügel, Gebackene, 57
Hühnerleber mit Mischgemüse, 211
Hühnerleberpâté, 62
Hühnersalat in Melone, 220
Hühnersalat, Kalter, 61
Hühnerschlegen Supreme, 254
Hühnerstreifen in Bierteig, 60
Teufels-Hühnerbrüstchen, 253

Hummer
Hummer in Sahnesauce auf Toast, 64
Hummer in Tomatensauce, 65

Kalbfleisch
Kalbfleisch alla Vista, 432
Kalbfleisch-Pilz-Sandwich, 154
Kalbfleischeintopf mit Brötchen, 446
Kalbfleischeintopf, 223
Kalbschnitzel chinesische Art, 156
Kalbschnitzel mit Austernpilzsauce, Sautiertes, 256
Kalbschulter mit Gemüsefüllung, 262
Kalbsfilet Royal, 260
Kalbsfiletbraten, 263
Kalbsfrikadellen, 222
Kalbshachsen Lizanne, 438
Kalbskotelett mit Oregano, 434
Kalbskotelett mit Sesam, 158
Kalbskroketten, 221
Kalbsleber Lyon, 428
Kalbsleber mit Champignons, 165
Kalbsleber mit Gemüsezwiebel, 164
Kalbsrollbraten, Festlicher, 261
Kalbsrouladen mit Wurstfüllung, 258
Kalbsscallopini, 257
Kalbsschnitzel in Marsala, 159
Kalbsschnitzel mit Zitrone, 155
Kalbsschnitzel, 448
Wiener Schnitzel, 157

Kartoffeln
Herzoginkartoffeln, 390
Kartoffel-Karotten-Püree, 389
Kartoffel-Paprika-Cremesuppe, 22
Kartoffelkroketten, 398
Kartoffeln in höchster Vollendung, Gebackene, 394
Kartoffeln Provençale, 396
Kartoffeln, Gefüllte, 41
Köstliches Kartoffelomelett, 145
Kartoffelsalat mit Birne, 400
Kartoffelsoufflé, 114
Kartoffelstücke mit Käse, Fritierte, 40
Kartoffelwürfel mit saurer Sahne, 357
Würstchen mit Käsekartoffeln, 437

Käse
Camembertstückchen, fritierte, 52
Käse-Dip, 74
Käse-Hühnchen Surprise, 168
Käsebrötchen, Knusprige, 71
Käsecanapés, 45
Käsekuchen, Phantastischer, 502
Käseschnitte, Überbackene, 138
Käsesoufflé, 112
Makkaroni-Käse-Salat, 30
Würstchen mit Käsekartoffeln, 437

Kraut
Kraut mit Zwiebeln, Gebackenes, 392
Krautrouladen in Sauce, 237
Krautsalat, Würziger, 346
Krautsuppe, Georg's herzhafte, 9

Kuchen
Apfel-Streusel-Kuchen, Traditioneller, 490
Bananen-Nuß-Muffins, Gesunde, 86
Buttercreme, 469
Erdbeer-Creme-Torte, 483
Heidelbeer-Pfirsich-Kuchen, 492
Heidelbeerkuchen, Frischer, 488
Käsekuchen, Phantastischer, 502
Kuchencreme, 474
Mandel-Wodka-Kuchen, 501
Obstkuchen mit Creme, 493
Regenbogentörtchen, 484
Schokoladenecken, Nussige, 497

Schokoladeneklairs, 494
Windbeutel mit Pfirsich und Sahne, 491

Lachs
Lachs Amandine, Frischer, 323
Lachs italienische Art, Gebackener, 319
Lachs mit Eisauce, Pochierter, 324
Lachs mit Paprika und Zwiebeln, Sautierter, 328
Lachs mit Sauce Hollandaise, Pochierter, 326
Lachs mit Vinaigrette, Frischer, 330
Lachs, Kurzgebratener, 322
Lachsfilet, Paniertes, 329
Lachsforelle mit Mischgemüse, 321
Lachsforelle Teriyaki, 320
Lachskasserolle, Cremige, 316
Lachssteak mit Dill, 318
Lachssteaks, Gegrillte, 327

Lamm
Lammeintopf mit Karotten, 184
Lammkeule Lorenz, 272
Lammkoteletts in Weißweinsauce, 275
Lammkoteletts mit gegrillten Auberginenscheiben, 274
Lammkoteletts mit Kräutern, 442
Lammlende 5th. Avenue, 273
Lammschultereintopf, 276

Lauch
Lauch mit Gruyère, Gebackener, 374
Lauchsalat, gekochter, 26
Lauchsuppe, Klassische, 18

Lende
Lendenbraten, 286
Lendensteak Luise, 285
Lendensteak Mama Mia, 430
Lendensteaks mit Choronsauce, 288
Lendensteaks mit texanischer Knoblauchsauce, 284

Muscheln
Jakobsmuschelspießchen, 441
Miesmuscheln in Weißweinsauce, 335
Miesmuscheln, Gegrillte, 334
Muschelauflauf Saint Jaques, Bretonischer, 332
Muscheln in Tomatensauce auf Nudeln, 336
Muschelnudeln mit Tomaten-Venusmuschel-Sauce, 180

Nudeln
Cannelloni, Gefüllte, 183
Fettuccine mit Gemüse, 181
Makkaroni-Käse-Salat, 30
Nudeln mit Brunnenkresse-Pesto, 150
Nudeln mit Lachs, Verschiedene, 331
Nudeln mit Meeresfrüchten, 152
Nudelsalat mit Kumin, 363
Nudelsalat, Cheryl's heißer, 178
Penne Abigail, 179
Spaghetti mit Erbsensauce, 182
Spaghetti Primavera, 427
Spaghettikürbis au Naturel, 380

Paprika
Paprika-Hühnchen-Eintopf, 444
Paprika-Pilz-Omelett, 105
Paprikacremesuppe, 16
Paprikasalat, Gemischter, 348
Paprikaschoten, Gefüllte, 236

Pfirsiche
Pfirsiche Saint-Germain, 461
Pfirsiche, Flambierte, 450
Pfirsiche, Gebackene, 460
Pfirsichpudding, 451
Windbeutel mit Pfirsich und Sahne, 491

Pilze
Gebackener Schinken mit Pilzsauce, 144
Reis mit Estragonpilzen, 191
Pilzcremesuppe mit gelben Paprika, 14
Pilze à l'Orange, 367
Pilze mit Zwiebeln und Erbsen, 365
Pilze, Weiße, 366
Pilzeier auf Baguette, 98

Pudding
Hibeerpudding, 465
Karamelpudding, 462
Mousse au Chocolat, 466
Schokoladenpudding mit Karamel, 464
Reispudding, Ländlicher, 470

Reis
18-Minuten Reis, 194
Reis mit Estragonpilzen, 191
Reis, Grüner, 416
Reis-Gemüse-Pilaf, 163
Reispudding, Ländlicher, 470
Reissalat, Bunter, 362

Rind
Boeuf Bourguignon, 278
Hüftbraten, Köstlicher, 204
Hüftsteakbraten, à la Provençale, 294
Hüftsteakeintopf mit Curry, 277
Osso Buco, 431
Pfeffersteak, Klassisch, 280
Rinderbraten Reis, 291
Rinderfilet mit Austernpilzen, 171
Rinderfilet mit Orange, Gebratenes, 423
Rinderfiletstreifen auf Nudeln, 208
Rinderhack-Reis-Kasserolle, 198
Rinderrollbraten, 203
Rinderschlegel, Gefüllter, 199
Rindfleisch mit Feigen, Sautiertes, 185
Rindfleisch mit Kraut, gekochtes, 205
Rindfleisch mit Sake und Teriyaki Sauce, 422
Rindfleisch-Gemüse-Eintopf, 239
Rindfleisch-Gemüse-Stew, 200
Rindfleisch-Nieren-Pie, 206
Rindfleischreste China Art, 195
Rippenbraten Americana, Geschmorter, 281
Roastbeef-Paprika-Salat, 29
Steak, Koreanisches, 425

Rührei
Rührei à la Française, 99
Rührei mit gebackenen Tomaten, 94
Rührei mit Käse, 97
Rührei mit Mischgemüse, 93
Rührei mit Shrimps, 96

Salat
Ananas-Fruchtsalat, 452
Bohnensalat, 27
Fischsalat, 133
Fischsalat, herrlicher, 296
Fruchtsalat in Melonenhälften, Gemischter, 76
Gemüsesalat, 352
Gurkensalat, Cremiger, 358
Gurkensalat, Gemischter, 361
Hühnchen-Spargel-Salat, Warmer, 134
Kartoffelsalat mit Birne, 400
Kichererbsensalat, 364
Kiwisalat mit Himbeersauce, 77
Krabbensalat, 135
Krautsalat, Würziger, 346
Lauchsalat, Gekochter, 26
Makkaroni-Käse-Salat, 30
Nudelsalat, Cheryls heißer, 178
Nudelsalat mit Kumin, 363
Paprikasalat, Gemischter, 348
Reissalat, Bunter, 362
Roastbeef-Paprika-Salat, 29
Rote-Bete-Salat, 353
Salat Variation Cäsar, 350
Salat in Brötchen, 131
Salat Jeffrey, 355
Salat, Elsässischer, 356
Salat, Italienischer, 402
Salat von gekochter Roter Bete, 354
Salatplatte mit Lammfleisch, 404
Tomatensalat, Frischer, 359
Wassermelonen in Ananasschiffchen, 83

Sauce
Avocado-Gemüse-Dip, 407
Broccoli mit traditioneller Cheddarsauce, 376
Eier mit Jägersauce, Pochierte, 147
Eier mit Sauce Hollandaise, Porchierte, 11
Filetsteak mit Paprikasauce, 282
Fleischklößchen in würziger Tomatensauce,

507

Grüne, 188
Frikadellen in Sherrysauce, 202
Gemüse in Currysauce, 385
Hühnchen in cremiger Rotweinsauce, 251
Hummer in Sahnesauce auf Toast, 64
Hummer in Tomatensauce, 65
Kalbsschnitzel mit Austernpilzsauce, Sautiertes, 256
Käse-Dip, 74
Lachs mit Eisauce, Pochierter, 324
Lachs mit Sauce Hollandaise, Pochierter, 326
Lachs mit Vinaigrette, Frischer, 330
Rindfleisch mit Sake und Teriyaki Sauce, 422
Schweinefilet in Gemüsesauce, Gefülltes, 264
Schweinefleisch- und Gemüsestreifen in Bohnensauce, 417
Schweinekoteletts mit Picklessauce, 267
Schweineschnitzel in Senfsauce, 229
Würstchen in Tomatensauce, Pfeffrige, 232

Schinken
Schinken mit Pilzsauce, Gebackener, 144
Schinkentütchen mit Gemüseaspik, 56

Schokolade
Schokoladenbrot, 496
Schokoladencreme zum Füllen, 468
Schokoladenecken, Nussige, 497
Schokoladenéclairs, 494
Schokoladenpudding mit Karamel, 464

Schwein
Grillplatte vom Schwein, 161
Nierchen in Rotweinsauce, 270
Schweinefilet in Gemüsesauce, Gefülltes, 264
Schweinefilet in Gemüsesuppe, 265
Schweinefilet, Gegrilltes, 426
Schweinefleisch Szechuan Art mit Dip, 420
Schweinefleisch, Kurzgebratenes, 162
Schweinefleisch- und Gemüsestreifen in Bohnensauce, 417
Schweinefleischeintopf mit Gemüse, 268
Schweinegeschnetzeltes, Würziges, 226
Schweinekoteletts mit Apfel, 266
Schweinekoteletts mit Paprika, 269
Schweinekoteletts mit Picklessauce, 267
Schweineschnitzel in Senfsauce, 229
Schweineschnitzel mit italienischem Brot, 160
Schweineschulter, Geschmorte, 227

Seezunge
Seezunge mit Sesam, Panierte, 302
Seezunge und Kürbis,- Gebratene, 301
Seezungenfilet mit Knoblauchbutter und Champignons, 304
Seezungeröllchen in Cremesauce, 303

Snacks
Appetithäppchen Last Minute, 31
Bruschetta, 72
French-Toast, Köstliches, 121
Gourmet Pita Pizza, 128
Hühnchen auf Toast, 167
Königskrebsbeine, 344
Schäfer's Auflauf, 210
Schnecken mit Knoblauchbutter, 66
Souflaki, 440
Streichhölzer, 117
Tomaten-Canapés, Parmesano, 44
Vegetarische Platte, 349
Zwei in einem, 88
Zehn Minuten Western Sandwich für Zwei, 132

Shrimps
Butterfly Shrimps, Gegrillte, 341
Pfeffer-Shrimps, 340
Schneller Shrimpssalat auf Baguette, 130
Shrimps mit Cognac, Gebratene, 175
Shrimps mit Knoblauchpüree, 342
Shrimps Tempura, 176
Shrimpsgericht, 410
Shrimpssauté mit Tomaten, 338
Shrimpsspießchen mit Ingwer, 174

Suppen
Apfel-Curry-Suppe, 20
Broccolisuppe, Cremige, 12
Gemüsesuppe, Herzhafte, 23
Gemüsesuppe, Julienne, 8
Kartoffel-Paprika-Cremesuppe, 22
Krautsuppe, Georgs, herzhafte, 9
Landsuppe, klassische, 18
Linsensuppe, Winterliche, 10
Paprikacremesuppe, 16
Schweinefilt in Gemüsesuppe, 265
Venusmuschelsuppe, Winterliche, 15
Zwiebelsuppe, Gratinierte, 24

Tomaten
Tomaten mit Würstchen-Reis-Füllung, 136
Tomaten Moskauer Art, 42
Tomaten-Canapés Parmesano, 44
Tomaten-Feta-Platte, 401
Tomatensalat, Frischer, 359
Tomatenscheiben, Gebratene, 360

Würstchen
Bauernfrühstück mit Würstchen, 91
Riesen Hot Dogs, 139
Würstchen in Tomatensauce, Pfeffrige, 232
Würstchen mit Aubergine, Italienische, 230
Würstchen mit Käsekartoffeln, 437
Würstchen mit Knoblauch, 231
Würstchen mit Tomaten, 233
Wursthäppchen, Knusprige, 54

Zucchini
Zucchini, Gefüllte, 382
Zucchinisticks, Panierte, 39

Zwiebeln
Kalbsleber mit Gemüsezwiebeln, 164
Kraut mit Zwiebeln, Gebackenes, 392
Speck-Zwiebel-Quiche, 70
Zwiebelquiche mit Minze, 140
Zwiebelsuppe, Gratinierte, 24

VERZEICHNIS DER GERICHTE

18-Minuten Reis, 194

Aioli, 46; Technik, 47

Ananas-Frucht-Salat, 452

Ananas-Speck-Spießchen, 55

Apfel Pie, Amerikanischer, 489

Apfel-Curry-Suppe, 20

Apfel-Rosinen-Omelett, 106; Technik, 107

Apfel-Rosinen-Sauté, 120

Apfel-Streusel-Kuchen, Traditioneller, 490

Appetithäppchen Last Minute, 31

Artischockenböden mit Gemüsefüllung, 32

Artischockenböden mit Venusmuscheln, 33

Auberginen mit Schafkäsefüllung, 228

Auberginen-Eier, 92

Auberginen-Sandwiches, 36; Technik, 37

Auberginenmus mit Limabohnen, 409

Auberginenmus, 405

Auberginenquiche, 68; Technik, 69

Avocado, Grüne Variation, 28

Avocado-Gemüse-Dip, 407

Avocadosuppe, 408

Bananen, Gebackene, 472

Bananen-Nuß Muffins, Gesunde, 86

Barschfilet mit Tomatenfondue, 308; Technik, 309

Bananenomelett, 109

Bauernfrühstück mit Würstchen, 91

Bayerischer Kaffee, 126

Birnen au Chocolat, Pochierte, 478

Birnen in Eiersauce, Gegrillte, 80

Birnen in leichtem Sirup, Pochierte, 84; Technik, 85

Birnen in Sirup, 479

Biskuit Grundrezept, 498; Technik, 499

Blumenkohl mit Croûtons, Sautierter, 377

Blumenkohl, Goldener, 378; Technik, 379

Boeuf Bourguignon, 278; Technik, 279

Bohnen de l'Amour, Weiße, 436

Bohnensalat, 27

Bostoner Bluefish, Gebackener, 315

Bratäpfel mit Walnüssen, 486; Technik, 487

Bratkartoffeln mit Schinken, 146

Bratkartoffeln, 393

Broccoli mit traditioneller Cheddarsauce, 376

Broccolicreme mit Zitrone, 19

Broccolisuppe, Cremige, 12; Technik, 13

Bruschetta, 72; Technik, 73

Buttercreme, 469

Butterfly Shrimps, Gegrillte, 341

Camembertstückchen, fritierte, 52

Cannelloni, Gefüllte, 183

Champignons mit Füllung, Gegrillte, 35

Champignonköpfe, Eingelegte, 34

Champignonssuppe, 21

Chili con Carne, 234; Technik, 235

Coq au Vin, 244

Crêpes Bouchées, 115

Crêpes mit Auberginenfüllung, 148; Technik, 149

Crêpes mit Kalbfleischfüllung, 224; Technik, 225

Crêpes mit Schinken-Apfel-Füllung, 142; Technik, 143

Crêpes Savoyarde, 116

Crêpes Sunrise, gefüllte, 480

Croque-Monsieur New York Art, 53

Croques Madame, 118; Technik, 119

Croques-Monsieur mit Ei und Sauerkraut, 406

Curry-Eier, Gefüllte, 48

Currygulasch, Würziger, 190

Currykarotten, Cremige, 383

Currryklößchen, 186; Technik, 187

Curryreis, Schneller, 192; Technik, 193

Dessert Broadway, 457

Ei im Crêpesmantel, Weiches, 100, Technik, 101

Ei, Weiches, 102

Eier im Auflaufförmchen, 87

Eier mit Jägersauce, Pochierte, 147

Eier mit Pilzen, Weiche, 103

Eier mit Sauce Hollandaise, Porchierte, 11

Eier Surprise auf Brunnenkresse, Gefüllte, 50; Technik, 51

Eier, Bretonische, 104

Eier, Gefüllte, 49

Erdbeer-Creme-Torte, 483

Erdbeerbecher, Frischer, 482

Erdbeeren in Rotwein, 81

Erdbeeromelett, 108

Erdbeerschichttorte, 504

Erdbeersoufflé, Geeistes, 476; Technik, 477

Fettuccine mit Gemüse, 181

Filet Mignon mit Jägersauce, 292; Technik, 293

Filetbraten im eigenen Saft, 290

Filetsteak mit Paprikasauce, 282; Technik, 283

Fischsalat, 133

Fischsalat, herrlicher, 296

Flankensteakbraten, à la Provençale, 294

Fleischklößchen à la Lyonnaise, 189

Fleischklößchen in würziger Tomatensauce, Grüne, 188

Fleischklößchen mit Sesam, 424

Fleischklößchen, Griechische, 172; Technik, 173

French-Toast, Köstliches, 121

Frikadellen in Sherrysauce, 202

Früchte mit Biskuit, Köstliche, 458

Früchtebecher, Himmlischer, 456

Fruchthäppchen, Frische, 453

Fruchtkompott, Gemischtes, 454; Technik, 455

Fruchtpüree, 82

Fruchtsalat in Melonenhälften, Gemischter, 76

Gemüse China Art, Gemischtes, 368; Technik, 369

509

Gemüse in Brühe, Helen's, 388

Gemüse in Currysauce, 385

Gemüse, Gedämpftes, 418; Technik, 419

Gemüsereis, 421

Gemüsesalat, 352

Gemüsesuppe, Herzhafte, 23

Gemüsesuppe, Julienne, 8

Gourmet Pita Pizza, 128; Technik, 129

Grapefruitsalat, 78; Technik, 79

Grillplatte vom Schwein, 161

Gurkensalat, Cremiger, 358

Gurkensalat, Gemischter, 361

Hackbraten mit saurer Sahne, 447

Hackfleisch Picadillo, 412

Hamburger mit Schinken und Pilzen, 238

Heidelbeer-Pfirsich-Kuchen, 492

Heidelbeerkuchen, Frischer, 488

Heilbutt mit Mandeln, Sautierter, 300

Heilbutt mit Pernod, Pochierter, 298

Heilbuttsteak mit Curry, Elegantes, 297

Heilbuttsteak mit Knoblauchbutter, 299

Herzoginkartoffeln, 390;

Himbeer-Pfirsich-Torteletts, 485

Himbeercrêpes, Schnelle, 481

Himbeerpudding, 465

Hüftbraten, Köstlicher, 204

Hüftsteakeintopf mit Curry, 277

Hühnchen auf Toast, 167

Hühnchen Burrito, 414; Technik, 415

Hühnchen in cremiger Rotweinsauce, 251

Hühnchen in Weißwein, Pochiertes, 166

Hühnchen Jägerart, 246

Hühnchen Kiew, 248

Hühnchen mit Apfel in Teig, 59

Hühnchen mit Essig, Sautiertes, 218

Hühnchen mit Gemüse, 245

Hühnchen mit Madeira, 247

Hühnchen mit Mandeln und Rosinen, 219

Hühnchen mit Papaya, Paniertes, 249

Hühnchen mit Sesamaroma, Kutzgebratenes, 170

Hühnchen mit Wermut und grünen Trauben, 250

Hühnchen mit Zitronenglasur, 252

Hühnchen Vol-au-Vent, 214; Technik, 215

Hühnchen, Florentiner, 433

Hühnchen-Kuchen, 209

Hühnchen-Paprika-Tacos, 413

Hühnchen-Spargel-Salat, Warmer, 134

Hühnerbrüstchen Florence auf Reis, 255

Hühnerbrüstchen, Paniertes, 217

Hühnerbrüstchen-Allerlei, 212; Technik, 213

Hühnerflügel Brière, 216

Hühnerflügel Buffalo, Fritierte, 58

Hühnerflügel, Gebackene, 57

Hühnerleber mit Mischgemüse, 211

Hühnerleberpâté, 62; Technik, 63

Hühnersalat in Melone, 220

Hühnersalat, Kalter, 61

Hühnerschlegel Supreme, 254

Hühnerstreifen in Bierteig, 60

Hummer in Sahnesauce auf Toast, 64

Hummer in Tomatensauce, 65

Jakobsmuschelspießchen, 441

Kabeljau, In Milch pochierter, 310

Kabeljaufilet mit Gurke, Sautiertes, 311

Kakao mit Schlagsahne, 125

Kalbfleisch alla Vista, 432

Kalbfleisch mit Gemüse und Nudeln, 151

Kalbfleisch-Pilz-Sandwich, 154

Kalbfleischeintopf mit Brötchen, 446

Kalbfleischeintopf, 223

Kalbsfilet Royal, 260

Kalbsfiletbraten, 263

Kalbsfrikadellen, 222

Kalbshaxe Lizanne, 438; Technik, 439

Kalbskotelett mit Oregano, 434; Technik, 435

Kalbskotelett mit Sesam, 158

Kalbskroketten, 221

Kalbsleber Lyon, 428

Kalbsleber mit Champignon, 165

Kalbsleber mit Gemüsezwiebel, 164

Kalbsrollbraten, Festlicher, 261

Kalbsrouladen mit Wurstfüllung, 258; Technik, 259

Kalbsscallopini, 257

Kalbsschnitzel chinesische Art, 156

Kalbsschnitzel mit Austernpilzsauce, Sautiertes, 256

Kalbsschulter mit Gemüsefüllung, 262

Kalbsschnitzel in Marsala, 159

Kalbsschnitzel mit Zitrone, 155

Kalbsschnitzel, 448

Karamelpudding, 462; Technik, 463

Kartoffel-Karotten-Püree, 389

Kartoffel-Paprika-Cremesuppe, 22

Kartoffelkroketten, 398

Kartoffeln in höchster Vollendung, Gebackene, 394; Technik, 395

Kartoffeln Provençale, 396

Kartoffeln, Gefüllte, 41

Kartoffelomelett, Köstliches, 145

Kartoffelplätzchen, 390; Technik, 391

Kartoffelsalat mit Birne, 400

Kartoffelsoufflé, 114

Kartoffelstücke mit Käse, Fritierte, 40

Kartoffelwürfel mit saurer Sahne, 357

Käse-Dip, 74

Käse-Hühnchen Surprise, 168; Technik, 169

Käsebrötchen, Knusprige, 71

Käsecanapés, 45

Käsekuchen, Phantastischer, 502; Technik, 503

Käseschnitte, Überbackene, 138

Käsesoufflé, 112; Technik, 113

Kichererbsensalat, 364

Kiwisalat mit Himbeersauce, 77

Königskrebsbeine, 344

Krabbensalat, 135

Kraut mit Zwiebeln, Gebackenes, 392

Krautrouladen in Sauce, 237

Krautsalat, Würziger, 346; Technik, 347

Krautsuppe, Georg's herzhafte, 9

Kuchencreme, 474

Kürbis, Gebacken, 381

Lachs Amandine, Frischer, 323

Lachs italienische Art, Gebackener, 319

Lachs mit Eisauce, Pochierter, 324; Technik, 325

Lachs mit Paprika und Zwiebeln, Sautierter, 328

Lachs mit Sauce Hollandaise, Pochierter, 326

Lachs mit Vinaigrette, Frischer, 330

Lachs, Kurzgebratener, 322

Lachsfilet, Paniertes, 329

Lachsforelle mit Mischgemüse, 321

Lachsforelle Teriyaki, 320

Lachskasserolle, Cremige, 316; Technik, 317

Lachssteak mit Dill, 318

Lachssteaks, Gegrillte, 327

Ladies Nachspeise, 459

Lammeintopf mit Karotten, 184

Lammkeule Lorenz, 272

Lammkoteletts in Weißweinsauce, 275

Lammkoteletts mit gegrillten Auberginenscheiben, 274

Lammkoteletts mit Kräutern, 442; Technik, 443

Lammlende 5th Avenue, 273

Lammschultereintopf, 276

Lauch mit Gruyère, Gebackener, 374; Technik, 375

Lauchsalat, Gekochter, 26

Lauchsuppe, Klassische, 18

Lendenbraten, 286; Technik, 287

Lendensteak Luise, 285

Lendensteak Mama Mia, 430

Lendensteaks mit Choronsauce, 288; Technik, 289

Lendensteaks mit texanischer Knoblauchsauce, 284

Linsensuppe, Winterliche, 10

Makkaroni-Käse-Salat, 30

Mandel-Wodka-Kuchen, 501

Mangold mit Ingwer, 370; Technik, 371

Meringuenplätzchen, Italienische, 473

Miesmuscheln in Weißweinsauce, 335

Miesmuscheln, Gegrillte, 334

Mousse au Chocolat, 466; Technik, 467

Muschelauflauf Saint Jaques, Bretonischer, 332; Technik, 333

Muscheln in Tomatensauce auf Nudeln, 336; Technik, 337

Muschelnudeln mit Tomaten-Venusmuschel-Sauce, 180

Nierchen in Rotweinsauce, 270; Technik, 271

Nudeln mit Brunnenkresse-Pesto, 150

Nudeln mit Lachs, Verschiedene, 331

Nudeln mit Meeresfrüchten, 152; Technik, 153

Nudelsalat mit Kumin, 363

Nudelsalat, Cheryl's heißer, 178

Obstkuchen mit Creme, 493

Omelett Western Art, 110

Osso Buco, 431

Paprika-Hühnchen-Eintopf, 444; Technik, 445

Paprika-Pilz-Omelett, 105

Paprikacremesuppe, 16; Technik, 17

Paprikasalat, Gemischter, 348

Paprikaschoten, Gefüllte, 236

Paradies-Inseln, 475

Penne Abigail, 179

Pfannkuchen mit Hüttenkäse, 124

Pfeffer-Shrimps, 340

Pfeffersteak, Klassisch, 280

Pfirsiche Saint-Germain, 461

Pfirsiche, Flambierte, 450

Pfirsiche, Gebackene, 460

Pfirsichpudding, 451

Pickerelfilets Forestière, 305

Pilzcremesuppe mit gelben Paprika, 14

Pilze à l'Orange, 367

Pilze mit Zwiebeln und Erbsen, 365

Pilze, Weiße, 366

Pilzeier auf Baguette, 98

Pol's Lieblingshackbraten, 240; Technik, 241

Pommes frites, 397

Ratatouille mit Parmesan, 386; Technik, 387

Regenbogentörtchen, 484

Reis mit Estragonpilzen, 191

Reis, Grüner, 416

Reis-Gemüse-Pilaf, 163

Reispudding, Ländlicher, 470; Technik, 471

Reissalat, Bunter, 362

Riesen Hot Dogs, 139

Rinderbraten, 291

Rinderfilet mit Austernpilzen, 171

Rinderfilet mit Orange, Gebratenes, 423

Rinderfiletstreifen auf Nudeln, 208

Rinderhack-Reis-Kasserolle, 198

Rinderrollbraten, 203

Rinderschlegel, Gefüllter, 199

Rindfleisch mit Feigen, Sautiertes, 185

Rindfleisch mit Kraut, gekochtes, 205

Rindfleisch mit Sake und Teriyaki Sauce, 422

Rindfleisch-Gemüse-Eintopf, 239

Rindfleisch-Gemüse-Stew, 200; Technik, 201

Rindfleisch-Nieren-Kuchen, 206; Technik, 207

Rindfleisch China Art, 195

Rippenbraten Americana, Geschmorter, 281

Roastbeef-Paprika-Salat, 29

Rosenkohl, 372

Rote-Bete-Salat, 353;

Rösti, 122; Technik, 123

Rotkraut, Gebackenes, 242

Rührei à la Française, 99

Rührei mit gebackenen Tomaten, 94; Technik, 95

Rührei mit Käse, 97

Rührei mit Mischgemüse, 93

Rührei mit Shrimps, 96

Salatvariation Cäsar, 350; Technik, 351

Salat in Brötchen, 131

Salat Jeffrey, 355

Salat, Elsässischer, 356

Salat, Italienischer, 402; Technik, 403

Salat, von gekochter Roter Bete, 354

Salatplatte mit Lammfleisch, 404

Schäfer's Auflauf, 210

Schellfisch-Tomaten-Sauté, 307

Schinken mit Pilzsauce, Gebackener, 144

Schinkentütchen mit Gemüseaspik, 56

Schnäpper mit grünem Paprika, Gegrillter, 313

Schnäpper mit Kräuterfüllung, 312

Schnäpperfilet, Gebratenes, 314

Schnecken mit Knoblauchbutter, 66; Technik, 67

Schokoladenbrot, 496

Schokoladencreme zum Füllen, 468

Schokoladenecken, Nussige, 497

Schokoladenéclairs, 494

Schokoladenpudding mit Karamel, 464

Schweinefilet in Gemüsesauce, Gefülltes, 264

Schweinefilet in Gemüsesuppe, 265

Schweinefilet, Gegrilltes, 426

Schweinefleisch Szechuan Art mit Dip, 420

Schweinefleisch, Kurzgebratenes, 162

Schweinefleisch- und Gemüsestreifen in Bohnensauce, 417

Schweinefleischeintopf mit Gemüse, Traditioneller, 268

Schweinegeschnetzeltes, Würziges, 226

Schweinekoteletts mit Apfel, 266

Schweinekoteletts mit Paprika, 269

Schweinekoteletts mit Picklessauce, 267

Schweineschnitzel in Senfsauce, 229

Schweineschnitzel mit italienischem Brot, 160

Schweineschulter, Geschmorte, 227

Seezunge mit Sesam, Panierte, 302

Seezunge und Kürbis; Gebratene, 301

Seezungenfilet mit Knoblauchbutter und Champignons, 304

Seezungeröllchen in Cremesauce, 303

Shrimps mit Cognac, Gebratene, 175

Shrimps mit Knoblauchpüree, 342; Technik, 343

Shrimps Tempura, 176

Shrimpsgericht, 410; Technik, 411

Shrimpssalat, Schneller, auf Baguette, 130

Shrimpssauté mit Tomaten, 338; Technik, 339

Shrimpsspießchen mit Ingwer, 174

Souflaki, 440

Spaghetti mit Erbsensauce, 182

Spaghetti Primavera, 427

Spaghettikürbis au Naturel, 380

Spargel mit Vinaigrette, Eleganter, 38

Speck-Zwiebel-Quiche, 70

Spiegeleier, Gebackene, 90

Spinat in weißer Sauce, 373

Spinatfrikadellen mit Champignonsauce, 196; Technik, 197

Steak, Koreanisches, 425

Steckrübencreme Royal, 11

Steinbutt mit Kapern und Pilzen, 306

Streichhölzer, 117

Teufels-Hühnerbrüstchen, 253

Tomaten mit Würstchen-Reis-Füllung, 136; Technik, 137

Tomaten Moskauer Art, 42; Technik, 43

Tomaten-Canapés Parmesano, 44

Tomaten-Feta-Platte, 401

Tomatensalat, Frischer, 359

Tomatenscheiben, Gebratene, 360

Vanille Quader, 500

Vegetarische Platte, 349

Venusmuschelsuppe, Winterliche, 15

Wassermelonensalat in Ananasschiffchen, 83

Wiener Schnitzel, 157

Wildpilze, Kreation aus, 429

Windbeutel mit Pfirsich und Sahne, 491

Würstchen in Tomatensauce, Pfeffrige, 232

Würstchen mit Aubergine, Italienische, 230

Würstchen mit Käsekartoffeln, 437

Würstchen mit Knoblauch, 231

Würstchen mit Tomaten, 233

Wursthäppchen, Knusprige, 54

Zehn Minuten Western Sandwich für Zwei, 132

Zucchini, Gefüllte, 382

Zucchinisticks, Panierte, 39

Zwei in einem, 88; Technik, 89

Zwiebelquiche mit Minze, 140; Technik, 141

Zwiebelsuppe, Gratinierte, 24; Technik, 25